에듀윌 사회통합프로그램 사전평가 핵심총정리 +무료특강

eduwill

추천사

사회통합프로그램은 이제 한국 사회에서 필수불가결한 교육 과정의 하나로 자리 잡았습니다. 국경이 허물어지고 세계가 하나의 철학으로, 서로의 문화를 존중하며 어우러지는 시대입니다. 국제화 시대의 정체성을 확립해 나아가는 시점에서, 오롯이 사회통합프로그램 과정만을 위한 교육 자료와 평가 체제의 수립은 중요한 사회적 테제가 됩니다.

그래서 교육을 향한 진정성이 느껴지는 에듀윌의 이번 사회통합프로그램 사전평가 교재는 한국어와 한국문화에 대한 새로운 도전이자 기여라고 생각합니다. 그 범위와 대상의 방대함에도 주저하지 않고 관련 내용을 충실하게 담아낸 에듀윌 사회통합프로그램연구소의 집필진과 관계자분들께 감사의 인사를 올립니다. 세계인이 한국문화를 접하고 이해하며 사랑하게 되는 과정 속에서 한국어는 그 중요도가 날이 갈수록 더해지고 있습니다. 2000년대 초반부터 한국어교육 현장에서 한국어와 그 교육의 성장과정을 함께 해 온 저로서는 에듀윌의 사회통합프로그램 사전평가 교재를 감수하게 되어 영광이었습니다. 앞으로 이런 노력이 폄하되지 않고 새로운 성장을 위한 기품 넘치는 자양분이 되리라 기대합니다.

2024년 8월 30일
감수자 송곡대학교 교수 조형일
(서울대 한국어교육학 박사, 前 안산시 출입국 관리소 사회통합프로그램 자문위원 역임)

감수자 조형일 송곡 대학교 한국어비즈니스학과 교수/교양학부장

현) 서울대 한국어교육학 박사
현) 한국국어교육학회 부회장 국제한국어교육학회, 국어교육학회, 한국문법교육학회, 한국중원언어학회 이사

전) 법무부 사회통합프로그램 자문위원(안산출입국관리소)
디지털서울문화예술대학교 한국언어문화학과 조교수
인천대학교 국어국문학과 객원교수
국립국어원 해외 한국어 교원 연수 강사
세종학당 파견교사교육 실습 교육 강사
가톨릭대 한국어 교육센터 책임강사
이탈리아 베니스 Ca'Foscari 대학교 한국어 교수
서울대 한국어교육 지도자과정 실장
서울대 언어교육원 한국어교육센터 강사
KBS 9시 뉴스 국어자문위원 등 역임

이 책에 있는 3가지

1

반드시 공부해야 할

필수 유형 + 핵심 이론

사회통합프로그램 사전평가 기출 문제를 기준으로 필수 유형에 따른 핵심 이론을 구성하였습니다.
사전평가 고득점을 위해 필수적으로 알아야 할 12개의 유형과 그에 맞는 실전 문제로 전략적인 시험 대비가 가능합니다.

2

실전 유사 문제로 확실하게

마무리 모의시험

사회통합프로그램 사전평가 실제 시험과 똑같은 구성으로 마무리 모의시험 5회분을 수록하였습니다.
체계적인 문제 구성과 상세한 해설로 실전에 완벽 대비할 수 있습니다.

3

단기간에 체류 자격 취득!

단기 고득점 취득팩

쉽고 빠른 이해를 도울 무료특강, 실전과 똑같은 CBT 모의시험, 유형 압축 워크북, 단어 폭탄 드러미 등 단기간에 사전평가 고득점 취득을 위한 다양한 부가학습자료를 제공합니다.

All About KIIP

사회통합프로그램에 대한 모든 것

KIIP 안내

사회통합프로그램 KIIP이란

대한민국에 체류하는 이민자가 우리 사회의 구성원으로 적응하고 자립하는 데 필요한 기본 소양(한국어, 한국문화, 한국사회 이해)을 체계적으로 함양할 수 있도록 법무부에서 도입한 교육 과정입니다.

교육 대상자

- 외국인등록증 또는 거소신고증을 소지한 합법 체류외국인 및 귀화자(단, 국적취득일로부터 3년 경과 귀화자 제외)
- 동포방문(C-3-8) 사증으로 입국하여 체류기간이 만료되지 않은 사람(단, 외국인등록 필수)

이수 혜택

- 귀화 필기시험 및 면접심사 면제/국적취득심사 대기시간 단축
- 영주자격 신청 시 기본 소양 요건 충족 인정
- 체류 자격 신청 시 가점 등 부여 또는 한국어 능력 등 입증 면제
- 사증 신청 시 한국어 능력 등 입증 면제

신청 및 참여 방법

- 사회통합정보망(www.socient.go.kr)을 통해 온라인 신청
- 사회통합정보망에서 체류지 관할 운영기관 확인 후 교육 과정 신청
  단, 부득이한 사정이 있을 경우 출입국 · 외국인관서장의 허가를 받아 체류지 관할 외 운영기관에 과정 신청 가능

구분	한국어와 한국문화					한국사회 이해	
단계	0단계	1단계	2단계	3단계	4단계	5단계	
과정	기초	초급1	초급2	중급1	중급2	기본	심화
교육시간	15시간	100시간	100시간	100시간	100시간	70시간	30시간
평가	없음	1단계평가	2단계평가	3단계평가	중간평가	영주용	귀화용
참고	• 5단계 심화 과정은 기본 과정 무료로 참여 • 영주신청자 대상 영주용 종합평가 합격자는 5단계 기본 과정부터 수업에 참여하고 심화 과정 참여가능						

단계별 진행

1. 사회통합정보망 회원가입 및 사회통합프로그램 신청
2. 배정 단계 확인
3. 교육 과정 공지
4. 교육 신청 및 배정
5. 한국어와 한국문화 0~3단계 교육 (운영기관 주관)
6. 한국어와 한국문화 4단계 교육 (법무부 주관)
7. 한국어와 한국문화 5단계 기본과정 교육 (법무부 주관/ 영주용 종합평가)
8. 한국어와 한국문화 5단계 심화과정 교육 (법무부 주관/ 귀화용 종합평가)

사전평가

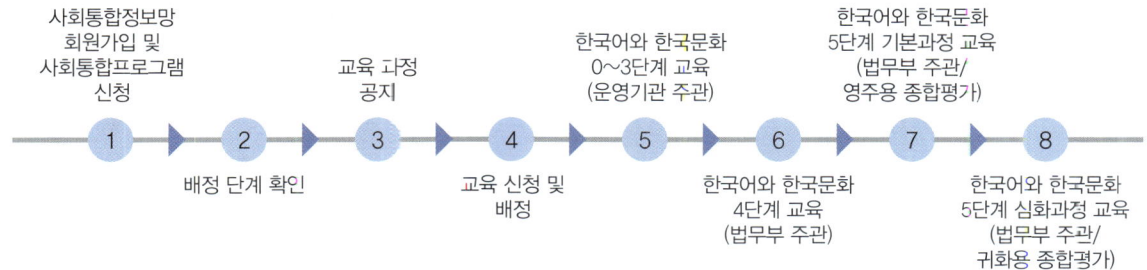

사회통합프로그램 참여 신청자의 한국어 능력 및 한국문화 이해도 등을 측정하여 자신의 수준에 맞는 교육 단계 및 교육시간 배정을 위한 레벨 테스트입니다. 모든 참여자가 응시합니다.

사전평가 응시

• 신청 대상: 외국인등록증 또는 거소신고증을 소지한 합법 체류 외국인 또는 귀화자
• 신청 대상 제한 및 재응시 자격 관련 상세 정보는 페이지 좌측 상단의 QR코드 참고

평가 방법(CBT, PBT 동일)

구분 / 시험종류	문항 유형	평가 항목	문항 수	배점(총 100점)
필기시험 (50문항, 60분)	객관식	한국어	38문항	75점 (50문항X1.5점)
		한국문화	10문항	
	단답형 주관식	한국어	2문항	
구술시험 (5문항, 약 10분)	읽기	한국어	1문항	25점 (5문항X5점)
	이해하기		1문항	
	대화하기		1문항	
	듣고 말하기		2문항	

TEST

CBT·PBT 살펴보기

CBT와 PBT

• CBT: 컴퓨터를 활용하여 시험을 보는 방식

• PBT: 문제지를 활용하여 시험을 보는 방식(OMR 답안지 작성 포함)

CBT 응시 방법

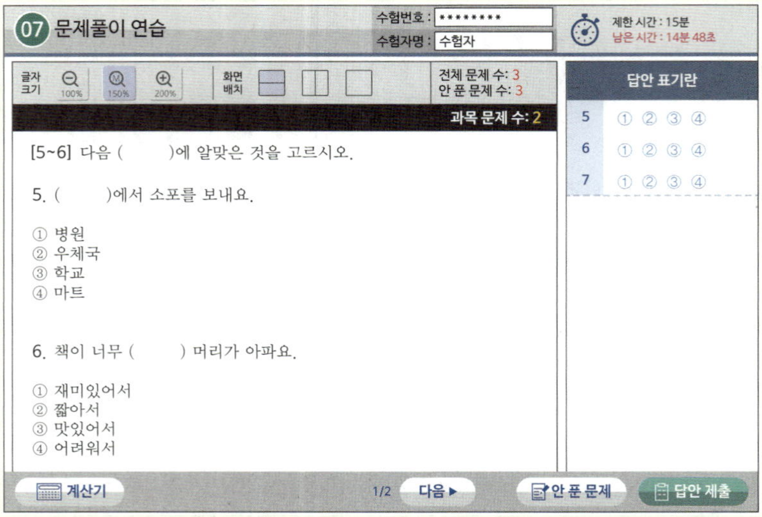

• 준비물: 신분증(외국인등록증 또는 여권), 시험 접수증

• 입실: 지정된 일자와 장소(시험 시작 20분 전까지 반드시 입실 완료)

• 응시: 좌측 화면의 번호를 클릭하거나 우측 화면의 번호를 클릭

PBT 응시 방법

• 준비물: 신분증(외국인등록증 또는 여권), 시험 접수증, 필기구(컴퓨터용 사인펜, 수정테이프)

• 입실: 지정된 일자와 장소

• 응시: 답안지의 모든 기재와 표기사항은 컴퓨터용 사인펜으로만 작성

• 시험 종료 후 감독관 지시 전까지 퇴실 불가하며, 지급된 모든 문제지와 답안지는 제출해야 합니다.

• 올바른 OMR 답안지 마킹법 참고

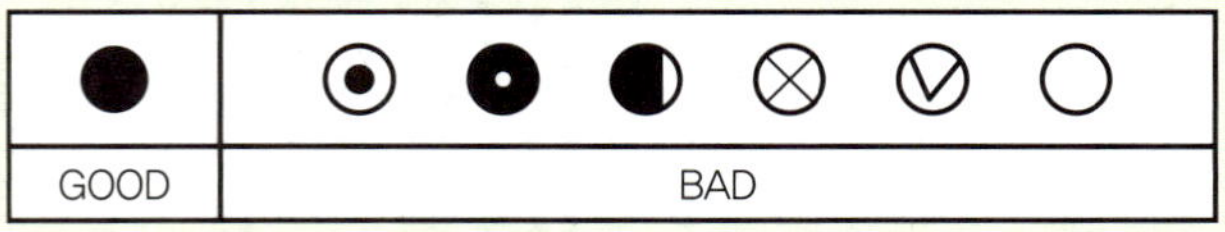

TEST Guide

시험 TIP

단어 꾸러미

시험 주의사항

- 신분증(외국인등록증, 여권 중 하나)은 반드시 지참해야 시험 응시가 가능합니다.
- 시험 시간 중에 화장실 이용은 불가합니다.
- 감독관 지시를 따르지 않고 부정행위를 한 경우 향후 1년간 참여 불가합니다.

필기시험 TIP

문제 유형	문제 풀이 TIP
제시된 사진을 보고 맞는 어휘나 문장 찾기	장소에 맞는 동사, 형용사 외우기
비슷한 말/반대말 찾기	밑줄 친 부분의 뜻을 먼저 파악한 후 비슷한 말, 반대말 찾기
문맥에 맞는 조사, 어미, 어휘 찾기	빈칸 앞뒤 내용을 먼저 파악한 후 문맥에 맞는 조사와 어미, 어휘 찾기
틀린 어휘 찾기	선지에 있는 문장들을 읽으며 어색한 표현 찾기
한국문화 이해하기	교재에 수록된 한국문화 내용 외에도 한국에 와서 직 · 간접적 경험한 한국문화 떠올리며 문제 풀기
세부 내용 파악, 중심 내용, 제목 찾기	선지를 먼저 읽은 후 글을 읽으며 정답이 아닌 선지 골라내기

구술시험 TIP

문제 유형	문제 풀이 TIP
나의 생각 정리 후 소리 내어 말하기	시험장의 응시 환경과 동일하게 반드시 소리 내어 읽는 연습하기
모범 답안과 나의 답안 비교해 보기	내 답안의 어휘나 표현 등이 적절한지 혹은 잘못 생각하고 답하지는 않았는지 모범 답안과 비교하며 생각하기
녹음 혹은 동영상 촬영해서 확인하기	스스로가 시험관이라고 생각하며 녹음 파일, 혹은 동영상 파일을 보고 목소리 높낮이, 빠르기, 발음 등 점검하기

Structure

구성과 특징

STEP 1 유형을 알고! 이해하기

한국어와 한국문화의 각 유형별 핵심이론을 학습하고 이해합니다.

① 유형별 핵심이론

한국어와 한국문화의 두 파트로 나누어 각 파트별로 출제되는 핵심이론을 유형별로 안내합니다.

② 주제별 어휘노트

핵심이론을 학습할 때 함께 알아야 할 내용을 골라 수록하였습니다.

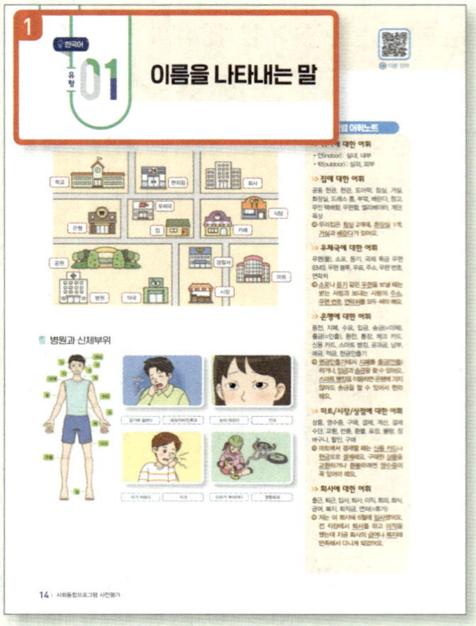

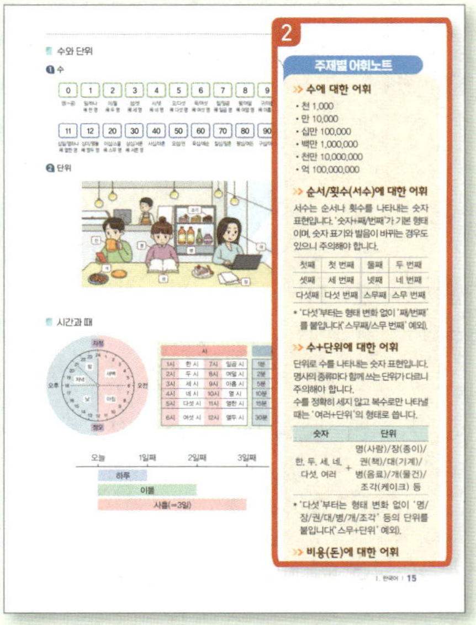

STEP 2 유형에 익숙해지도록! 연습하기

실전문제를 통해 앞에서 학습한 핵심이론을 확인합니다.

③ 유형 잡는 실전문제

출제 유형과 유사한 실전문제로 핵심이론을 빠르게 실전에 적용할 수 있습니다.

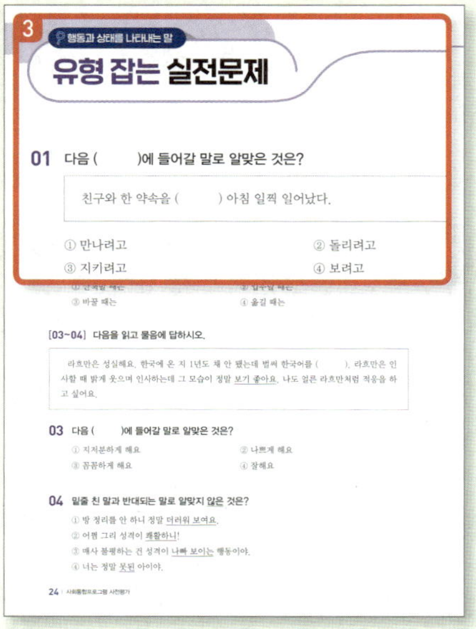

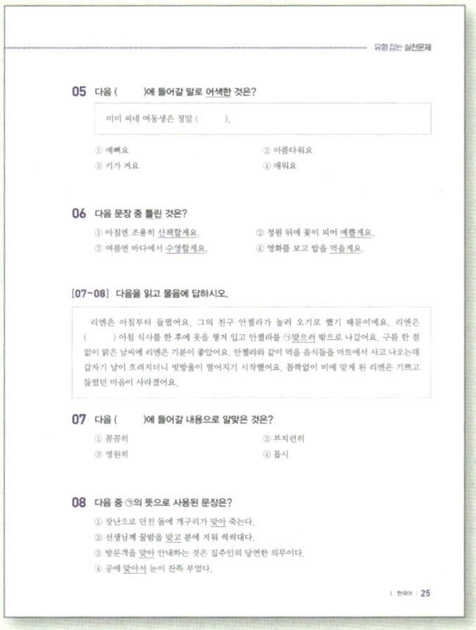

STEP 3 실전 유사 문제로 **정복하기**

모의시험 5회분을 통해 실전 감각을 익힙니다.

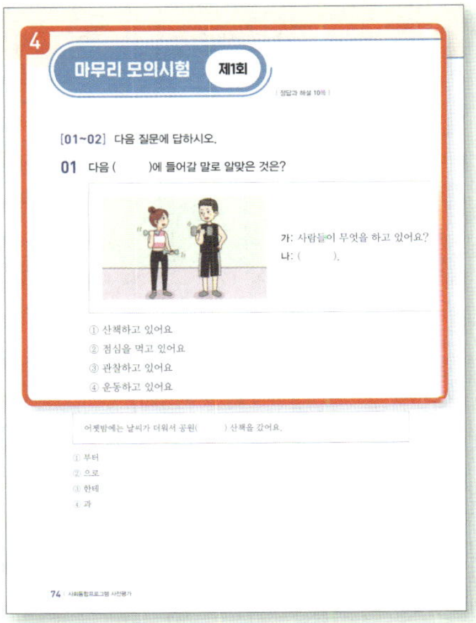

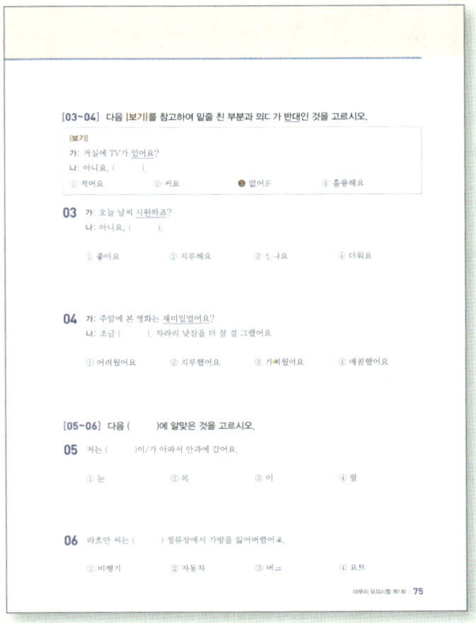

4 마무리 모의시험

실제 출제 문제와 유사한 모의시험으로 실전에 대비할 수 있습니다.

특별 혜택

☑ 어휘+문법 등급UP

풍성한 답안 작성과 구술시험 대비를 위해 매일 테스트 및 어휘와 문법을 정리하여 제공합니다.

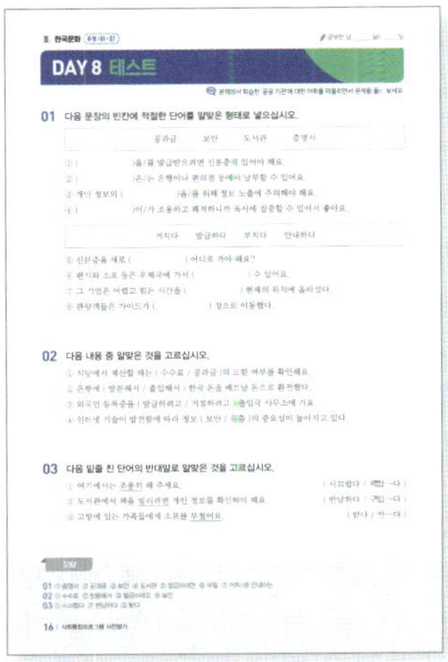

☑ 단번에 사전평가 고득점 완성 핵심 특강

前 사회통합프로그램 사전평가 자문위원이 알려주는 핵심특강을 무료로 제공합니다.

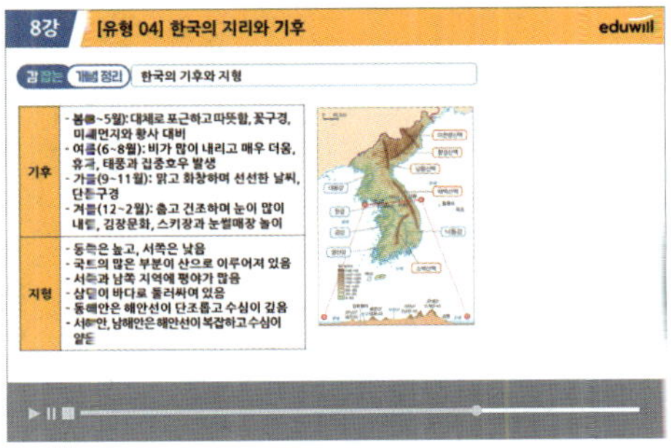

수강 경로

1. 에듀윌 도서몰(book.eduwill.net)
   ▶동영상 강의실
2. 유튜브 '에듀윌 자격증' 채널

특강 바로 보기

Contents

차례

사회통합프로그램 사전평가 2주완성

2주 플래너

2 WEEKS

■ 이론학습

과목	유형 이름	페이지	플런
PART 01 한국어	유형01 이름을 나타내는 말	p.14	1일
	유형02 행동과 상태를 나타내는 말	p.18	2일
	유형03 연결하는 말	p.26	3일
	유형04 활용하는 말	p.32	4일
PART 02 한국문화	유형01 한국의 전통문화 살펴보기	p.44	5일
	유형02 한국의 역사 알아보기	p.47	
	유형03 한국의 사회문화 이해하기	p.50	6일
	유형04 한국의 지리와 기후 알아보기	p.58	7일
	유형05 한국의 법과 제도 파악하기	p.61	8일
	유형06 한국의 정치와 경제 살펴보기	p.64	
	한국어 유형 05 읽고 생각하기 & 한국문화 유형 07 구술	p.38 p.67	9일

■ 실전 대비

마무리 모의시험	제1회 마무리 모의시험	p.74	10일
	제2회 마무리 모의시험	p.93	11일
	제3회 마무리 모의시험	p.112	12일
	제4회 마무리 모의시험	p.131	13일
	제5회 마무리 모의시험	p.150	14일

I

한국어

어떻게 공부하나요?

- 글의 흐름과 상황에 따라 적절한 단어를 선택할 수 있도록 연습합니다.
- 명사와 동사, 형용사와 조사 등 다양한 품사의 활용을 익힙니다.
- 목표 풀이 시간 내에 문제를 풀 수 있도록 연습합니다.

PREVIEW

유형 미리 보기

한국어 기초

유형 | 01 이름을 나타내는 말

유형 | 02 행동과 상태를 나타내는 말

한국어 활용

유형 | 03 연결하는 말

유형 | 04 활용하는 말

유형 | 05 읽고 생각하기

이름을 나타내는 말

이론 강의

감 잡는 개념 정리

장소

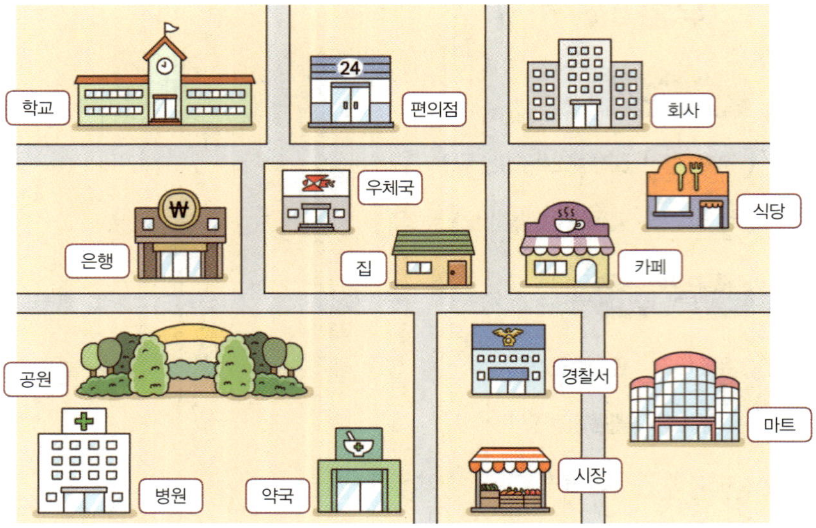

병원과 신체부위

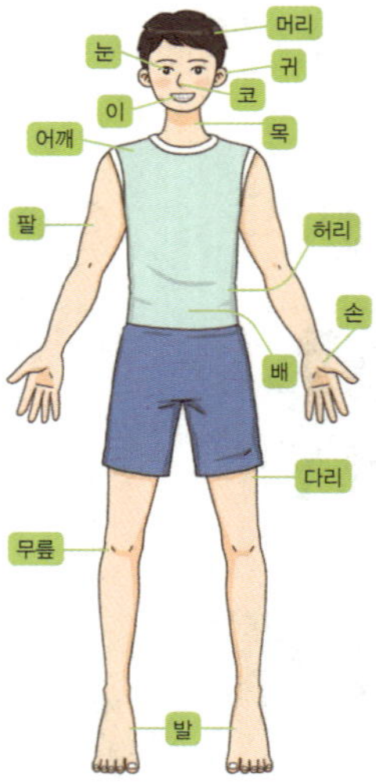

감기에 걸리다 | 내과/이비인후과

눈이 아프다 | 안과

이가 아프다 | 치과

다리가 부러지다 | 정형외과

주제별 어휘노트

>> 위치에 대한 어휘

- 안(indoor) : 실내, 내부
- 밖(outdoor) : 실외, 외부

>> 집에 대한 어휘

공동 현관, 현관, 도어락, 침실, 거실, 화장실, 드레스 룸, 부엌, 베란다, 창고, 무인 택배함, 우편함, 엘리베이터, 계단, 옥상

예 우리집은 침실 2개에, 화장실 1개, 거실과 베란다가 있어요.

>> 우체국에 대한 어휘

우편(물), 소포, 등기, 국제 특급 우편(EMS), 우편 봉투, 우표, 주소, 우편 번호, 연락처

예 소포나 등기 같은 우편을 보낼 때는 받는 사람과 보내는 사람의 주소, 우편 번호, 연락처를 모두 써야 해요.

>> 은행에 대한 어휘

동전, 지폐, 수표, 입금, 송금(=이체), 출금(=인출), 환전, 통장, 체크 카드, 신용 카드, 스마트 뱅킹, 공과금, 납부, 예금, 적금, 현금인출기

예 현금인출기에서 지폐를 출금(인출)하거나, 입금과 송금을 할 수 있어요. 스마트 뱅킹을 이용하면 은행에 가지 않아도 송금을 할 수 있어서 편리해요.

>> 마트/시장/상점에 대한 어휘

상품, 영수증, 구매, 결제, 계산, 결제 수단, 교환, 반품, 환불, 포장, 불량, 장바구니, 할인, 구매

예 마트에서 결제할 때는 신용 카드나 현금으로 결제해요. 구매한 상품을 교환하거나 환불하려면 영수증이 꼭 있어야 해요.

>> 회사에 대한 어휘

출근, 퇴근, 입사, 퇴사, 이직, 회의, 회식, 급여, 복지, 퇴직금, 연차(=휴가)

예 저는 이 회사에 6월에 입사했어요. 전 직장에서 퇴사를 하고 이직을 했는데 지금 회사의 급여나 복지에 만족해서 다니게 되었어요.

수와 단위

❶ 수

0	1	2	3	4	5	6	7	8	9	10
영(=공)	일/하나 예 한 명	이/둘 예 두 명	삼/셋 예 세 명	사/넷 예 네 명	오/다섯 예 다섯 명	육/여섯 예 여섯 명	칠/일곱 예 일곱 명	팔/여덟 예 여덟 명	구/아홉 예 아홉 명	십/열 예 열 명

11	12	20	30	40	50	60	70	80	90	100
십일/열하나 예 열한 명	십이/열둘 예 열두 명	이십/스물 예 스무 명	삼십/서른 예 서른 명	사십/마흔	오십/쉰	육십/예순	칠십/일흔	팔십/여든	구십/아흔	백

❷ 단위

시간과 때

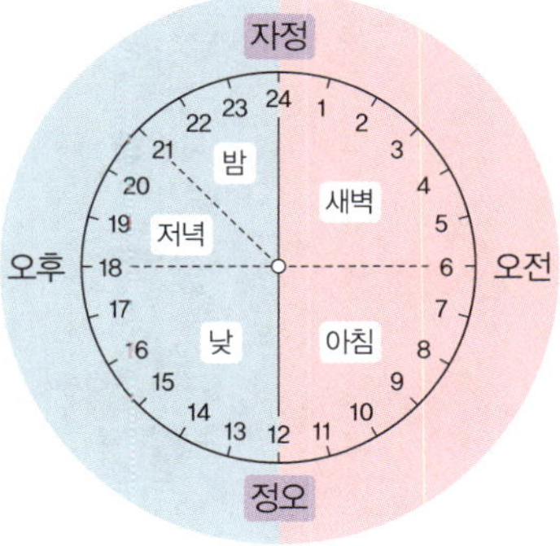

시				분	
1시	한 시	7시	일곱 시	1분	일 분
2시	두 시	8시	여덟 시	2분	이 분
3시	세 시	9시	아홉 시	5분	오 분
4시	네 시	10시	열 시	10분	십 분
5시	다섯 시	11시	열한 시	15분	십오 분
6시	여섯 시	12시	열두 시	30분	삼십 분 (=반)

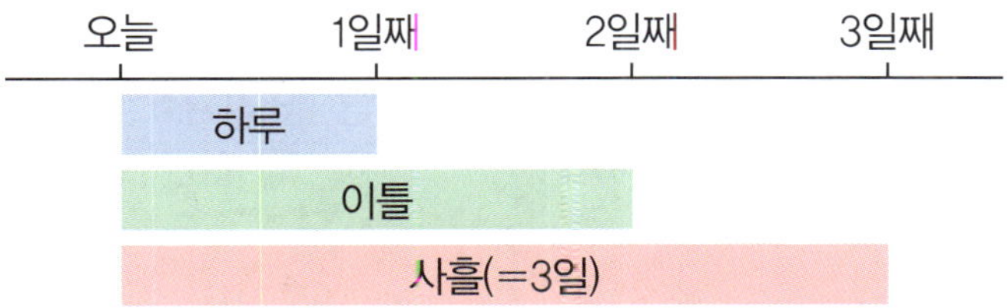

주제별 어휘노트

>> 수에 대한 어휘

- 천 1,000
- 만 10,000
- 십만 100,000
- 백만 1,000,000
- 천만 10,000,000
- 억 100,000,000

>> 순서/횟수(서수)에 대한 어휘

서수는 순서나 횟수를 나타내는 숫자 표현입니다. '숫자+째/번째'가 기본 형태이며, 숫자 표기와 발음이 바뀌는 경우도 있으니 주의해야 합니다.

첫째	첫 번째	둘째	두 번째
셋째	세 번째	넷째	네 번째
다섯째	다섯 번째	스무째	스무 번째

* '다섯'부터는 형태 변화 없이 '째/번째'를 붙입니다('스무째, 스무 번째' 예외).

>> 수+단위에 대한 어휘

단위로 수를 나타내는 숫자 표현입니다. 명사의 종류마다 함께 쓰는 단위가 다르니 주의해야 합니다.

수를 정확히 세지 않고 복수로만 나타낼 때는 '여러+단위'의 형태로 씁니다.

숫자		단위
한, 두, 세, 네, 다섯, 여러	+	명(사람)/장(종이)/권(책)/대(기계)/병(음료)/개(물건)/조각(케이크) 등

* '다섯'부터는 형태 변화 없이 '명/장/권/대/병/개/조각' 등의 단위를 붙입니다('스무+단위' 예외).

>> 비용(돈)에 대한 어휘

지불해야 하는 돈을 나타내는 비용은 쓰임에 따라 여러 가지 이름이 있습니다. 보통 '–비', '–세', '–금' 등의 형태로 씁니다.

- –비: 생활비, 식비, 교통비, 난방비, 경조사비, 의료비, 통신비
- –세: 수도세, 전기세
- –금: 공과금, 축의금, 조의금

날짜와 요일

8월

일요일	월요일	화요일	수요일	목요일	금요일	토요일	
				1	2	3	
4	5	6	7	8	9	10	지난주
11	12 그제(=그저께)	13 어제	14 오늘	15 내일	16 (내일)모레	17	이번 주
18	19	20	21	22	23	24	다음 주
25	26	27	28	29	30	31	

1. 월요일에서 금요일까지는 '주중' 또는 '평일'이라고 합니다.
2. 토요일에서 일요일까지는 '주말'이라고 합니다.
3. 쉬는 날은 '휴일'이라고 하고 국가에서 지정한 휴일은 '공휴일'이라고 합니다. 명절처럼 여러 날을 이어서 쉬면 '연휴'라고 합니다.
4. '매' 뒤에 '일/주/월/년' 등을 붙이면 그 기간의 연속을 나타냅니다.
5. 정확히 세지 않고 여러 날을 말할 때는 '며칠'이라고 합니다.
6. 날짜를 물어볼 때는 '몇 월 며칠'이라고 합니다.
7. 6월은 '유월', 10월은 '시월'이라고 읽습니다.
8. 월의 초반은 '월초', 중반은 '중순', 후반은 '월말'이라고 합니다.
9. 한 해의 초반은 '연초' 또는 '연시', 후반은 '연말'이라고 합니다.

대표 예제 다음 (   )에 알맞은 것을 고르시오.

가: 그 식당은 언제 쉬어요?
나: (   )에는 문을 닫아서 평일에 가야 해요.

① 주중 ② 주말 ③ 월말 ④ 매일

정답 해설 ② '평일'에 가야 한다고 했으므로 식당이 쉬는 날은 평일의 반대인 '주말'이 적절합니다.

오답 해설 ① '주중'은 월요일에서 금요일까지를 나타내는 말로, 대화의 '평일'과 같은 의미로 쓸 수 있습니다.
③ '월말'은 한 달의 후반을 나타내는 표현입니다.
④ '매일'은 1일이 연속으로 반복될 때 쓰는 표현입니다.

주제별 어휘노트

>> 높임말에 대한 어휘

나보다 나이가 많거나 회사에서 직급이 높은 대상한테는 높임말을 씁니다. 높임말은 주로 명사와 동사에서 쓰입니다.

높이지 않을 때	높일 때
이름	성함
나이	연세
생일	생신
밥	진지/식사
말	말씀
사람, 명	분

예
- 이름이 어떻게 되니?
  → 성함이 어떻게 되세요?
- 나이는 몇 살이에요?
  → 연세가 몇 세 되시나요?
- 생일이 언제예요?
  → 생신은 언제세요?
- 밥은 먹었니?
  → 진지는 잡수셨나요?
  → 식사는 하셨나요?
- 무슨 말인지 모르겠어.
  → 무슨 말씀이신지 모르겠어요.
- 몇 명이 참석하나요?
  → 몇 분이 참석하시나요?

>> 동음이의어

동음이의어란 소리는 같으나 뜻이 다른 단어를 말합니다. 한국어는 주로 동사와 명사에 동음이의어가 있습니다.

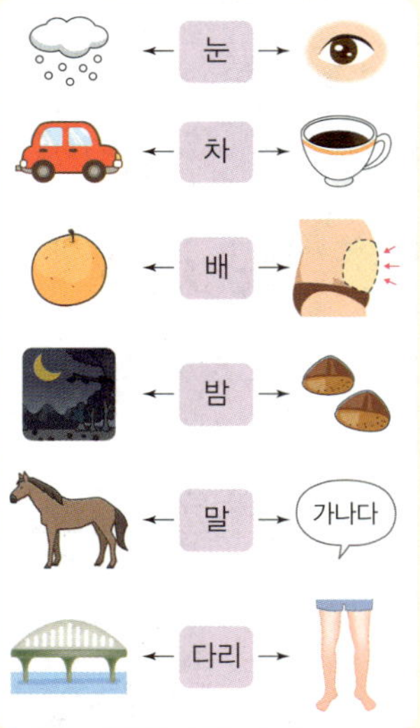

유형 잡는 실전문제

| 정답과 해설 02쪽 |

01 (　　　)에 들어갈 말로 알맞은 것은?

가: 지금 몇 시예요?
나: (　　　)이에요.

① 4시 40분
② 4시 45분
③ 4시 15분
④ 4시 반

02 다음 (　　　)에 알맞은 것을 고르시오.

며칠 전부터 허리가 아파서 (　　　)에 가보려고 해요.

① 이비인후과
② 정형외과
③ 내과
④ 안과

03 다음 (　　　)에 각각 들어갈 말이 순서대로 알맞게 짝 지어진 것을 고르시오.

가: 어서 오세요. 어떻게 주문하시겠어요?
나: 따뜻한 커피 (　　　)와/과 케이크 (　　　) 주세요.

① 셋 개, 두 병
② 세 잔, 두 조각
③ 셋 잔, 둘 개
④ 세 대, 둘 조각

행동과 상태를 나타내는 말

이론 강의

감 잡는 개념 정리

행동을 나타내는 말 '동사'

동사는 사물의 행동이나 움직임을 나타낼 때 사용하는 표현입니다. 형용사는 '상태', 동사는 '움직임'으로 기억하면 쉽게 구분할 수 있습니다.

'동사'의 쓰임

카페에서 누군가는 커피를 마시고, 다른 누군가는 케익이나 쿠키를 먹으며, 책을 읽기도 합니다. 마시고 먹고 읽는 등의 행위를 나타내는 동사는 유형 01에서 배운 명사와 함께 문장을 구성하는 기본 단위입니다.

특정 장소에서 볼 수 있는 동사

장소에 따라 사람들의 행동이 달라지므로 장소에 맞춰 동사를 외우면 더 쉽게 익힐 수 있습니다.

집	(잠을) 자다, (아침에) 일어나다, (옷을) 입다/벗다, (식사를) 준비하다/만들다/차리다, 요리하다, (국을) 끓이다, (칼로) 베다/썰다, (음식을) 담다, 설거지하다, (가족에게) 전화하다, 청소하다, (청소기를) 돌리다, (걸레로) 닦다, (빗자루로) 쓸다, (가족이 함께) 살다/지내다, (TV를) 보다
학교	공부하다, 배우다, (선생님이 한국어를) 가르치다, (공책에) 쓰다, (수업을) 듣다, (책을) 읽다, (친구들과) 모이다/놀다/대화하다/말하다/이야기하다, 노래하다, 게임하다, (자리에) 앉다
회사	일하다, 업무하다, 회의하다, 출근하다, 퇴근하다, (보고서를) 제출하다, 보고하다, 결재하다, (컴퓨터를) 켜다/끄다, (타자를/키보드를) 치다, 신청하다, 해결하다, (팀을) 운영하다, 문의하다
거리	(횡단보도를) 건너다, (계단을) 오르다/내리다, 가다, 오다, (대중교통을) 타다/내리다, (목적지에) 오다/도착하다, (목적지로) 가다/출발하다, (길을) 걷다, 달리다

주제별 어휘노트

>> 빈출 동사 정리

- **바꾸다** 예 지폐를 동전으로 바꿔요.
- **갈아타다** 예 지하철을 갈아타다.
- **돕다** 예 친구를 도와 숙제를 했다.
- **부르다** 예 선생님이 학생을 부르다.
- **시키다** 예 선생님이 반장을 시켜 책상을 나르게 했다.
- **잘하다** 예 공부를 잘하면 칭찬을 받아요.
- **드리다** 예 부모님께 용돈을 드리다.
- **주무시다** 예 할머니께서 곤히 잠을 주무신다.
- **걸리다** 예 공부를 끝내려면 시간이 좀 걸려요.
- **끊다** 예 맺고 끊는 건 확실해야 해요.
- **지우다** 예 공책의 낙서를 지우개로 지워야 해요.
- **부러지다** 예 나뭇가지가 부러져 도로를 막고 있어요.
- **막다** 예 구멍을 막아야 해요.
- **싣다** 예 수레에 물건을 실어요.
- **들다** 예 그 짐을 들고 따라와요.
- **옮기다** 예 자리를 바꾸기 위해 책걸상을 옮긴다.
- **미루다** 예 일정을 하루 뒤로 미루려고 합니다.
- **받다** 예 잔돈을 받아서 주머니에 넣어요.
- **꾸짖다** 예 동생이 실수해서 엄마가 꾸짖었어요.
- **접다** 예 신문을 접어서 선반 위에 올려 두세요.
- **접질리다** 예 버스에서 급히 내리다 넘어져서 발목을 접질렸다.
- **따끔거리다** 예 화상 때문에 팔이 따끔거려서 병원에 가요.
- **욱신거리다** 예 머리가 욱신거려서 출근을 못 했어요.
- **움직이다** 예 자꾸 몸을 움직이면 정신없잖니.
- **삼키다** 예 알약을 삼킬 때 물을 많이 마시면 편해요.

공원	운동하다, 산책하다, (오솔길을) 걷다, (공원에) 머물다, (친구를) 만나다, (사진을) 찍다, (벤치에서) 쉬다
식당/카페	(물을) 마시다, 먹다, 식사하다, (음식을) 남기다, 주문하다
은행	(돈을) 보내다/송금하다, 인출하다, (통장을) 만들다/개설하다
병원	(진료를) 기다리다, (감기에/병에) 걸리다, (침대에) 눕다, 붓다, (피가) 나다, 다치다, 접질리다, 욱신거리다, 따끔거리다
시장/마트	(물건을) 사다/팔다, 구경하다, 계산하다, 결제하다, (돈을) 내다/지불하다

생김새는 같지만 뜻은 다른 동사들

동사 중에는 모양새는 같지만 뜻은 전혀 다른 동사들이 있어요. 어떤 상황에 어떤 명사와 쓰느냐에 따라 의미가 달라지는 동사들에 대해 배워 봅시다.

걸리다	물체가 떨어지지 않고 벽이나 못에 매달리다.	예 옷걸이에 셔츠를 걸어라.
	시간이 들다.	예 세 시간 걸려 도착한 집.
	어떤 일을 하다가 도중에 들키다.	예 도둑질을 하다 걸렸다.
	어떤 상태에 빠지게 되다.	예 마법에 걸린 야수 왕자.
맞다	문제에 대한 답이 틀리지 아니하다.	예 내 답이 맞았길 바라!
	오는 사람이나 물건을 예의로 받아들이다.	예 손님을 맞으러 나가자.
	외부로부터 어떤 힘이 가해져 몸에 해를 입다.	예 매를 맞으면 아파요.
쓰다	종이 따위에 획을 그어 글자 모양을 이루다.	예 공책에 똑바로 쓰세요.
	모자 따위를 머리에 얹어 덮다.	예 모자를 쓰고 학교에 가요.
	재료나 도구, 수단을 이용하다.	예 계산기를 써서 답을 구해.
차다	일정한 공간에 사람, 사물 등이 가득하게 되다.	예 연기로 방 안이 꽉 차다.
	발로 내어 지르거나 받아 올리다.	예 공을 차서 골인시켜!
	물건을 몸에 달아매거나 끼워 지니다.	예 벨트를 차야 멋이 나지.
타다	불씨나 높은 열로 불이 붙어 번지다.	예 타다 남은 조각들.
	탈것이나 짐승의 등 따위에 몸을 얹다.	예 버스에 타 볼래?
	다량의 액체에 소량의 액체나 가루를 섞다.	예 물에 소금을 타서 가져와.
빨다	입을 대고 입속으로 당겨 들어오게 하다.	예 빨대로 빨아 마셔.
	옷 등을 물에 넣고 주물러 때를 없애다.	예 양말은 스스로 빨자.
베다	누울 때 베개 따위를 머리 아래에 받치다.	예 무릎을 베고 누워요.
	날이 있는 연장으로 무엇을 끊거나 자르다.	예 칼에 베여 아파요.

주제별 어휘노트

>> 빈출 '명사+하다' 동사 정리

- **수료하다** 예 중급 한국어 과정을 수료해서 수료증을 받았어요.
- **이수하다** 예 전문가 과정을 이수했다.
- **합격하다** 예 2급 자격증 시험에 합격했어요.
- **중단하다** 예 태풍 때문에 행사를 중단해야 해요.
- **해결하다** 예 컴퓨터가 고장 났는데 시설팀에서 해결해 줬어요.
- **구경하다** 예 동물원에서 사자를 구경할 때 두근두근거렸어요.
- **보관하다** 예 짐은 짐칸에 보관하고 의자에는 올려놓지 마세요.
- **훼손하다** 예 잔디밭에 들어가는 행위는 잔디를 훼손하는 행위예요.
- **조절하다** 예 식단을 조절해야 건강한 다이어트가 가능합니다.
- **제작하다** 예 림은 팔이 길어서 옷을 따로 주문 제작해야 해요.
- **등장하다** 예 원래 작품에서 주인공은 나중에 등장하는 법이야.
- **출발하다** 예 늦어도 9시에 출발해야 도착해서 점심을 먹을 수 있어.
- **제공하다** 예 무료로 제공하는 강의 영상을 보며 공부해요.
- **차별하다** 예 차별하는 건 나빠요.
- **통하다** 예 후엔은 한국에서 처음으로 마음이 통한 친구예요.
- **되풀이하다** 예 되풀이해서 말하는 건 힘들어.
- **유지하다** 예 모의시험에서 좋은 성적을 유지해야 시험 합격에 유리해.
- **대꾸하다** 예 어른들 말씀에 함부로 말대꾸하면 혼나요.
- **수행하다** 예 보좌관이 국회 의원을 수행하며 뒤따라갑니다.
- **학습하다** 예 단계별로 학습하면 머릿속에 쏙쏙 들어와요.
- **출근하다** 예 회사에 출근할 때 옷을 단정히 입어요.
- **관찰하다** 예 새로 생긴 가게는 더 없는지 관찰하며 길을 걷곤 해요.
- **관람하다** 예 무료 티켓이 생겨서 전시회에 그림을 관람하러 갔어요.
- **개설하다** 예 학원에서 초급반 과정을 새로 개설했어요.
- **성공하다** 예 드디어 산 정상 정복에 성공했어!

'-하다'

행동이나 작용을 이룬다는 의미인 '하다' 동사는 명사와 붙어 다양한 의미의 동사들을 만들어 냅니다. 실생활에서 가장 많이 쓰이는 형태의 동사 중 하나이므로 기억해 둡시다.

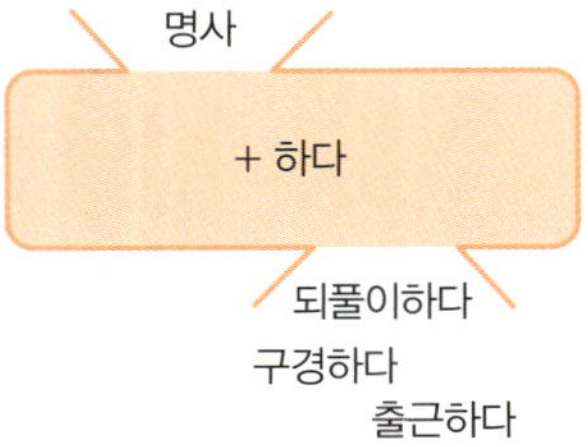

구경–, 신청–, 질문–, 합격–, 해결–, 중단–, 보관–	+ 하다
훼손–, 조절–, 제작–, 등장–, 출발–, 도착–, 제공–	
차별–, 통–, 되풀이–, 유지–, 대꾸–, 수행–	

동사의 활용

❶ 안–, 못–

동사는 간단하게 '안–', 또는 '못–'을 붙이는 것만으로도 반대의 의미를 만들 수 있습니다. '안–'과 '못–'은 사용하는 상황이 조금 다른데, 예를 들어 친구와의 약속이 있어서 나가야 하는데 귀찮아서 나가지 않는 상황일 때는 '안 나간다'를, 아프거나 다른 일정과 겹쳐서 나갈 수 없을 때는 '못 나간다'를 사용합니다.

– 안–: 어떠한 행위를 하지 않거나 부정하는 것 → 의지 > 능력

– 못–: 어떠한 행위를 할 수 없는 것 → 의지 < 능력

가다	안 가다/못 가다	오다	안 오다/못 오다
하다	안 하다/못 하다	보다	안 보다/못 보다

❷ 명사 수식할 때 동사의 형태 변화

	받침 없는 동사	받침 있는 동사	받침이 ㄹ인 동사
과거	동사+ㄴ+명사 예 어제 지운 낙서	동사+은+명사 예 어제 접은 쪽지	동사+ㄹ 탈락+ㄴ+명사 예 어제 푼 문제
현재	동사+는+명사 예 지금 지우는 낙서	동사+는+명사 예 지금 접는 쪽지	동사+ㄹ 탈락+는+명사 예 지금 푸는 문제
미래	동사+ㄹ+명사 예 내일 지울 낙서	동사+을+명사 예 내일 접을 쪽지	동사+ㄹ 탈락+명사 예 내일 풀 문제

주제별 어휘노트

>> 빈출 동사 정리

- **야기하다** 예 무질서는 혼란을 야기할 수 있어.
- **나오다** 예 집 밖으로 나와서 걸어 간다.
- **뱉다** 예 길거리에 침을 뱉으면 벌금을 내야 해요!
- **깨물다** 예 강아지가 팔을 깨물어서 피가 났어요.
- **맞추다** 예 시험이 끝나면 답을 맞춰 봐야 안심이 돼요.
- **맞히다** 예 화살을 쏴 과녁을 맞히다.
- **챙기다** 예 서류를 챙겨 그 가방에 넣어요.
- **떠올리다** 예 고향을 떠올리면 그리운 마음뿐이에요.
- **잃다** 예 가방을 잃어버려서 돈이 없어요.
- **부치다** 예 우체국에서 편지를 부쳐요.
- **고치다** 예 고장 났다고 버리지 말고 고쳐서 다시 써야지.
- **거주하다** 예 그 집에 거주한 지도 일 년이 다 되어 간다.
- **촉진하다** 예 경제 성장을 촉진할 수 있는 다양한 정책이 필요해요.
- **쫓다** 예 소매치기를 잡기 위해 쫓아 갔어요.
- **대두되다** 예 환경 오염으로 인해 대체 에너지 이슈가 대두되고 있어.
- **무너지다** 예 지진 때문에 건물이 무너졌어.
- **나누다** 예 이 빵을 둘로 쪼개어 나눠 먹자.
- **더하다** 예 병세가 점점 더해서 중태에 빠지다.
- **꾸미다** 예 예쁘게 화장하고 꾸미는 게 취미예요.
- **믿다** 예 거짓말이 아니기를 믿고 싶어요.
- **나가다** 예 방 안이 답답해서 집 밖으로 나갈 거예요.
- **다루다** 예 그는 기계를 능숙하게 다루는 편이에요.
- **맡다**[1] 예 신입인데 어려운 업무를 맡았어요.
- **맡다**[2] 예 눈을 감고 꽃냄새를 맡아 보아요.

상태를 나타내는 말 '형용사'

한적한 공원에서 누군가는 벤치에 앉아 편안하게 쉬고 있고, 누군가는 열심히 운동을 하고 있습니다. 가운데 있는 연못은 깨끗하고 맑죠. 이처럼 형용사는 사물의 상태를 묘사할 때 사용합니다.

빈출 형용사(반대 관계)

상태를 묘사하는 서술어인 형용사는 반대말을 함께 외우면 보다 효과적으로 외울 수 있습니다.

1 감정 표현 형용사

기쁘다 ↔ 슬프다	만족스럽다 ↔ 불만스럽다	행복하다 ↔ 불행하다
즐겁다 ↔ 화나다	편안하다 ↔ 불편하다	자랑스럽다 ↔ 창피하다
감동하다 ↔ 실망하다	놀라다 ↔ 안도하다	부끄러워하다 ↔ 뻔뻔하다

※ 화나다, 신나다, 감동하다 등은 동사이나 일상적으로 감정 표현에 사용되므로 형용사 편에 함께 배치함.

2 상태 표현 형용사

가깝다 ↔ 멀다	바쁘다 ↔ 한가하다	많다 ↔ 적다
차갑다 ↔ 뜨겁다	높다 ↔ 낮다	빽빽하다 ↔ 듬성듬성하다
맑다 ↔ 탁하다	빠르다 ↔ 느리다	크다 ↔ 작다
깨끗하다 ↔ 더럽다	비싸다 ↔ 싸다/저렴하다	길다 ↔ 짧다
좋다 ↔ 나쁘다	어렵다 ↔ 쉽다	밝다 ↔ 어둡다
춥다 ↔ 덥다	건강하다 ↔ 아프다	단정하다 ↔ 지저분하다
친절하다 ↔ 불친절하다	급하다 ↔ 느긋하다	까다롭다 ↔ 무던하다
적극적이다 ↔ 소극적이다	꼼꼼하다 ↔ 덜렁대다	얌전하다 ↔ 경망스럽다
유리하다 ↔ 불리하다	강하다 ↔ 약하다	똑똑하다 ↔ 멍청하다
무겁다 ↔ 가볍다	진하다 ↔ 흐리다, 연하다	날카롭다 ↔ 무디다
굵다 ↔ 가느다랗다	짙다 ↔ 흐리다	새롭다 ↔ 낡다

주제별 어휘노트

>> 빈출 형용사 정리

- **기쁘다** 예 칭찬을 받아서 기뻐요!
- **슬프다** 예 주인공이 죽는 영화는 슬퍼요.
- **즐겁다** 예 친구와 함께 시간을 보내는 건 즐거운 일이다.
- **화나다** 예 사람을 밀치고 사과도 없으니 화난다.
- **감동하다** 예 친구가 준 선물에 감동했어요.
- **실망하다** 예 원하던 선물이 아니라서 실망했어요.
- **긍정적이다** 예 힘들수록 긍정적인 생각을 하는 게 중요해요.
- **만족스럽다** 예 오늘 식사는 좋아하는 음식이 나와서 만족스러워요.
- **편안하다** 예 주말에는 편안하게 집에서 쉬고 싶다.
- **간절하다** 예 합격하기를 간절하게 바라고 있습니다.
- **무관심하다** 예 일을 대충 하니까 무관심하단 소리가 나오지.
- **놀라다** 예 그렇게 갑자기 튀어나오면 당연히 놀라지!
- **고마워하다** 예 그는 커피를 사 준 것에 고마워했다.
- **미워하다** 예 죄는 미워하되 사람은 미워하지 말자.
- **신나다** 예 놀이공원에 놀러 갈 생각을 하니 신난다.
- **행복하다** 예 좋아하는 음식을 먹으면 행복하다.
- **자랑스럽다** 예 선생님께 표창장을 받은 친구가 자랑스럽습니다.
- **부끄러워하다** 예 새로운 사람들을 만나는 걸 부끄러워해요.
- **부유하다** 예 집안 대대로 사업이 잘 되어서 부유한 집.
- **급하다** 예 버스 출발 시간까지 5분밖에 안 남아서 급해요!
- **대담하다** 예 무서울 것 없이 대담하게 귀신의 집에 들어가곤 해요.
- **소심하다** 예 꾸짖음 들을까 지레 겁먹고 소심해요.
- **똑똑하다** 예 매번 좋은 성적을 유지하는 똑똑한 내 친구.

빈출 형용사(상황에 따른 사용)

형용사는 어떤 명사와 결합하느냐, 어떤 상황에서 사용하느냐에 따라 사용하는 단어가 조금씩 다릅니다.

1 맛에 관한 형용사

달다	맵다	짜다	시다	쓰다
달콤하다	매콤하다	짭조름하다	시큼하다	씁쓸하다
쫄깃하다	질기다	담백하다	느끼하다	싱겁다

2 소리, 풍경에 관한 형용사

조용하다	청량하다	청아하다	시끄럽다	우거지다
한적하다	고요하다	한산하다	북적북적하다	을씨년스럽다

형용사의 활용

1 안-, 못-

형용사의 경우 '어떠한 상태'가 되기까지 의지가 들어가지 않기 때문에 '안-'이 '어떠한 상태를 하지 못 하는'의 의미로 사용되며 '못-'은 쓰지 않습니다.

예쁘다	안 예쁘다	편안하다	안 편안하다
무섭다	안 무섭다	고마워하다	안 고마워하다

2 짝꿍 형용사와 명사

형용사는 상태를 묘사하는 성질을 가지는 만큼 특정 명사와 어울리는 형용사가 있습니다.

맛 형용사 + 음식	예 달콤한 초콜릿/매운 라면/새콤한 사과/쓴 도라지
소리 형용사 + 풍경, 장소	예 조용한 마을/시끄러운 도시
감정 형용사 + 사람	예 실망한 엄마/고마운 선생님
맑다/탁하다 + 물, 공기	예 맑은 물/탁한 공기

3 명사 수식할 때 형용사의 형태 변화

받침 없는 형용사	형용사+ㄴ+명사 → 예 예쁜 아이
받침 있는 형용사	형용사+은+명사 → 예 맑은 연못
ㄹ받침 형용사	형용사+ㄹ탈락+ㄴ+명사 → 예 단 케이크
ㅂ받침 형용사	형용사+우+ㄴ+명사 → 예 즐거운 놀이

주제별 어휘노트

>> 빈출 형용사 정리 2

- **달다/달콤하다** 예 마시멜로 같이 달콤한 간식은 기분을 좋게 해.
- **맵다/매콤하다** 예 고추가 정말 매운걸요.
- **짜다/짭조름하다** 예 소금을 많이 넣으니까 짜지!
- **시다** 예 레몬이 너무 시어서 눈을 찡그리게 돼.
- **시큼하다** 예 시큼한 김치 냄새가 가방에 배었어.
- **쓰다** 예 쓴 약을 먹고 난 후에 사탕을 먹으면 쓴 맛이 사라져.
- **씁쓸하다[1]** 예 씁쓸한 나물의 맛이 오히려 입맛이 살아나게 해 준다.
- **씁쓸하다[2]** 예 시합에서 지다니 씁쓸한걸.
  (쓰다, 씁쓸하다는 맛에 대한 형용사이지만 기분을 묘사할 때도 사용한다)
- **쫄깃하다** 예 칼국수 면발이 쫄깃해서 더 맛있어요.
- **질기다** 예 고기가 너무 질겨서 계속 씹었더니 턱이 아파요.
- **담백하다** 예 담백한 두부는 건강한 식재료 중 하나예요.
- **느끼하다** 예 파스타에 기름이 너무 많아서 느끼해요.
- **싱겁다** 예 간을 하나도 안 했더니 국이 너무 싱겁다.
- **조용하다** 예 도서관이 조용할수록 집중하기에 좋아요.
- **청아하다** 예 그녀의 목소리는 크고 청아해서 주변을 집중시켜요.
- **우거지다** 예 수풀이 우거져서 길이 보이지 않는다.
- **혼잡하다** 예 출근 시간의 대중교통은 매우 혼잡하다.
- **한적하다** 예 시골 마을은 한적해서 평화로워요.
- **고요하다** 예 소리 없이 쓸쓸하고 고요한 골목길.
- **을씨년스럽다** 예 앙상한 가지만 남아서 을씨년스러운 나무들.
- **웅장하다** 예 궁궐이 굉장히 화려하고 웅장하네요!
- **푸르다** 예 이렇게 맑은 가을 하늘을 푸르다고 표현해요.

모두 꾸며주는 말 '부사어'

동사와 형용사는 서술어의 기능을 하는 반면에 부사는 문장에서 꾸며 주는 기능을 합니다. 형용사 변형 부사어, 시간과 장소를 나타내는 부사, 동사를 꾸며 주는 의성어, 의태어 등이 있습니다.

① 형용사 변형 부사어1: 형용사+-게

조용하다	조용하게	새롭다	새롭게
시끄럽다	시끄럽게	익숙하다	익숙하게

② 형용사 변형 부사어2: 형용사+이/히/오/우

깨끗이	차분히	자주	너무
매우	몹시	별로	철저히

③ 예외 부사: 시간/장소/태도 부사

이리/저리	여기	집집이	곳곳이	일찍이	아까
먼저	금방	왜	결코	정말	어찌

④ 예외 부사: 의성어/의태어

굽신굽신(하다)	꾸벅꾸벅(졸다)	어슬렁(거리다)	띄엄띄엄(서다)	느릿느릿(걷다)
두런두런(이야기하다)	두근두근(뛰다)	갈팡질팡(하다)	대롱대롱(매달리다)	바득바득(우기다)

대표 예제 (　　　)에 들어갈 말로 알맞은 것을 고르시오.

> 나는 주말에는 보통 청소기를 (　　　) 빨래를 한다.

① 쓸거나　　② 돌리거나

③ 들거나　　④ 끌거나

정답 해설 ② 청소기를 사용하는 행위는 '청소기를 돌리다'로 표현합니다.

오답 해설 ① 동사 '쓸다'와 어울리는 명사는 걸레, 빗자루입니다.

③ 들다는 '밖에서 속이나 안으로 향해 가거나 오거나 하다'는 의미를 가진 동사입니다. 청소기를 들기만 해서는 사용할 수 없으므로 이 예문에서 '들다'는 정답이 될 수 없습니다.

④ 청소기를 작동시켜야 청소가 가능하므로 청소기를 끌기만 하는 것은 정답이 될 수 없습니다.

주제별 어휘노트

>> 빈출 형용사 정리 3

- **천진난만하다** 예 아이의 천진난만한 모습에 나도 웃게 됩니다.
- **씁쓸하다** 예 결과가 나쁘다니 씁쓸한 기분이에요.
- **무시무시하다** 예 여름마다 쏟아지는 공포 영화는 무시무시하다.
- **큼직하다** 예 케이크를 조각낼 때 큼직하게 조각내요.
- **탁하다** 예 연못의 물이 너무 탁해서 물고기들이 안 살 것 같아요.
- **지저분하다** 예 방 청소를 게을리 하면 방이 지저분해집니다.
- **꼼꼼하다** 예 보고서를 제출하기 전에 꼼꼼하게 다시 읽어 보세요.
- **새롭다** 예 어제 봤는데 왜 또 처음 보는 것처럼 새롭지?
- **찝찝하다** 예 일이 해결되지 않은 채 퇴근하려니 찝찝해요.
- **촘촘하다** 예 반짇고리에 바늘이 촘촘히 박혀 있었다.
- **단단하다** 예 바위는 계란으로 깰 수 없을 만큼 단단하다.
- **흐물흐물하다** 예 뭇국의 무가 푹 익어서 흐물흐물하다.
- **용감하다** 예 범인을 잡을 생각을 하다니 용감하다.
- **유명하다** 예 그녀는 누구나 얼굴을 알아볼 만큼 유명하다.
- **특별하다** 예 기념일은 평소와 달리 특별한 날이다.
- **쓸모없다** 예 바늘로 글씨를 쓸 수 없으니 쓸모없다.
- **곤란하다** 예 나도 일정이 있는데 네 부탁을 들어주는 건 곤란하다.
- **조잡하다** 예 꼬마가 만든 것처럼 서툴고 조잡한 조각.
- **가느다랗다** 예 머리카락이 가느다래서 잘 끊어져요.
- **굵다** 예 그 펜은 글씨를 쓰기엔 너무 굵어.
- **어리석다** 예 지혜롭지 못한 모습을 보고 어리석다고 해요.
- **참신하다** 예 이전에 없던 아이디어는 참신하다.

| 정답과 해설 02쪽 |

유형 잡는 실전문제

01 다음 (　　　)에 들어갈 말로 알맞은 것은?

> 친구와 한 약속을 (　　　) 아침 일찍 일어났다.

① 만나려고　　② 돌리려고
③ 지키려고　　④ 보려고

02 다음 (　　　)에 들어갈 말로 알맞은 것은?

> 부장님이 회사에서 (　　　) 집중해야 한다고 했어요.

① 산책할 때는　　② 업무할 때는
③ 바꿀 때는　　④ 옮길 때는

[03~04] 다음을 읽고 물음에 답하시오.

> 라흐만은 성실해요. 한국에 온 지 1년도 채 안 됐는데 벌써 한국어를 (　　　). 라흐만은 인사할 때 밝게 웃으며 인사하는데 그 모습이 정말 보기 좋아요. 나도 얼른 라흐만처럼 적응을 하고 싶어요.

03 다음 (　　　)에 들어갈 말로 알맞은 것은?

① 지저분하게 해요　　② 나쁘게 해요
③ 꼼꼼하게 해요　　④ 잘해요

04 밑줄 친 말과 반대되는 말로 알맞지 않은 것은?

① 방 정리를 안 하니 정말 더러워 보여요.
② 어쩜 그리 성격이 쾌활하니!
③ 매사 불평하는 건 성격이 나빠 보이는 행동이야.
④ 너는 정말 못된 아이야.

05 다음 (　　　)에 들어갈 말로 어색한 것은?

미미 씨네 여동생은 정말 (　　　).

① 예뻐요　　② 아름다워요
③ 키가 커요　　④ 마워요

06 다음 문장 중 틀린 것은?

① 아침엔 조용히 산책할게요.　　② 정원 뒤에 꽃이 피어 예쁠게요.
③ 여름엔 바다에서 수영할거요.　　④ 영화를 보고 밥을 먹을게요.

[07~08] 다음을 읽고 물음에 답하시오.

리엔은 아침부터 들떴어요. 그의 친구 안젤라가 놀러 오기로 했기 때문이에요. 리엔은 (　　　) 아침 식사를 한 후에 옷을 챙겨 입고 안젤라를 ㉠맞으러 밖으로 나갔어요. 구름 한 점 없이 맑은 날씨에 리엔은 기분이 좋았어요. 안젤라와 같이 먹을 음식들을 마트에서 사고 나오는데 갑자기 날이 흐려지더니 빗방울이 떨어지기 시작했어요. 꼼짝없이 비에 맞게 된 리엔은 기쁘고 들떴던 마음이 사라졌어요.

07 다음 (　　　)에 들어갈 내용으로 알맞은 것은?

① 꼼꼼히　　② 누지런히
③ 영원히　　④ 돕시

08 다음 중 ㉠의 뜻으로 사용된 문장은?

① 장난으로 던진 돌에 개구리가 맞아 죽는다.
② 선생님께 꿀밤을 맞고 분에 겨워 씩씩대다.
③ 방문객을 맞아 안내하는 것은 집주인의 당연한 의무이다.
④ 공에 맞아서 눈이 잔뜩 부었다.

유형 03 연결하는 말

이론 강의

감 잡는 개념 정리

조사

주어와 함께 쓰는 조사	이/가: 동사의 행위를 하는 대상을 나타낼 때 사용 예 시계가 벽에 걸려 있어요. / 바람이 시원하게 불고 있어요. * 앞 글자에 받침이 없으면 '가', 받침이 있으면 '이'
	은/는: 이름이나 직업 등을 소개할 때 사용 예 저는 홍길동입니다. / 제 이름은 홍길동입니다. * 앞 글자에 받침이 없으면 '는', 받침이 있으면 '은'
목적어와 함께 쓰는 조사	를/을: 동사 행위의 목표가 되는 대상을 나타낼 때 사용 예 나는 한국어를 공부하고 있어요. / 그는 친구와 함께 여행을 떠났어요. * 앞 글자에 받침이 없으면 '를', 받침이 있으면 '을'
복수와 함께 쓰는 조사	와/과: 둘 이상의 대상을 이어줄 때 사용 예 그는 친구와 함께 여행을 떠났어요. / 우리는 선생님과 이야기를 나눴어요. * 앞 글자에 받침이 없으면 '와', 받침이 있으면 '과'
장소와 함께 쓰는 조사	에: 어떤 사물이 나타나거나, 무엇이 발생하는 장소, 혹은 목표점을 나타낼 때 사용 예 나는 사무실에 도착했어요.
	에서: 어떤 일이나 행동이 일어나는 장소를 말하거나, 출발점을 나타낼 때 사용 예 친구가 병원에서 치료받고 있어요.
	(으)로: 움직임의 방향이나 목표점을 나타낼 때 사용 예 이 길을 따라서 쭉 가면 시장으로 갈 수 있어요. * 앞 글자에 받침이 없으면 '로', 받침이 있으면 '으로'
범위나 기간을 나타낼 때 쓰는 조사	부터: 어떤 일이 처음 시작되는 시점이나, 범위나 기간의 시작을 나타낼 때 사용 예 어제부터 감기 기운이 있어요.
	까지: 어떤 일이 마무리되거나 범위나 기간의 끝일 때 사용 예 여행 계획이 변경되어 다음 주까지 기다려야 해요.
부를 때 쓰는 조사	에게/한테/께: 주어가 행동하는 동사의 대상이 될 때 사용 예 이 편지를 나에게(=나한테) 전해 주었어요. / 부장님께 말씀드릴 일이 있습니다. * '에게/한테': 나와 동등한 위치나 아랫사람, '께': 나보다 높은 사람

이유/원인/근거를 나타내는 연결 표현

1. **-니까:** 앞말이 뒷말의 원인이나 근거, 전제일 때 사용
   예 새로운 직원을 뽑아야 하니까 채용 공고를 올릴게요.
2. **-아서/어서/해서:** 앞말이 뒷말의 이유, 근거, 수단, 방법 등을 나타낼 때 사용
   예 길이 막혀서 늦었어요.

❸ **-고 해서:** 앞말이 뒷말의 이유 중 하나일 때 사용

예 일도 바쁘고 시차도 있고 해서 가족한테 연락하기가 힘들어요.

❹ **-아/어/해 가지고:** 앞말이 뒷말의 방법, 원인, 이유를 나타낼 때 사용

예 밖이 추워 가지고 목도리를 했어요.

❺ **-기 때문에:** 앞에 오는 일이 뒤에 오는 일의 원인일 때 사용

예 약속 시간이 다 되었기 때문에 서둘러야 해요.

❻ **-(으)므로:** 앞말이 뒷말의 까닭이나 근거일 때 사용

예 강물이 깊으므로 수영을 하기에는 위험합니다.

❼ **-(으)로 인해:** 앞말이 뒷말의 원인일 때 사용

예 자동문 고장으로 인해 출입이 어렵습니다.

조건을 나타내는 연결 표현

❽ **-면:** 불확실하거나 아직 이루어지지 않은 일을 가정하거나, 어떤 일에 대한 조건을 말할 때 사용

예 내일 날씨가 좋으면 소풍을 가고 싶어요.

❾ **-려면:** 뒤에 오는 조건으로 이루어질 수 있는 일을 말할 때 사용

예 한국어를 잘하려면 꾸준히 연습해야 해요.

❿ **-아야/어야/해야:** 앞말이 뒷말의 조건일 때 사용

예 약을 먹어야 빨리 나을 거예요.

⓫ **-든지:** 어느 것을 선택해도 차이가 없는 둘 이상의 일을 나열할 때 사용

예 오늘 일을 끝내든지, 내일로 미루든지 결정을 내려야 해요.

* -든지: 선택 / -던지: 과거의 일

⓬ **-는 한:** 뒤에 오는 동작이나 상태에 대한 조건을 한정적으로 나타낼 때 사용

예 비가 오지 않는 한, 체육 대회는 예정대로 진행될 거예요.

목적을 나타내는 연결 표현

⓭ **-러:** 가거나 오는 동작의 목적을 나타낼 때 사용

예 장을 보러 시장에 가야 해요.

⓮ **-도록:** 앞말이 뒷말의 목적, 결과, 방식, 정도 등을 나타낼 때 사용

예 한국어를 쉽게 이해하도록 열심히 복습하고 있어요.

⓯ **-느라고:** 앞의 동작이 뒤에 오는 동작의 목적이나 원인일 때 사용

예 주말에 친구를 만나느라고 밀린 집안일을 하지 못했어요.

⓰ **-기 위해서:** 앞에 오는 일이 뒤에 오는 일의 목적이나 의도일 때 사용

예 목표를 이루기 위해서 계획을 세웠어요.

상황/상태 변화를 나타내는 연결 표현

⓱ **-던:** 과거의 반복된 일을 떠올리거나, 과거의 일이 현재까지 계속되지 않을 때 사용

예 할머니와 사이가 좋으시던 옆집 할머니가 이사를 가셨다.

⑱ **–려고:** 어떤 행동을 할 의도를 가지고 있거나, 곧 일어날 움직임또는 상태의 변화를 나타낼 때 사용

예) 내일은 더 일찍 출발하려고 해요.

⑲ **–더니:** 과거의 어떤 일에 뒤이어 일어난 상황을 이어서 말할 때 사용

예) 새로운 요리법을 배웠더니 요리가 더 재밌어졌어요.

⑳ **–는데:** 뒷말에서 어떤 일을 설명, 질문, 요구, 제안하기 위해서 그와 관련된 상황을 미리 말할 때 사용

예) 날씨는 맑은데 바람이 너무 세요.

㉑ **–ㄹ 때:** 어떤 상황 또는 동작이 일어난 순간이나 기간을 말할 때 사용

예) 여행할 때 사진을 많이 찍으면 좋아요.

㉒ **–ㄴ 다음에:** 앞의 동작을 한 후에 뒤의 동작을 이어서 하는 순서를 나타낼 때 사용

예) 청소를 마친 다음에 모든 물건을 제자리에 정리해요.

반대를 나타내는 연결 표현

㉓ **–아도/어도/해도:** 앞말이 뒷말의 가정이거나 반대일 때 사용

예) 김치찌개는 언제 먹어도 맛있어요.

㉔ **–지만:** 앞말을 인정하면서 그에 반대되는 내용이나 조건을 붙여 말할 때 사용

예) 시험이 어려웠지만 최선을 다했어요.

동시/정도/연속을 나타내는 연결 표현

㉕ **–고:** 두 가지 이상의 동작을 연결할 때 사용

예) 주말에는 영화를 보고 산책도 했어요.

㉖ **–면서:** 두 가지 이상의 동작이나 상황이 동시에 일어날 때 사용

예) 빨래를 널면서 TV를 봤어요.

㉗ **–(으)ㄹ수록:** 앞말의 정도가 더해짐이 뒷말의 정도가 더하거나 덜하게 되는 조건일 때 사용

예) 이 책은 읽을수록 새로운 감동을 준다.

㉘ **–(으)ㄹ 정도로:** 뒷말의 행동이나 상태가 앞말과 비슷한 정도일 때 사용

예) 시간이 가는지도 모를 정도로 영화가 재미있었어요.

㉙ **–자마자:** 앞의 동작이 이루어지고 곧바로 뒤의 동작이 일어날 때 사용

예) 회의가 끝나자마자 보고서를 작성했어요.

㉚ **–ㄹ 뿐만 아니라:** 어떤 일에 다른 일이 더해질 때 사용

예) 그 영화는 재밌을 뿐만 아니라 감동적이기도 했어요.

화자와 관련된 연결 표현

㉛ **–다시피:** 듣는 사람이 이미 알고 있는 내용을 말할 때 사용

예) 너도 알다시피 요즘 내가 많이 바쁘잖아.

㉜ **–(으)ㄹ 텐데:** 어떤 상황에 대한 말하는 사람의 추측을 나타낼 때 사용

예) 눈이 올 텐데 길이 막힐까 봐 걱정이네요.

접속 부사어

접속 부사어	앞 절과 뒤 절의 접속 방식
그리고	좋은(나쁜) 내용 → 그리고 → 좋은(나쁜) 내용 예) 내일 우리 가족이 한국에 방문해요. 그리고 전주로 가족여행을 가기로 했어요. 예) 어제 늦잠을 자서 회사에 지각을 했어요. 그리고 출근길에 넘어져서 다쳤어요.
그래서	원인 → 그래서 → 결과 예) 오늘은 제 생일이에요. 그래서 저녁에 친구들과 저녁을 먹기로 했어요.
따라서	원인 → 따라서 → 결과 예) 저는 여행을 자주 다녀요. 따라서 한국 문화를 많이 알게 되었어요.
그러나	좋은(나쁜) 내용 → 그러나 → 나쁜(좋은) 내용 예) 우리는 일찍 출발했어요. 그러나 길이 많이 막혀서 늦게 도착했어요.
하지만	좋은(나쁜) 내용 → 하지만 → 나쁜(좋은) 내용 예) 날씨가 맑았어요. 하지만 갑자기 비가 오기 시작했어요. 예) 그의 행동에는 잘못된 점이 많아요. 하지만 그럴 수밖에 없는 이유가 있었어요.

대표 예제 다음 ( )에 알맞은 것을 고르시오.

가: 새로운 취미를 찾고 싶어요.
나: 새로운 취미를 ( ) 여러 가지를 시도해 봐야 해요.

① 찾으려면 ② 찾아서 ③ 찾아야 ④ 찾지만

정답 해설 ① 빈칸 뒤에 오는 '여러 가지를 시도해 보는 것'이 앞의 말이 일어나기 위한 조건이므로 '찾으려면'이 적절합니다.

오답 해설 ② '-아서/어서/해서'는 앞말이 뒷말의 이유, 근거, 수단, 방법 등을 나타낼 때 씁니다.
③ '-아야/어야/해야'는 앞말이 뒷말의 조건일 때 씁니다.
④ '-지만'은 앞말을 인정하면서 그에 반대되는 내용이나 조건을 붙여 말할 때 씁니다.

유형 잡는 실전문제

| 정답과 해설 03쪽 |

[01~04] 다음 (   )에 알맞은 것을 고르시오.

01 시간이 (   ) 비행기를 놓칠까 봐 불안해졌어요.

① 지나려고 ② 지나도록
③ 지날수록 ④ 지날 텐데

02 저는 불고기를 (   ) 오빠는 불고기를 싫어해요.

① 좋아하지만 ② 좋아해서
③ 좋아해야 ④ 좋아하기 위해서

03 가: 한국어를 공부하는 것은 어때요?
나: (   ) 새로운 지식을 배우는 것이 재미있어요.

① 공부하러 ② 공부해야
③ 공부하면서 ④ 공부하는데

04 가: 연말 계획이 있어요?
나: 가족을 (   ) 고향에 방문할 예정이에요.

① 만나러 ② 만나면서
③ 만나는데 ④ 만나지만

[05~07] 다음 밑줄 친 부분이 틀린 것을 고르시오.

05 ① 비가 많이 오니까 우산을 가져가세요.
② 맛있는 요리를 만들려면 신선한 재료가 필요해요.
③ 잊지 않아도 메모해 두었어요.
④ 행복하기 위해서 긍정적으로 생각해요.

06 ① 늦을 때 꼭 참석해야 해요.
② 버스에서 내리자마자 비가 오기 시작했어요.
③ 집에서는 TV를 보면서 저녁을 먹어요.
④ 돈을 아끼려고 지하철을 타요.

07 ① 이 책은 재미있는데 너무 길어요.
② 영화가 처음엔 지루하면서 나중엔 재밌어졌어요.
③ 덥기 때문에 에어컨을 켜는 것이 좋겠어요.
④ 출근할 때 지각하지 않도록 서두르세요.

한국어

유형 04 활용하는 말

이론 강의

감 잡는 개념 정리

활용에 따라 의미가 달라지는 '어미'

앞선 유형에서 우리는 한국어의 기본 단위인 명사, 동사, 형용사와 조사, 연결 표현에 대해 학습하였습니다. 동사와 형용사의 기본형인 '–하다'를 여러 형태로 바꾸면 문장의 의미가 다양하게 바뀝니다. 여러분이 하고자 하는 말을 효과적으로 표현할 수 있도록 다양한 어미의 활용에 대해 배워 봅시다.

높임말 '-(으)시다'

한국어에는 예의를 갖추기 위해 상대를 높이는 '높임말'이 존재합니다. 동사/형용사의 기본형에 어미 '–(으)시다'를 붙여 활용하기도 하지만 모양 자체가 바뀌는 예외도 있습니다.

1 '–(으)시다'가 붙어 높임말이 되는 유형

하다	하시다	하십니다
찍다	찍으시다	찍으십니다
아프다	아프시다	아프십니다
바쁘다	바쁘시다	바쁘십니다

2 '–(으)시다' 형태 변형 높임말 유형

자다	주무시다	주무십니다
먹다	드시다	드십니다
있다	계시다	계십니다
데려가다	모셔가다	모셔갑니다

평서문/부정문/감탄문/명령문/청유문/의문문

'–하다', '–합니다'로 끝나는 문장을 평서문이라 합니다. 평서문 외에 상황에 따른 문장의 변형을 배워봅시다.

1 부정문: –지 않다/–지 않습니다

부정문은 부정(否定)의 뜻을 나타내는 문장입니다. 일반적으로 평서문은 긍정문으로 봅니다.

운동하다	운동하지 않다	운동하지 않습니다
먹다	먹지 않다	먹지 않습니다
아프다	아프지 않다	아프지 않습니다
기쁘다	기쁘지 않다	기쁘지 않습니다

2 감탄문: –(는)구나/–는군요!

감탄문은 자신의 느낌을 감탄조로 표현하는 문장입니다. 동사와 형용사 모두 활용 가능합니다.

가다	가는구나!	가시는군요!
하다	하는구나!	하시는군요!
아프다	아프구나!	아프시군요!
기쁘다	기쁘구나!	기쁘시군요!

3 명령문: –(어)라/–(으)세요 긍정 & –지 마/–지 마세요 부정

명령문은 상대에게 어떤 행동을 지시할 때 사용하는 문장입니다. 행동을 지시하기 때문에 동사를 활용하며 형용사는 거의 사용하지 않습니다.

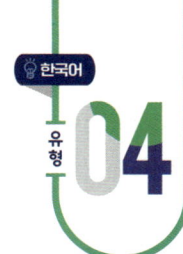

가다	가거라/가라	가세요	멈추다	멈추지 마	멈추지 마세요
하다	하거라/해라	하세요	들어가다	들어가지 마	들어가지 마세요

4 청유문: –ㄹ래요?/–(으)시겠어요? 긍정 & –지 않을래요? 부정

청유문은 상대에게 어떤 행동을 하자고 제안할 때 사용하는 문장입니다. 명령문과 마찬가지로 동사를 활용합니다.

가다	갈래요?	가시겠어요?	멈추다	멈추지 않을래요?	멈추지 않으시겠어요?
하다	할래요?	하시겠어요?	들어가다	들어가지 않을래요?	들어가지 않으시겠어요?

5 의문문: –어요?/–(으)세요? 긍정 & –지 않아요?/–지 않으세요? 부정

의문문은 상대에게 물어볼 때 주로 사용하는 문장입니다. 의문문은 동사와 형용사 둘다 가능합니다.

하다	해요?	하세요?	하지 않아요?	하지 않으세요?
아름답다	아름다워요?	아름다우세요?	아름답지 않아요?	아름답지 않으세요?

문장의 과거, 현재, 미래

평서문, 부정문, 의문문은 내용에 따라 과거형과 미래형으로 표현되기도 합니다.

평서문 · 부정문 · 의문문의 과거, 현재, 미래

평서문			부정문			의문문		
과거	현재	미래	과거	현재	미래	과거	현재	미래
갔다	간다	갈 것이다	가지 않았다	가지 않는다	가지 않을 것이다	갔어요?	가요?	갈거예요?
했다	한다	할 것이다	하지 않았다	하지 않는다	하지 않을 것이다	했어요?	해요?	할거예요?

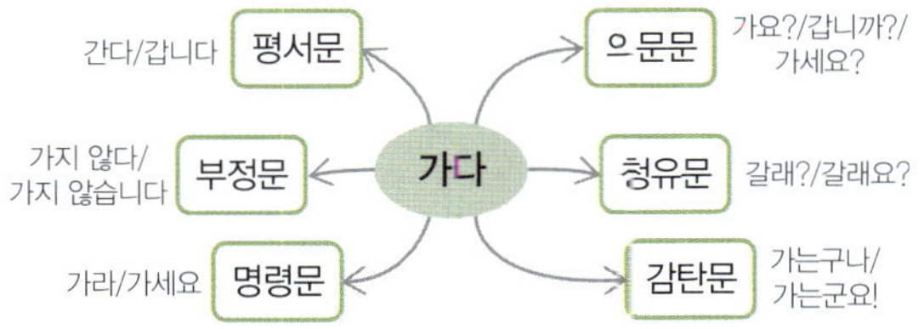

시키는 문장 vs 당하는 문장

상황에 따라 우리는 어떤 일을 주체적으로 하거나 시키는 입장이 되기도, 혹은 어떤 일을 하도록 요구받는 입장이 되기도 합니다. 각 상황에 따른 어미를 배워 봅시다.

❶ 시키는 문장(사동): 동사 기본형+이/히/리/기/우/구/추+다

먹다 → 먹이다	신다 → 신기다
입다 → 입히다	서다 → 세우다
살다 → 살리다	맞다 → 맞추다

❷ 당하는 문장(피동): 동사 기본형+이/히/리/기+다

보다 → 보이다	끊다 → 끊기다
잡다 → 잡히다	놓다 → 놓이다
열다 → 열리다	들다 → 들리다

문장의 종결 표현

앞서 배운 네 개의 문장형태 외에도 문장의 끝맺음을 어떻게 하느냐에 따라 전달하는 의미가 달라집니다. 보다 폭넓은 한국어 활용을 위해 다음 종결 표현들을 익혀 봅시다.

❶ 상태의 변화

–어 가다	행동이나 상태가 계속 변화하거나 진행되고 있음	예 거의 밥이 다 되어 간다.
–어지다	상태의 변화를 나타낼 때	예 책이 찢어지다.
–어 있다	어떤 일이 끝난 후에도 상태가 지속됨	예 거리에 눈이 녹아 있다.
–고 있다	동작의 진행을 말할 때	예 동생이 요리를 하고 있다.
–게 되다	외부의 영향으로 어떤 결과가 생기거나 변화됨	예 야근하면 피곤해서 저녁을 안 먹게 돼요.

❷ 행동의 목적/이유/허락

–으러 가다/오다	이동의 목적을 나타낼 때	예 전철을 타러 역에 간다.
–어도 되다	어떤 행위나 상태를 허락하거나 허용할 때	예 의자에 앉아도 됩니다.
–려고 하다	어떤 일을 할 마음이 있음을 나타낼 때	예 책을 보려고 했어요.
–어야 되다	어떤 행위를 해야 할 의무가 있을 때	예 티켓을 예매해야 되어요.
–을 만하다	어떤 행동을 하는 것이 가치 있을 때	예 상을 받을 만한 선행이다.
–을 수 있다/없다	가능하거나 할 수 있는 능력이 있을 때	예 바빠서 수업을 신청할 수 없다.
–어 주다	다른 사람을 위해서 어떤 행동을 할 때	예 햇빛을 가려 주면 더 좋을까?

❸ 추측

–는 편이다	대체로 어느 쪽에 가깝다고 평가할 때	예 그 카페의 음료는 맛있는 편이다.
–을 것 같다	어떤 일에 대해 추측할 때	예 건너편 카페가 더 조용할 것 같다.
–으면 좋겠다	어떤 일에 대해 희망을 말할 때	예 내일 날씨가 좋았으면 좋겠다.
–나/은가 보다	말하는 사람의 추측일 때	예 몸을 떠는 걸 보니 춥나 보다.
–을지도 모른다	확실하지 않은 내용을 추측하거나 짐작할 때	예 내일 더울지도 모른다.

❹ 전달(간접 화법)

–으라고 하다(동사)	다른 사람에게서 들은 명령/질문 전달	예 공원에 남으라고 했어요.
–(다)고 하다(형용사)	다른 사람에게서 들은 내용 전달	예 다른 사람들이 나를 예쁘다고 해요.
–지요?	앞의 내용을 다시 강조하거나 확인받을 때	예 밖에 비가 오는데 우산 챙겼지요?
–잖아요	어떤 사실에 대해 확인하거나 이야기할 때	예 우리 집에 머무르기로 했잖아요.
–다면서요?	다른 사람에게 들은 내용을 확인받을 때	예 내일 떠나기로 했다면서요?

❺ 과거의 반복/경험

–기 마련이다	그런 일이 있는 것이 당연함을 나타낼 때	예 참으면 병나기 마련이다.
–는 법이다	당연하거나 이미 그렇게 정해진 것	예 거짓은 들통나는 법이다.
–곤 하다	같은 상황이나 행위가 반복됨을 나타낼 때	예 출근해서 커피를 마시곤 했다.
–는 줄 알다	어떤 사실을 그러한 것으로 알고 있을 때	예 벌써 출발한 줄 알았다.

❻ 강조

(얼마나)–지 모른다	강조해서 표현할 때	예 음식이 얼마나 맛있는지 몰라!
–을 뻔하다	거의 일어날 것 같은 상황까지 갔을 때	예 계단에서 넘어질 뻔했잖아.
–는 척하다	행동이나 상태를 거짓으로 그럴듯하게 꾸밀 때	예 조용히 자는 척해야겠어요.

대표 예제 다음 (　　　)에 들어갈 말로 알맞은 것은?

> **가:** 주말에 영화 봤다면서요? 어땠어요?
> **나:** 영화 못 봤어요. 왜냐하면 (　　　).

① 아픈 척했어요　② 아픈 척했어요　③ 아팠거든요　④ 아플까요?

정답 해설 ③ 영화를 보지 못 한 이유를 설명해야 하므로 '–거든요'의 어미로 끝난 ③번이 정답입니다.

오답 해설 ① '아플 뻔하다'는 아직 일어나지 않은 상황을 의미합니다. 영화를 보지 못한 이유로 충분하지 않습니다.
② '아픈 척했다'는 어떤 상황을 피하기 위해 거짓으로 꾸몄다는 것을 의미합니다. 영화를 보는 것이 계획이었으므로 일부러 아픈 척했다는 것은 문맥에 맞지 않습니다.
④ 단순 질문형 어미이므로 정답이 될 수 없습니다.

유형 잡는 실전문제

| 정답과 해설 04쪽 |

01 다음 중 밑줄 친 부분이 틀린 것은?

① 할머니께 가서 아침을 드시라고 말씀드리렴.

② 우리가 벌써 대학생이시라니 신기해.

③ 신발을 벗으시고 방에 들어오세요.

④ 어젯밤에 못 주무셨어요?

02 다음 대화 중 밑줄 친 부분이 틀린 것은?

① 가: 여기 들어가서 사진 찍어도 되나요?
나: 아뇨, 사진 찍지 마세요. 안내판에 써 있습니다.

② 가: 우리, 라면 먹고 가지 않을래요?
나: 당장 라면을 드세요!

③ 가: 집들이에 초대한 사람은 이게 전부야?
나: 이게 전부야. 린은 못 온다고 했어.

④ 가: 서류는 다 준비했어요? 증명서도요?
나: 증명서도 발급받아야 하는군요!

03 다음 (　　　)에 들어갈 말로 알맞은 것은?

리엔 씨, 우리 퇴근길에 맥주를 (　　　)

① 마실까요?　　② 마시세요!

③ 마시거나요.　　④ 마시는데요.

04 **다음 (　　　)에 들어갈 말로 알맞은 것은?**

가: 라흐만 씨, 점심을 왜 안 먹어요?
나: 배가 아파서 (　　　).

① 먹지 마세요　　② 먹고 싶어요
③ 먹는군요　　④ 못 먹을 것 같아요

[05~06] 다음을 읽고 물음에 답하시오.

> 후앙 씨는 오랜만에 옷을 (　　　) 동대문 시장에 갔어요. 동대문 시장에서는 싸고 좋은 옷들을 많이 구할 수 있어요. 후앙 씨는 종종 옷이 필요할 때마다 동대문 시장에서 옷을 <u>사곤 했어요</u>. 이제 곧 여름이 다가오니까 후앙 씨는 편한 반팔 티셔츠를 살 계획이에요.

05 **다음 (　　　)에 들어갈 말로 알맞은 것은?**

① 살 수 없으니　　② 산지도 몰라서
③ 사려고　　④ 사고 있어서

06 **밑줄 친 부분과 의미가 비슷한 것은?**

① 사는 편이었어요　　② 사면 좋겠어요
③ 사는 줄 알았어요　　④ 사잖아요

유형 05 읽고 생각하기

이론 강의

감 잡는 개념 정리

읽고 생각하기—독해

앞서 유형 01~04까지 배운 것들이 성을 쌓는 블록이라면, 독해와 구술은 블록으로 성을 쌓는 과정입니다. 한국어의 기초 단계를 넘어 실생활에서 활용까지 할 수 있도록 이번 유형에서는 짧은 지문을 읽고 알맞은 답을 찾아 넣기, 지문의 주제 파악하기, 지문과 같은 내용의 선지 찾기 등을 학습합니다. 사회통합프로그램 사전평가에서는 평균 10~11개 정도의 독해 문제가 출제됩니다.

문맥을 파악하고 괄호에 들어갈 알맞은 답 찾기

대표 예제 다음 ( )에 들어갈 말로 알맞은 것은?

> 리에 씨는 아침 일찍부터 일어나 부지런히 아침을 먹었습니다. 오늘 친구와 함께 경복궁에 놀러 가기로 했기 때문입니다. 경복궁 근처의 한복 가게에서 ( ) 빌려 입고 거리를 돌아다니며 사진도 찍을 계획입니다. 리에 씨가 집을 나서서 버스를 기다리는데, 하늘이 어두워지더니 금방이라도 비가 쏟아질 것처럼 흐려졌습니다.

① 맛있는 떡볶이도　　② 예쁜 한복도

③ 무거운 카메라도　　④ 튼튼한 신발도

정답 해설 ② 동사 '입다'와 어울리는 명사는 '한복'입니다.

오답 해설 ① 떡볶이와 어울리는 동사는 '먹다'입니다.
③ 카메라와 어울리는 동사는 '찍다' 혹은 '들다'입니다.
④ 신발과 어울리는 동사는 '신다' 혹은 '벗다'입니다.

위와 같이 괄호가 있는 서너 문장 정도의 지문을 제시하고, 괄호에 들어갈 단어 혹은 문장으로 알맞은 답을 찾는 문제가 출제됩니다. 지문은 때때로 대화문의 형태로 출제되기도 합니다. 이 유형의 문제를 잘 풀기 위한 방법은 다음과 같습니다.

1. 괄호 앞뒤 문장을 보고 문맥 파악하기
2. 선지의 수식어 관계가 옳고 그른지 파악하기
   – 형용사+명사, 주어(명사)+동사, 부사+동사의 관계가 적절한지 판단
3. 해당 선지를 괄호에 넣었을 때 글이 전체적으로 잘 이어지는지 읽어 보기

지문과 같은 내용을 담은 선지 고르기&지문의 제목 혹은 중심 내용 고르기

대표 예제 아래 글의 내용과 같은 것은?

명절 음식인 떡국을 요리하기 위해서 먼저 떡을 물에 불려 둬야 합니다. 고기로 육수를 끓인 후에, 국간장으로 간을 맞춥니다. 불린 떡을 넣고 떡이 말랑말랑해질 때까지 끓인 후에 고기, 달걀지단, 김가루, 파 등을 예쁘게 고명으로 올려주고 참기름을 살짝 뿌리면 맛있는 떡국 완성입니다.

① 떡은 물에 불리지 않아도 된다.
② 떡국은 소금으로 간을 맞춘다.
③ 육수는 사태 같은 고기로 끓인다.
④ 고명에는 김치, 마늘 등이 들어간다.

정답 해설 ③ 고기로 육수를 끓인다는 문장이 있으므로 정답은 ③번입니다.

오답 해설 ① 떡은 미리 물에 불려둬야 합니다.
② 국간장으로 간을 맞춥니다.
④ 고명으로 올리는 것은 고기, 달걀지단, 김가루, 파 등입니다.

위와 같이 흐름이 있는 지문을 제시하고, 지문과 같은 내용의 선지, 혹은 중심 내용이나 제목에 맞는 선지를 고르도록 하는 문제가 출제됩니다. 이 유형의 문제를 풀기 위한 방법은 다음과 같습니다.

1 선지를 먼저 읽은 후 지문을 읽으면서 일치하는 내용, 단어가 있는지 파악하기
– 명사, 형용사 및 동사의 유의어를 알아야 일치 여부 판단이 빨라짐

대표 예제 위 글의 제목으로 알맞은 것은?

① 떡국의 유래
② 떡국 끓이는 법
③ 떡국의 문화
④ 떡국이 위험한 이유

정답 해설 ② 떡국을 요리하는 방법이 담긴 글이므로 정답은 ②번입니다.

오답 해설 ① 떡국을 만들기 시작한 이유가 지문에 없으므로 정답이 아닙니다.
③ 떡국과 관련된 문화에 대한 내용이 지문에 없습니다.
④ 떡국의 위험성이 지문에 나오지 않았습니다.

읽고 생각하기

유형 잡는 실전문제

| 정답과 해설 04쪽 |

01 다음 (   )에 들어갈 말로 알맞은 것은?

후앙 씨는 3년 만기 적금 (   ) 은행에 갔습니다. 돈을 빨리 모으려면 적금을 만들어 매달 일정 금액을 저축하는 편이 빠르다고 회사에서 추천받았기 때문입니다. 후앙 씨에게는 돈을 모아 작은 가게를 열고 싶은 꿈이 있습니다. 번호표를 뽑아서 차례를 기다리는 동안 후앙 씨는 눈을 감고 미래에 자신이 열 가게를 상상하며 미소를 지었습니다.

① 계좌를 인출하러
② 대출을 신청하러
③ 통장을 개설하러
④ 카드를 발급하러

02 다음 (   )에 들어갈 말로 알맞은 것은?

저는 아침에 지하철을 타고 출근을 합니다. 아침 시간 지하철을 보고 있으면 이 많은 사람들이 어떻게 이 (   ) 다 탈 수 있는지 의문이 들 정도입니다. 숨도 못 쉴 만큼 답답한 지하철 안에서 이리저리 밀리다 보면 어느새 내릴 역에 도착해 있습니다. 매일 아침 지하철 타는 것이 힘들긴 하지만 한편으로는 한국의 부지런함을 볼 수 있는 것 같아서 대단하다는 생각도 듭니다.

① 번쩍이는 지하철 안에
② 좁은 지하철 안에
③ 무서운 지하철 안에
④ 넓은 지하철 안에

03 아래 글의 내용과 같은 것은?

안녕하세요? 저는 후앙이에요. 저는 작년 12월에 베트남에서 한국으로 왔어요. 베트남의 겨울은 선선한데 한국의 겨울은 매섭도록 추워서 깜짝 놀랐어요. 너무 추워서 밖에 외출할 때마다 목도리로 얼굴을 꽁꽁 싸매고 다녔어요. 저는 아직 한국에 온 후 바다를 가 본 적이 없어서 이번 주말에 친구 메이 씨와 강릉으로 바다를 보러 가기로 했어요.

① 후앙은 프랑스에서 왔다.
② 베트남이 한국보다 덜 춥다.
③ 후앙은 추위에 강하다.
④ 후앙은 한국 바다를 싫어한다.

04 아래 글의 제목으로 알맞은 것은?

우기 씨는 매일 아침 7시에 일어나요. 아침에 일어나자마자 기지개를 켜고 간단하게 시리얼을 우유에 타서 아침 식사를 해요. 집 근처 10분 거리에 있는 회사까지 매일 아침 걸어서 출근해요. 8시 반에 사무실에 도착한 후에는 어제 작업한 서류들을 보며 오늘 할 일들을 노트에 정리해요. 점심은 도시락을 싸 오거나 근처 식당에서 먹어요. 우기 씨가 제일 좋아하는 음식은 김치찌개예요. 퇴근 후에는 마트에 들러 저녁 재료를 사곤 해요. 우기 씨는 저녁을 먹고 간단히 집 앞을 산책해요. 그리고 집에 와서 씻고 10시쯤 잠이 들어요.

① 우기 씨의 식사
② 우기 씨와 김치찌개
③ 운동하는 우기 씨
④ 우기 씨의 일상

05 아래 글의 중심 내용으로 알맞은 것은?

한국에서는 각 계절마다 챙겨 먹는 과일이 달라요. 봄에는 카페마다 딸기 메뉴가 나올 만큼, 상큼한 딸기가 인기가 많아요. 여름에는 달콤한 수박과 참외를 챙겨 먹으며 수분을 보충해요. 복숭아도 여름에 인기 있는 과일 중 하나예요. 가을에는 단감과 밤을 먹는데, 특히 구워 먹는 밤은 정말 맛있어요. 겨울에는 새콤한 사과를 먹곤 해요.

① 한국의 사계절 과일
② 한국의 사과 품종
③ 한국의 사계절 모습
④ 한국이 과일을 좋아하는 이유

Ⅱ

한국 문화

어떻게 공부하나요?

- 한국 문화와 사회에 대해 학습하며 한국에 대한 이해도를 높입니다.
- 내가 실생활에서 체험한 한국의 문화와 사회를 떠올리며 학습합니다.

PREVIEW

유형 미리 보기

한국 문화

- 유형 | 01 한국의 전통문화 살펴보기
- 유형 | 02 한국의 역사 알아보기
- 유형 | 03 한국의 사회 문화 이해하기
- 유형 | 04 한국의 지리와 기후 알아보기

한국 사회

- 유형 | 05 한국의 법과 제도 파악하기
- 유형 | 06 한국의 정치와 경제 살펴보기
- 유형 | 07 구술

한국의 전통문화 살펴보기

이론 강의

감 잡는 개념 정리

한국의 상징

국가명	대한민국(大韓民國, Republic of Korea)
국기	태극기(太極旗): 흰 바탕+태극 문양+4괘(건곤감리)
국가	애국가(愛國歌)
국화	무궁화(無窮花): '영원히 피고 지는 꽃'이라는 뜻으로, 대한민국의 민족성 상징
문자	한글: 조선의 세종대왕이 만든 고유 문자(자음14자+모음10자=총 24자)

한국의 5대 국경일과 주요 기념일

5대 국경일	• 3·1절(3월 1일): 한국인들이 독립운동을 벌인 것을 기념하는 날 • 제헌절(7월 17일): 대한민국 헌법을 공포한 날 • 광복절(8월 15일): 일본으로부터 독립하고 나라의 주권을 다시 찾은 날 • 개천절(10월 3일): 한반도 역사상 최초의 국가인 고조선이 세워진 것(건국)을 기념하는 날 • 한글날(10월 9일): 조선의 세종대왕이 한글을 만든 것(창제)을 기념하는 날
주요 기념일	• 식목일(4월 5일): 환경 보호를 위해 나무를 심는 날 • 어린이날(5월 5일): 어린이를 소중히 여기고 존중하는 마음을 갖는 날 • 어버이날(5월 8일): 부모님께 감사의 마음을 전하는 날 • 스승의 날(5월 15일): 선생님께 감사의 마음을 전하는 날 • 현충일(6월 6일): 나라를 위해 싸우다가 죽은 사람들을 추모하는 날

한국의 문화유산

유형 유산	창덕궁(조선 시대의 궁궐), 불국사(신라 시대의 사찰), 조선 왕릉(조선 시대 왕의 무덤), 종묘(조선 시대 왕의 신주를 모시고 제사를 지낸 곳), 수원 화성(조선 시대의 성곽)
무형 유산	판소리(이야기를 노래로 표현), 아리랑(한국 민요)
자연 유산	제주 성산 일출봉(바다 위의 큰 화산섬), 제주 백록담(한라산 정상에 있는 호수)
기록 유산	훈민정음 해례본(한글의 자음과 모음을 만든 원리를 설명한 글)

▲ 창덕궁

▲ 불국사

▲ 조선 왕릉

▲ 종묘

▲ 수원 화성

▲ 판소리

▲ 아리랑

▲ 성산 일출봉

▲ 백록담

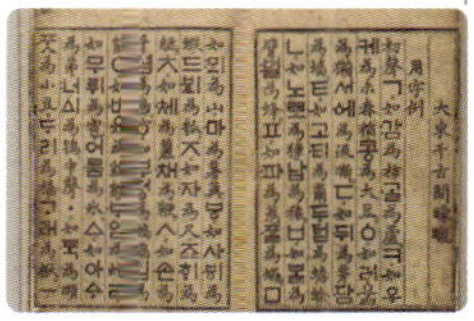
▲ 훈민정음 해례본

한국의 명절

1 한국의 대표적인 명절

구분	설날	정월 대보름	추석(한가위)	동지
날짜	음력 1월 1일	음력 1월 15일	음력 8월 15일	양력 12월 21일 경
의미	한 해를 시작하는 첫날	일 년 농사의 풍요와 안정을 기원하는 날	일 년 농사와 수확에 조상께 감사하는 날	일 년 중 밤이 가장 긴 날
음식	떡국	오곡밥, 부럼(땅콩, 호두)	송편	팥죽
풍속	세배, 차례, 성묘, 윷놀이, 연날리기, 제기차기	오곡밥 먹기, 부럼 깨기 → 일 년 동안 피부병이 걸리지 않는다고 믿음	차례, 성묘, 벌초, 달맞이(소원 빌기), 강강술래	팥죽 먹기 → 붉은색이 나쁜 기운을 쫓는다고 믿음

▲ 떡국

▲ 부럼

▲ 송편

▲ 팥죽

▲ 세배

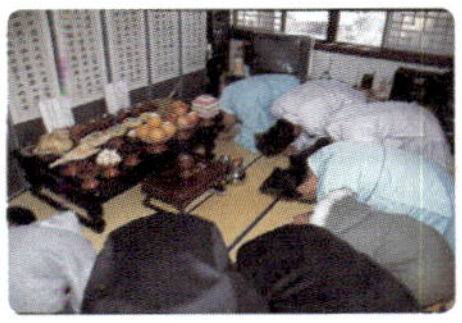
▲ 차례

▲ 윷놀이

▲ 연날리기

▲ 제기차기

▲ 강강술래

2 그 밖의 명절

㉠ 단오: 음력 5월 5일, 모내기를 끝내고 풍년을 기원하는 날 → 그네뛰기, 씨름

㉡ 한식: 동지 후 105일째 되는 날 → 불을 사용하지 않고 찬 음식을 먹음

한국의 전통 가치

효	부모를 공경하고 기쁘게 해 드리는 것으로, 한국은 부모에 대한 효를 중시함
예절	자신의 몸과 마음을 바르게 하여 상대방을 존중하는 것으로, 한국 사회에서는 높임말과 인사 방법 등을 잘 알고 지키는 예절을 중시함
상부상조	한국은 이웃과 서로 도우며 살아가는 것을 뜻하는 '상부상조'를 중시함
공동체	• 한국은 개인보다 공동체를 중시함 • 자신과 관계있는 이야기를 할 때 '우리'라는 표현을 자주 사용함

유형 잡는 실전문제

| 정답과 해설 06쪽 |

01 한국의 태극기에 <u>없는</u> 색깔은?

① 검은색 ② 노란색
③ 파란색 ④ 빨간색

02 한국의 국경일이 <u>아닌</u> 날은?

① 3·1절 ② 광복절
③ 현충일 ④ 개천절

03 한국의 유형 문화유산이 <u>아닌</u> 것은?

① 창덕궁 ② 판소리
③ 불국사 ④ 조선 왕릉

04 음력 1월 1일로, 한 해를 시작하는 첫날을 의미하는 한국의 명절은?

① 동지 ② 추석
③ 설날 ④ 정월 대보름

유형 02 한국의 역사 알아보기

이론 강의

감 잡는 개념 정리

한국의 주요 역사

구분		주요 내용
청동기 시대	고조선	• 건국: 기원전 2333년 무렵에 세워진 한반도 역사상 최초의 국가 • 특징: 청동기 문화를 바탕으로 세워짐 • 건국 이야기: 환인의 아들 환웅과 호랑이, 곰과 관련된 이야기가 전해짐 • 사회 모습: '8조법'이라는 엄격한 법이 있었으나 현재는 3개 조항만 전해짐
삼국 시대	고구려	• 기원전 37년에 주몽이 건국함 • 광개토 대왕, 장수왕 때 영토를 크게 확장하며 전성기를 누림
	백제	• 기원전 18년에 온조가 건국함 • 근초고왕 때 전성기를 누렸으며, 일본 문화에 큰 영향을 줌
	신라	• 기원전 57년에 박혁거세가 건국함 • 진흥왕 때 전성기를 누렸으며, 삼국 통일을 이루면서 '통일 신라'라고 부름
남북국 시대	통일 신라	• 불교와 관련된 많은 문화유산을 남김(불국사, 석굴암 등) • 장보고가 '청해진'을 설치하여 해상 무역권을 장악함
	발해	• 고구려 멸망 이후 대조영이 동모산에서 발해를 세움 • 고구려를 계승하였음을 강조하였으며, 중국으로부터 '해동성국(바다 동쪽에 번성한 나라)'으로 불릴 정도로 세력이 강하였음
고려 시대		• 건국: 왕건이 신하들에 의해 왕이 되어 고려를 세운 후 후삼국을 통일함 • 문화유산: 상감 청자(고려만의 독창적인 상감 기법 사용), 직지심체요절(세계 최초의 금속 활자본), 영주 부석사 무량수전(주심포 양식, 배흘림 기둥) 등
조선 시대		• 건국: 이성계가 고려를 멸망시키고 조선을 세운 후 지금의 서울인 한양으로 수도를 옮김 • 특징: 유교를 정치 이념으로 하였으며, 양반 · 중인 · 상민 · 천민으로 신분을 구분하는 신분제 사회였음
개항기		• 흥선 대원군: 임진왜란 때 불탄 경복궁을 다시 지었으며, 서양과 교류하지 않겠다는 정책을 내세움 • 프랑스가 강화도를 침략한 병인양요(1866), 미국이 강화도를 침략한 신미양요(1871)가 일어남 • 1897년에 고종이 스스로 황제의 자리에 오른 후 '대한 제국' 수립을 선포함 • 일제가 1905년에 을사늑약을 맺어 대한 제국의 외교권을 박탈하였고, 1910년에 대한 제국의 국권을 빼앗아 감
일제 강점기		• 일제는 1910년대 무단 통치, 1920년대 이른바 '문화 통치', 1930년대 이후 민족 말살 통치를 실시함 • 우리 민족은 3 · 1 운동, 대한민국 임시 정부 수립, 무장 독립 전쟁 등을 통해 독립운동을 펼침 • 주요 독립운동 단체: 신민회, 의열단, 한인 애국단, 대한민국 임시 정부 등 • 주요 독립운동가: 홍범도(봉오동 전투 승리), 김좌진(청산리 전투 승리), 김구(대한민국 임시 정부 주석), 윤봉길(중국에서 폭탄 의거), 이봉창(일본에서 폭탄 의거), 나석주(일본 식민지 기관 파괴) 등
현대		• 제2차 세계 대전에서 연합국이 승리하고, 우리 민족이 끊임없이 독립운동을 펼친 결과, 1945년 8월 15일에 광복을 맞이함 • 광복 이후 통일 정부 수립을 위하여 노력하였으나 무산되었고, 결국 1948년 8월 15일에 남한에서 대한민국 정부가 수립됨

한국의 주요 역사적 인물

❶ 나라를 위기에서 구한 인물

을지문덕		서희		이순신	
	고구려의 장수로, 중국의 수나라가 고구려를 침입하였을 때 살수(청천강)대첩으로 수나라의 군대를 무찌름		고려의 관리로, 거란의 침입 때 전쟁을 하지 않고 대화를 통해 거란을 물러가게 함		일본이 조선을 침략한 임진왜란 당시 조선 수군을 이끌고 거북선, 뛰어난 전략을 사용해 일본 수군을 무찌름

❷ 일제 강점기의 독립운동가

안중근		이회영		유관순	
	중국 하얼빈역에서 대한 제국의 국권을 빼앗는 데 앞장선 이토 히로부미를 저격함		집안의 전 재산을 팔아 돈을 마련한 후 가족들과 함께 국외로 이주하여 독립운동을 함		3·1 운동이 일어나자 천안에서 독립운동을 전개하였고, 이후 서대문 형무소에 갇혀 고문을 겪다 숨을 거둠

❸ 화폐 속 인물

이순신(백 원)	이황(천 원)	이이(오천 원)

조선의 장군으로, 일본이 조선을 침략한 임진왜란 당시 활약함	조선 시대의 학자로, 학문을 연구하며 제자를 키우는 데 힘씀	조선 시대의 학자로, 이황과 함께 학문을 연구하는 데 힘씀

세종대왕(만 원)	신사임당(오만 원)

조선의 제4대 왕으로, 한글을 창제하고 해시계, 물시계 등 여러 가지 과학 기구를 발명함	여성 예술가이자 율곡 이이의 어머니로, 화폐 속 인물 중 유일한 여성임

유형 잡는 실전문제

| 정답과 해설 06쪽 |

01 한반도 역사상 최초의 국가는?

① 백제　　② 신라
③ 고구려　　④ 고조선

02 1871년에 미국이 강화도를 침략한 사건은?

① 임진왜란　　② 신미양요
③ 병자호란　　④ 병인양요

03 임진왜란 당시 조선 수군을 이끌고 거북선과 뛰어난 전략을 사용하여 일본 수군을 무찌른 인물은?

① 서희　　② 왕건
③ 이순신　　④ 을지문덕

04 한국의 만 원 화폐에 그려진 인물은?

① 이황　　② 이순신
③ 신사임당　　④ 세종대왕

한국 문화

유형 03

한국의 사회 문화 이해하기

이론 강의

감 잡는 개념 정리

한국의 예절 문화

인사말	• 만났을 때: 안녕하세요? / 처음 뵙겠습니다. / 만나서 반갑습니다. • 헤어질 때: 안녕히 계세요. / 안녕히 가세요. • 고마울 때: 고맙습니다. / 감사합니다. • 사과할 때: 미안합니다. / 죄송합니다.
식사 예절	• 밥그릇, 국그릇을 들지 않고 숟가락과 젓가락으로 음식을 먹음 • 어른이 먼저 수저를 들고, 그 후에 나이가 적은 사람, 아이들 순서로 식사를 시작함 • 어른, 직장 상사와 술을 마실 때 고개를 돌리고 술을 마심
공공 예절	• 버스 정류장에서는 담배를 피우지 않음 • 공원에서 꽃을 꺾지 않고, 도서관이나 박물관에서는 조용히 함 • 버스나 지하철에서 교통 약자석은 노인, 임산부, 장애인에게 양보함 • 버스와 지하철에서는 음료수와 음식을 먹지 않고, 큰 소리로 통화하지 않음 • 버스와 지하철에서 다리를 벌리고 앉지 않음

한국의 가족 문화

1 가족 호칭

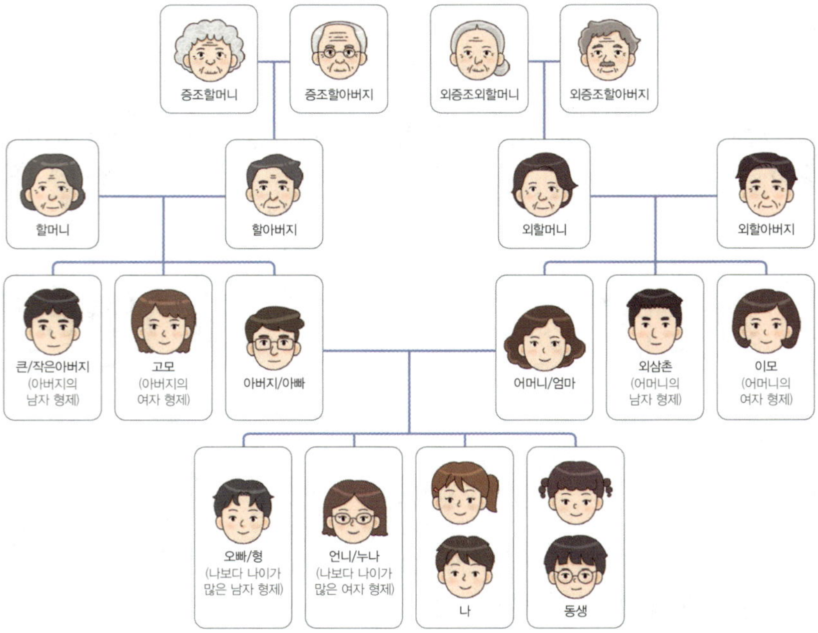

㉠ 나보다 윗사람은 이름을 부르지 않고, '할머니', '형'처럼 가족 호칭으로 부른다.

㉡ 가족은 아니지만 가족처럼 친한 사람을 부를 때 '오빠', '형', '누나', '언니' 등으로 부르기도 한다.

② 가족 형태

규모에 따른 분류	대가족	• 한집에 할아버지, 할머니, 아버지, 어머니, 자녀 등 여러 세대가 함께 삶 • 옛날에 많이 볼 수 있었던 형태로, 자녀가 부모님을 모시고 사는 경우가 많음 • 가족 간의 유대가 깊으며, 집안의 중요한 일은 어른들이 결정함
	핵가족	• 부모와 결혼하지 않은 자녀가 함께 삶 • 오늘날 많이 볼 수 있는 형태로, 집안일을 나누어서 하고, 각자의 생활을 존중함 • 집안의 중요한 일은 가족이 함께 결정함
형태에 따른 분류	다문화 가족	서로 다른 국적 · 인종 · 문화를 가진 사람들로 이루어진 가족
	맞벌이 부부	부부가 모두 일을 하는 가족
	1인 가구	• 결혼하지 않고 혼자 사는 가구 • 결혼을 늦게 하거나 하지 않는 경우가 늘어나면서 최근에 증가하고 있음
	한 부모 가족	부모 1명과 자녀로 구성된 가족
	주말부부	직장, 자녀 등의 이유로 부부가 생활하는 곳이 달라 주말에만 함께 생활하는 가족
	독거노인	자녀들이 모두 독립한 후 혼자 생활하는 노인

옛날과 오늘날의 한국인의 의식주

① 의(옷)

㉠ **전통 옷:** 한복

한복	한국의 기후와 생활 양식에 알맞게 만들어진 한국의 고유한 옷
한복의 특징	• 여름에는 바람이 잘 통하는 삼베나 모시를 사용해 시원하게, 겨울에는 따뜻한 솜을 사용해 따뜻하게 만듦 • 빨강, 파랑, 노랑, 검정, 하양의 다양한 색을 사용함 • 직선과 곡선이 조화를 이루어 선이 아름다움
최근 모습	• 많은 사람들이 한복의 전통적인 디자인은 유지하면서 활동성과 실용성을 높인 한복을 입기도 함 • 다양한 원단과 디자인을 사용한 옷이 많이 만들어지면서 개인의 취향에 따라 입음

② 식(음식)

특징	• 쌀로 만든 밥은 한국인의 주식이고, 밥과 국은 숟가락을 사용해서, 반찬은 젓가락을 사용해서 먹음 • 된장, 간장, 고추장 등을 사용한 음식이 많고 김치 등의 발효 음식이 발달함 • 김치: 배추, 무 등의 채소를 소금에 절이고 양념을 버무려 발효시킨 음식 *김장 문화: 매년 11월 말~12월 초에 사람들이 모여 겨울 동안 먹을 많은 양의 김치를 한 번에 담그는 문화 • 한국인이 주로 먹는 음식: 삼계탕, 불고기, 비빔밥, 삼겹살, 김치찌개, 된장찌개, 김밥, 떡볶이 등
최근 모습	• 카레, 초밥, 햄버거, 피자 등 다른 나라에 가지 않아도 그 나라의 다양한 음식을 먹을 수 있음 • 김치 햄버거, 양념 치킨, 자장면 등 각 나라의 음식이 조화롭게 합쳐진 퓨전 음식도 즐겨 먹음

▲ 남자 한복

▲ 여자 한복

▲ 김치

▲ 불고기

▲ 비빔밥

❸ 주(집)

㉠ 전통 집: 한옥

의미	한국인의 전통적인 생활 모습이 반영된 집
종류	• 자연에서 구할 수 있는 흙, 나무, 돌 등으로 지음 • 지붕을 만드는 재료에 따라 기와집과 초가집으로 나뉨 • 초가집: 짚을 엮어 지붕을 만들었고, 집의 크기가 작았으며, 주로 신분이 낮은 사람들이 살았음 • 기와집: 기와를 덮어 지붕을 만들었고, 집 안에 남자와 여자가 지내는 곳이 달랐으며, 주로 신분이 높은 양반이나 부자들이 살았음
특징	• 화장실이 집 밖에 있음 • 온돌: 아궁이에 불을 넣어 방을 따뜻하게 만드는 난방 장치 • 대청마루: 방과 방 사이에 긴 널빤지를 깔아 만든 공간으로, 바람이 잘 통해 더위를 피할 수 있음

㉡ 최근 모습

종류	• 단독 주택(일반 주택, 다가구 주택): 주인이 한 명인 주택 – 일반 주택: 한 건물에 한 가구만 사는 집 – 다가구 주택: 한 건물에 여러 가구가 살지만 집주인(소유주)이 한 명인 집 • 공동 주택(다세대 주택): 주인이 여러 명인 주택 – 한 건물에 여러 가구가 살고, 각 가구가 사는 공간의 집주인(소유주)이 각각 따로 있음 – 4층 이하는 빌라, 5층 이상은 아파트라고 함 • 공유 주택(셰어 하우스): 가족이 아닌 2인 이상의 사람들과 집을 공유하는 임대 주택 – 개인의 독립된 공간이 있으면서, 거실이나 주방 등의 공간은 같이 이용함 – 한 사람이 내는 월세가 주변보다 싸면서도 계약 기간은 짧게 할 수 있기 때문에 최근 젊은 세대 사이에서 급속히 퍼져 나가고 있음
주거 문화의 변화	• 오늘날에는 공동 주택(빌라, 아파트)이 많아졌음 • 오늘날에는 교통이 편리하고 편의 시설을 잘 갖춘 아파트를 선호하는 사람이 많음 • 공동 주택(빌라, 아파트)에서는 층간 소음 때문에 이웃과 갈등이 생기기도 함 *층간 소음: 아파트와 같은 공동 주택에서 입주민의 활동으로 발생하는 소음이 다른 입주민들에게 피해를 일으키는 문제 • 은퇴를 한 노년층은 도시 외곽에 전원주택을 짓고 살기도 함
주거 형태	• 자가: 자기가 소유한 집에서 사는 형태 • 전세: 집주인에게 일정한 돈을 보증금으로 맡긴 후 계약 기간 동안 집이나 방을 빌려 쓰는 방식으로, 한국에서만 널리 활용되는 형태 • 반전세: 집주인에게 일정한 돈을 보증금으로 맡긴 후 전세금의 일부를 월세로 내는 것으로 한국에만 있는 특이한 거주 형태 • 월세: 집주인에게 매월 일정한 돈을 내고 집이나 방을 빌려 쓰는 거주 형태
집을 구하는 방법	• 부동산 중개업소(공인중개사)를 통해 알아보는 것이 안전함 • 전세 계약을 할 때는 등기부 등본을 꼼꼼하게 확인해야 함 • 행정 복지 센터(주민 센터)에서 확정 일자를 받아 두는 것이 안전함

▲ 초가집

▲ 기와집

▲ 단독 주택

▲ 아파트

한국인의 생활문화

1 집들이 문화와 '우리' 문화

집들이	• 한국에서 새집으로 이사하면 가족이나 친척, 친구들을 집으로 초대하는 문화를 말함 • 집들이에 갈 때는 휴지, 세제 같은 생활용품을 주로 선물함 – 세제: 세제의 거품처럼 돈을 많이 벌어서 부자가 되라는 뜻을 담아 선물함 – 휴지: 잘 풀리는 휴지처럼 모든 일이 잘 풀리기를 바라는 마음을 담아 선물함
'우리' 문화	• 한국 사람들은 '나'를 의미할 때에도 말하는 사람과 듣는 사람을 함께 의미하는 말인 '우리'를 씀 • 한국 사람들은 '나'보다 '내가 속한 공동체'를 중요하게 생각하는 경향이 있음

2 한국의 주요 의례

결혼식	• 남녀가 정식으로 부부가 되는 의례 • 초대를 받은 사람들은 축하의 의미를 담아 '축의금'이라는 돈을 냄
장례식	• 사람이 죽었을 때 죽은 사람을 추모하며 예의를 갖추어 떠나보내는 의례 • 죽음을 슬퍼하는 뜻을 담아 '조의금(부의금)'이라는 돈을 냄
제사	조상이 돌아가신 날이나 명절에 조상을 추모하는 의례
생일	• 돌잔치: 아기의 첫 번째 생일을 축하하며, '돌잡이'를 하여 아기의 장래를 추측함 • 백일잔치: 아기가 태어난 지 100일 째 되는 날을 축하하며, 아기의 장수와 복을 기원함 • 회갑연(환갑잔치): 태어난 지 60년이 되는 날을 축하하며, 건강과 장수를 기원함 • 고희연(칠순잔치): 태어난 지 70년이 되는 날을 축하하며, 건강과 장수를 기원함

3 한국의 휴식 공간

영화관	최신 영화를 관람할 수 있고, 여러 놀이도 즐길 수 있음
백화점	의식주와 관련하여 필요한 제품을 살 수 있음
헬스장	사람들과 함께 운동할 수 있음
노래방	노래를 부르며 스트레스를 해소할 수 있음
피시방	게임을 하며 사람들과 어울릴 수 있음
시민 공원	산책이나 운동을 하거나 자전거를 탈 수 있음
둘레길	아름다운 경치를 보면서 천천히 산책을 할 수 있음
쉼터	잠깐 동안 휴식을 취할 수 있음

▲ 영화관

▲ 시민 공원

▲ 둘레길

▲ 쉼터

❹ 유용한 공공 전화번호

119	소방서 전화번호로, 화재나 응급 상황이 발생한 경우 사용함
112	경찰서 전화번호로, 폭행이나 강도 등 범죄 사건이 발생한 경우 사용함
110	민원 상담 전화번호로, 정부 기관에 문의가 있는 경우 사용함
1345	외국인 종합 안내 센터 전화번호로, 외국인의 출입국 행정 관리, 신분증 관련 업무, 체류 허가 관련 업무, 국적 관련 업무 등을 담당함

❺ 한국 생활에 도움이 되는 스마트폰 앱(App)

명함 앱	휴대 전화 카메라로 명함을 찍으면 명함의 이름, 이메일 주소, 전화번호가 자동으로 입력됨
'구해줘' 앱	어두운 밤길, 등산이나 낚시 등의 야외 활동 중 위험한 상황에서 112나 119로 전화하지 않아도 앱으로 자신의 위치를 문자나 채팅으로 알려 빨리 도움을 받을 수 있음
배달 앱	먹고 싶은 음식을 주문하여 앱에서 카드로 계산하거나 배달 기사가 왔을 때 현금으로 계산함

한국인의 문화생활

❶ 문화생활의 종류

영화 관람	장편 영화, 단편 영화, 독립 영화 등
공연	뮤지컬, 연극, 연주회, 난타, 사물놀이, 길거리 공연(버스킹) 등
전시회	미술 전시회, 사진 전시회, 공예 전시회 등
콘서트	• 케이팝(K-pop) 콘서트, 재즈(Jazz) 콘서트, 토크 콘서트(강연) 등 • 한류: 1990년대 말부터 아시아를 중심으로 일어난 한국 대중문화 열풍 → 넷플릭스와 같은 서비스 채널을 통해 한국 드라마의 인기가 높아졌고, 전 세계적으로 케이팝(K-pop)의 인기가 높음
스포츠 관람	야구, 축구, 농구 등

❷ 공연 정보를 찾는 방법

㉠ 관련 기관에 직접 문의를 하거나 홈페이지를 통해 공연 정보를 알아본다.

㉡ 공연 정보를 한데 모아 놓은 문화 포털 사이트(www.culture.go.kr)에서 공연이나 전시회, 콘서트 등을 검색한다.

▲ 뮤지컬

▲ 연극

▲ 연주회

▲ 사물놀이

▲ 길거리 공연(버스킹)

▲ 미술 전시회

▲ 공예 전시회

▲ 케이팝(K-pop) 콘서트

한국인의 교통 생활

1 교통수단

도시 안에서 이동할 때	• 주로 시내버스, 지하철, 택시를 이용함 • 교통 카드가 있어서 버스, 지하철, 택시를 이용할 때 편리함
도시 밖으로 나갈 때	주로 지하철, 광역 버스나 시외버스를 이용함
먼 곳에 갈 때	주로 기차나 고속버스를 이용함

▲ 시내버스

▲ 지하철

▲ 택시

▲ 광역 버스

▲ 기차

▲ 고속버스

2 교통 표지판

조심 표지판

조심하세요
(노란색 바탕 + 빨간색 테두리)

위험 표지판

어린이 동행 표지판

공사 표지판

금지 표지판

이렇게 하지 마세요
(흰색이나 파란색 바탕 + 빨간색 테두리)

통행금지 표지판

주차금지 표지판

자전거 금지 표지판

허락 표지판

이렇게 하세요
(파란색 바탕 + 흰색 테두리)

보행자 전용 도로 표지판

자전거 전용 도로 표지판

횡단보도 표지판

| 정답과 해설 06쪽 |

유형 잡는 실전문제

01 상황에 따른 인사말이 잘못 연결된 것은?

① 고마울 때 – 미안해요.
② 사과할 때 – 죄송해요.
③ 만났을 때 – 안녕하세요?
④ 헤어질 때 – 안녕히 계세요.

02 서로 다른 국적 · 인종 · 문화를 가진 사람들로 이루어진 가족을 부르는 말은?

① 1인 가구
② 주말부부
③ 다문화 가족
④ 맞벌이 부부

03 한국의 의식주에 대한 설명으로 잘못된 것은?

① 한국인들은 겨울에 김장을 한다.
② 한국인의 주식은 쌀로 만든 밥이다.
③ 오늘날에는 아파트보다 기와집에 사는 사람들이 많다.
④ 오늘날에는 한복을 주로 명절이나 행사가 있을 때 입는다.

04 한국인의 휴식 공간이 아닌 것은?

① 영화관
② 노래방
③ 시민 공원
④ 종합 병원

05 화재나 응급 상황이 발생한 경우 사용하는 소방서 전화번호는?

① 119 ② 112
③ 110 ④ 1345

06 야외 활동 중 위험한 상황에서 앱으로 자신의 위치를 문자나 채팅으로 알려 빨리 도움을 받을 수 있는 앱은?

① 유튜브 ② 명함 앱
③ 배달 앱 ④ '구해줘' 앱

07 한국인들이 도시 안에서 이동할 때 주로 사용하는 교통수단이 아닌 것은?

① 택시 ② 지하철
③ 비행기 ④ 시내버스

08 '어린이와 다닐 때 조심하세요.'라는 의미의 교통 표지판은?

①

②

③

④

유형 04 한국의 지리와 기후 알아보기

이론 강의

감 잡는 개념 정리

도시와 농촌의 특징

도시	• 특징: 높은 건물과 많은 기업이 있음, 상업 시설이 많아서 인구가 집중되어 있음, 교통 및 편의 · 문화 시설이 많아서 생활하기 편리함 • 문제점: 소음 공해 · 대기 오염 · 쓰레기 등 환경오염 문제, 교통사고 및 교통 체증, 주택 부족 · 높은 집값 • 해결 방법: 일회용품 사용 규제, 승용차 요일제, 대중교통 이용 장려 정책, 주택 공급 확대 등
농촌	• 특징: 자연환경이 좋고 공기가 맑음, 젊은 사람들보다 노인 인구가 많음, 주민 간의 관계가 친밀함 • 문제점: 노인 인구 증가 · 인구 감소로 인한 노동력 부족, 교통 및 편의 시설 부족 • 해결 방법: 귀농 · 귀촌 지원 사업, 농업의 기계화 및 자동화, 편의 시설 증대, 정보화 교육 등

한국의 기후와 지형

❶ 한국의 기후: 봄, 여름, 가을, 겨울의 사계절이 뚜렷하다.

봄	• 일반적으로 3~5월을 말하며, 대체로 포근하고 따뜻함 • 산과 들에 꽃이 많이 피어 꽃구경을 가는 사람들이 많음 • 미세 먼지와 황사에 대비하기 위해 마스크를 쓰기도 함
여름	• 일반적으로 6~8월을 말하며, 비가 많이 내리고 매우 더움 • 바다, 강, 산(계곡) 등으로 휴가를 가는 사람들이 많음 • 태풍이나 집중 호우가 자주 발생함
가을	• 일반적으로 9~11월을 말하며, 맑고 화창하며 덥지도 춥지도 않은 선선한 날씨가 이어짐 • 산과 들에 단풍이 아름답게 물들기 때문에 단풍 구경을 가는 사람들이 많음
겨울	• 일반적으로 12~2월을 말하며, 춥고 건조하며 눈이 많이 내리는 편임 • 겨울 기간 동안 먹을 김치를 한 번에 담그는 김장 문화가 있음 • 스키장이나 눈썰매장을 찾는 사람들이 많음

❷ 한국의 지형

㉠ 동쪽은 높고(고), 서쪽은 낮은(저) '동고서저'의 지형이다.

㉡ 국토의 많은 부분이 산으로 이루어져 있을 정도로 산이 많다.

㉢ 서쪽과 남쪽 지역에 평야가 많다(호남평야, 나주평야, 김포평야).

㉣ 북쪽을 제외한 동쪽, 서쪽, 남쪽의 삼면이 바다로 둘러싸여 있다.

동해안	해안선이 단조롭고 수심이 깊음
서해안, 남해안	해안선이 복잡하고 수심이 얕으며 갯벌이 발달함

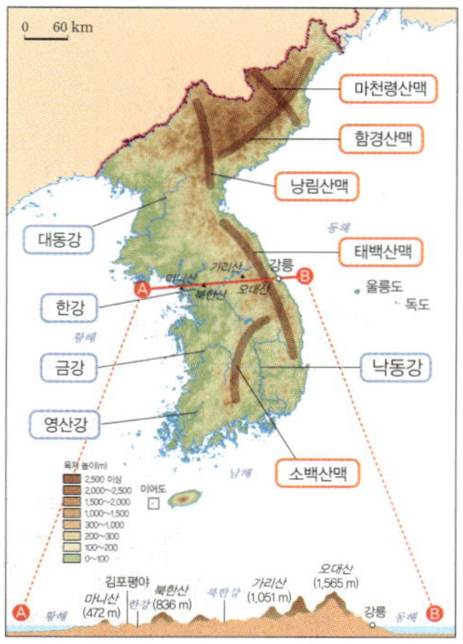

한국의 여러 지역

▲ 서울

▲ 인천

▲ 세종

▲ 대구

▲ 부산

▲ 평창

▲ 제주

▲ 독도

수도권	• 한국의 수도 서울을 비롯하여 인천광역시를 포함한 경기도의 대도시권으로 구성되어 있음 • 서울: 한국의 수도로, 정치 · 경제 · 사회 · 문화 · 역사의 중심지 • 경기도: 8개 도 중 가장 많은 인구가 살고 있고, 계속 신도시가 만들어지고 있으며, 여러 산업이 발달함 • 인천광역시: 항구 도시로, 한국 최대 규모의 공항인 인천 국제공항이 있음 • 주요 축제: 서울 빛초롱 축제, 고양 국제 꽃 박람회, 강화 고려 인삼 축제, 이천 도자기 축제 등
충청 지역	• 충청남도, 충청북도, 대전광역시, 세종특별자치시로 구성되어 있음 • 공주, 부여: 백제의 수도였던 지역으로, 백제와 관련된 많은 문화유산이 있음 • 세종특별자치시: 수도권에 집중된 인구의 분산을 위해 만든 도시로, 각종 정부 기관이 있음 • 대전광역시: 과학 기술 발전을 위한 대덕 연구 단지가 있고, 세계 과학 엑스포가 개최됨(1993). • 주요 축제: 보령 머드 축제, 백제 문화제, 대전 사이언스 페스티벌, 금산 인삼 축제 등
전라 지역	• 전라남도, 전라북도, 광주광역시로 구성되어 있음 • 한국의 서남부에 위치해 있으며, 호남 지역이라고 부르기도 함 • 평야와 바다가 모두 있어 식량 자원이 풍부하며 음식 문화가 발달함 • 전라북도가 전북특별자치도로 명칭이 변경됨(2024. 1.) • 광주광역시: 자동차, 타이어, 첨단 산업, 가전제품 등의 공업 단지가 있음 • 주요 축제: 전주 세계 소리 축제, 광주 디자인 비엔날레, 남원 춘향제, 순천 남도음식문화 큰잔치 등
경상 지역	• 경상남도, 경상북도, 대구광역시, 울산광역시, 부산광역시로 구성되어 있음 • 한국의 동남부에 있고, 영남 지역이라고 부르기도 함 • 대구광역시(여름에 다른 지역보다 매우 더움), 울산광역시(한국에서 가장 큰 중화학 공업 도시), 부산광역시(한국의 제2의 도시이자 제1의 무역항이 있는 항구 도시) • 독도: 한국의 가장 오른쪽(동쪽)에 있는 섬으로, 경상북도에 속함 • 주요 축제: 안동 국제 탈춤 페스티벌, 영덕 대게 축제, 부산 국제 영화제, 통영 한산 대첩 축제 등
강원 지역	• 한반도 중앙의 동쪽에 있으며 태백산맥을 기준으로 동쪽은 영동 지방, 서쪽은 영서 지방이라고 부름 • 80%가 산으로 이루어져 있어 인구가 많지 않음 • 밭농사와 고랭지 농업이 발달하였고, 대관령을 중심으로 목축업이 발달함 • 자연환경이 좋고 경치가 뛰어나 관광지가 많음(설악산, 경포대 등) • 평창에서 동계 올림픽이 개최되었으며(2018), 강원도가 강원특별자치도로 명칭이 변경됨(2023. 6.) • 주요 축제: 평창 대관령 눈꽃 축제, 화천 산천어 축제, 횡성 한우 축제, 강릉 단오제 등
제주 지역	• 한국에서 가장 큰 섬으로 한반도의 남쪽에 있음 • 오름(작은 화산), 용암 동굴, 주상절리 등 화산 지형과 희귀한 동식물이 많음 • 유네스코 세계 자연 유산으로 지정되었으며, 한국에서 가장 높은 산인 한라산이 있음 • 지역 축제: 탐라문화제, 성산 일출 축제 등

유형 잡는 실전문제

01 다음의 특징을 가진 계절은?

> • 비가 많이 내리는 장마 기간과 매우 더워 폭염이 지속되는 한여름으로 나뉜다.
> • 태풍이나 집중호우가 자주 발생하며, 사람들이 더위를 피해 바다, 강 등으로 휴가를 간다.

① 봄　② 여름
③ 가을　④ 겨울

02 한국 지형의 특징으로 잘못된 것은?

① 동쪽은 높고, 서쪽은 낮다.
② 삼면이 바다로 둘러싸여 있다.
③ 서쪽과 남쪽 지역에 평야가 많다.
④ 국토의 많은 부분이 평야로 이루어져 있다.

03 한국의 수도로, 정치 · 경제 · 사회 · 문화 · 역사의 중심 지역은?

① 서울　② 부산
③ 광주　④ 평창

04 행정 구역상 경상북도에 속해 있으며, 한국의 가장 오른쪽(동쪽)에 있는 섬은?

① 진도　② 독도
③ 제주도　④ 강화도

유형 05 한국의 법과 제도 살펴보기

이론 강의

감 잡는 개념 정리

한국의 복지 제도

1 사회 보험과 공공 부조

사회 보험 (4대 보험)	• 사회 보험은 미래의 위험에 대비하기 위한 제도로, 4대 보험이라고도 함 – 건강 보험: 몸이 아파서 병원에 갈 때 의료비의 일부를 지원받을 수 있음 – 고용 보험: 회사에서 해고되었을 때 일정 기간 동안 금전적 지원을 받을 수 있음 – 국민연금: 나이가 들거나 몸이 아파서 소득을 얻기 어려울 때 일정 금액을 생활비로 지급받을 수 있음 – 산업 재해 보상 보험(산재 보험): 회사에서 일하다가 사고로 다치거나 사망하였을 때 피해에 대한 보상을 받을 수 있음
공공 부조	• 국가나 지방 자치 단체가 생활이 어려운 사람들의 기본적인 생활 수준을 보장하여 지원해 주는 제도로, 생활비 · 교육비 · 의료비 등을 지원함 • 국민 기초 생활 보장 제도: 저소득층에게 의료 · 주거 · 교육과 같은 기본적인 생활비를 지원함 • 긴급 복지 지원 제도: 갑작스럽게 어려운 일을 당해서 생계 유지가 힘들어진 가구에 생계비 · 주거비 · 의료비 등을 지원함 • 의료 급여 제도: 경제적으로 생활이 어려운 사람들을 대상으로 의료비를 지원함

2 출산과 보육 제도

출산 지원	• 국민 행복 카드: 임신부의 건강 관리와 출산에 필요한 비용의 일부 지원 • 임신부를 위한 보건소 서비스: 무료 산전(출산 전) 검사, 무료 영양제 등의 서비스 제공 • 임신 · 출산 지원금, 출산 축하금: 자녀 출산 시 지방 자치 기관별로 출산 지원금과 축하금 지원
보육 · 유아 교육 지원	• 국민 행복 카드: 영 · 유아(만 0~5세)에게 보육비나 유아 학비 지원 • 양육 수당 지원: 집에서 양육하는 경우 자녀 양육 비용 지원(단, 금액은 자녀의 연령에 따라 다름) • 아동 수당 지급: 만 8세 미만의 아동을 양육하는 가정에 아동 수당 지원
어린이집	• 만 0~5세까지의 영 · 유아를 위한 보육 기관(보건 복지부 관할) • 보통 기본 보육(오전 9시~오후 4시)과 연장 보육(오후 4시~오후 7시 30분)으로 나뉨
유치원	• 만 3~5세까지의 유아 교육을 담당하는 교육 기관(교육부 관할) • 보통 오전 9시~오후 2시까지 운영되며, 종일반은 오전 7시~오후 8시까지 운영됨

3 외국인 및 다문화 가족 지원 기관

구분	업무	전화번호	홈페이지
외국인 종합 안내 센터 (법무부)	외국인의 출입국 행정 관리, 신분증 관련 업무, 체류 허가 관련 업무, 국적 관련 업무 등	1345	www.immigration.go.kr
한국 외국인 노동자 지원 센터(고용노동부)	외국인 근로자를 위한 한국어 교육, 컴퓨터 교육 실시, 외국인 근로자의 권익 보호 지원	1644-0644	k.migrantok.org
다문화 가족 지원 (여성 가족부)	다문화 가족의 한국 사회 적응 지원, 자녀의 언어 발달 지원 서비스 제공	지역별로 상이	지역별로 상이

한국의 교육 제도

유치원	→	초등학교 6학년	→	중학교 3년	→	고등학교 3년	→	전문 대학 2년, 3년	대학교 4년

초등 교육	의무 교육으로 6년 과정이며, 만 6세(한국 나이 8세)에 초등학교에 입학함
중등 교육	• 중학교: 의무 교육으로 3년 과정이며, 일반 중학교와 특수 목적 중학교가 있음 • 고등학교: 의무 교육은 아니며, 3년 과정으로 일반계 고등학교, 특수 목적 고등학교, 특성화 고등학교, 자율형 고등학교로 구분됨
고등 교육	• 대학교: 학문 분야와 특성에 따라 2 · 3 · 4년제 대학교가 있으며, 방송이나 인터넷을 통해 공부하는 대학도 있음 • 대학원: 석사 과정과 박사 과정이 있으며, 졸업하면 학위를 받게 됨
검정고시	정규 학교를 졸업한 것과 동일한 자격을 얻기 위한 시험

한국의 생활 법률

재산 관련 법률	• 계약서 작성: 돈을 거래하면서 문제가 생겼을 때 법의 도움을 받기 위해 계약서를 작성해야 함 • 차용증 작성: 다른 사람에게 돈을 빌려주거나 빌릴 때는 돈을 거래한 사람의 이름, 주소, 연락처, 원금, 이자, 거래한 날짜, 서명 등이 포함된 차용증을 작성하는 것이 좋음 • 부동산(집, 땅, 건물)을 계약할 때는 계약서나 등기부 등본 등의 서류를 확인해야 함 *등기부 등본: 부동산에 대한 권리, 거래 관계 등이 기록된 서류 • 법률 전문가(법무사, 변호사, 공인중개사)의 도움을 받으면 더 안전하게 거래할 수 있음
결혼과 이혼 관련 법률	• 결혼을 하려면 대상자들이 모두 만 18세 이상이어야 함 • 미성년자(만 19세 미만)는 부모 또는 후견인의 동의가 있어야 혼인 신고를 할 수 있음 • 혼인 신고: 결혼식만으로는 법적인 부부로 인정받을 수 없으며, 시청 · 군청 · 구청 등에 혼인 신고를 해야 법적으로 부부가 됨 → 부부가 받을 수 있는 법의 보호나 혜택을 얻으려면 혼인 신고를 해야 함 • 이혼: 부부 모두 이혼을 원하거나, 어느 한쪽이 잘못을 했을 경우 가정 법원의 판결을 통해 이혼할 수 있음 → 잘못한 쪽이 위자료를 지급하기도 하며, 자녀 양육권을 가진 쪽이 양육비를 청구할 수 있음
가족관계 등록 제도	• 출생 신고: 아이가 태어나면 행정 복지 센터(주민 센터), 시청 · 군청 · 구청 등에 아이가 태어났음을 신고함 • 혼인 신고: 법적인 부부로 인정받고 법의 보호를 받기 위해 시청 · 군청 · 구청 등에 신고함 • 사망 신고: 사람이 죽은 내용을 시청 · 군청 · 구청 등에 신고함

외국인의 의무와 권리

의무	• 여권과 비자: 외국인이 한국에 입국하려면 여권과 비자가 필요함 • 외국인 등록: 한국에 90일을 초과하여 머물기 위해서는 외국인 등록을 해야 함 → 관할 출입국, 외국인청 또는 출입국, 외국인 사무소에서 등록할 수 있음 • 체류지 변경 신고: 머무는 곳을 바꿨을 경우 전입일로부터 15일 이내(2020년 기준)에 신고를 해야 함
권리	• 한국은 국적과 관계없이 인권을 보장하며, 국제법과 국가 간 조약 내용에 따라 외국인의 기본적인 지위와 권리를 보장함(단, 정치적 · 경제적 권리나 복지 혜택 중 일부는 외국인에게 제한함) • 범죄로부터 생명이나 재산을 보호받을 수 있고, 행복한 삶을 추구할 수 있는 권리를 보장받음 • 취업한 이후 근로 기준법 등에 의해 적절한 노동 조건을 보장받음 • 영주권 취득 후 3년이 지나면 지방 선거에 참여할 수 있음

유형 잡는 실전문제

| 정답과 해설 08쪽 |

01 한국의 4대 보험이 아닌 것은?

① 건강 보험
② 국민연금
③ 고용 보험
④ 의료 급여 제도

02 외국인의 출입국 행정 관리, 신분증 관련 업무, 체류 허가 관련 여부 등의 일을 담당하는 기관은?

① 교육부
② 보건 복지부
③ 외국인 종합 안내 센터
④ 한국 외국인 노동자 지원 센터

03 한국의 교육 제도에 대한 설명으로 잘못된 것은?

① 초등 교육은 의무 교육으로 6년 과정이다.
② 중등 교육은 의무 교육으로 3년 과정이다.
③ 고등 교육은 의무 교육으로 3년 과정이다.
④ 대학교는 학문 분야와 특성에 따라 2 · 3 · 4년제 대학교가 있다.

04 한국에서 외국인의 의무와 권리가 아닌 것은?

① 외국인이 한국에 입국하려면 여권과 비자가 필요하다.
② 한국에 90일을 초과하여 머무르려면 외국인 등록을 해야 한다.
③ 외국인은 근로 기준법에 의해 적절한 노동 조건을 보장받을 수 없다.
④ 외국인이 머무는 곳을 바꿨을 경우 전입일로부터 15일 이내에 체류지 변경 신고를 해야 한다.

한국 문화

유형 06

한국의 정치와 경제 살펴보기

이론 강의

감 잡는 개념 정리

한국의 정치

1 삼권 분립(권력 분립)의 원칙

의미	국가 권력이 한곳에 집중되지 않도록 정부, 국회, 법원의 3개 기관이 권력을 나누어 가짐
한국의 삼권분립	• 정부(행정부) – 나라의 살림을 이끌어 가는 곳으로, 국민에게 필요한 정책을 직접 실행함 – 대통령을 중심으로 국무총리와 여러 개의 부, 처, 청, 위원회로 구성됨 • 국회(입법부): 국민들의 생활에 필요한 법을 만들거나 고치는 일, 필요 없는 법을 없애는 일을 함 • 법원(사법부) – 법을 해석하고 적용하여 문제를 해결함 – 종류: 대법원, 고등 법원, 지방 법원, 가정 법원 / 재판 종류: 민사 재판, 형사 재판, 가사 재판 등

2 한국의 선거 제도

㉠ 선거의 4대 원칙

보통 선거	• 누구나 일정한 나이가 되면 학력이나 신분, 성별에 관계없이 선거에 참여할 수 있음 • 한국에서는 만 18세 이상부터 선거에 참여할 수 있음
평등 선거	모든 사람이 똑같이 한 표씩 투표함
직접 선거	투표권을 가진 사람이 직접 투표해야 하며, 다른 사람이 대신 투표할 수 없음
비밀 선거	자신이 투표한 후보나 정당을 다른 사람에게 말하지 않음

㉡ 한국의 선거 종류

대통령 선거	• 대통령을 뽑는 선거로, '대선'이라고도 함 • 5년에 한 번씩 실시하며, 한국에서 대통령은 한 사람이 한 번만 할 수 있음(연임 불가)
국회 의원 총선거	• 국회 의원을 뽑는 선거로, '총선'이라고도 함 • 4년에 한 번씩 실시하며, 한국에서 국회 의원은 한 사람이 여러 번 뽑힐 수 있음(연임 가능)
지방선거	• 각 지역의 지방 자치 단체장, 지방 의회 의원, 교육감을 뽑기 위한 선거 • 4년에 한 번씩 실시함

한국의 경제 성장

1 산업 구조: 산업 구조의 중심이 제조업과 서비스업이며, 첨단 산업 제품의 수출이 증가하고 있다.

2 한국의 성장: 2009년 경제 협력 개발 기구(OECD)의 개발 원조 위원회(DAC)에 가입하여 세계 최초로 도움을 받던 나라에서 도움을 주는 나라가 되었으며 개발 도상국의 경제 성장을 지원하고 있다.

❸ 한국의 금융 기관

㉠ **은행:** 계좌 개설, 입금(돈을 넣는 일) · 출금(돈을 찾는 일) · 송금(돈을 보내는 일), 환전(돈을 바꾸는 일), 신용 카드 · 체크 카드 만들기, 공과금 납부 등을 할 수 있다.

㉡ **우체국:** 편지 · 택배 · 등기 · 국제 특급 우편(EMS) 등을 보내거나, 시중은행과 같이 금융 서비스를 이용할 수 있다.

시중 은행	전국 곳곳에 지점이 설치되어 있어 이용이 편리함(예 국민은행, 신한은행, 우리은행 등)
지방 은행	지역 경제 발전에 필요한 자금을 공급하는 것을 주된 목적으로 설립한 은행 (예 경남은행, 광주은행, 대구은행, 부산은행 등)
농협, 수협, 우체국	시중 은행은 아니지만 동일한 금융 서비스를 이용할 수 있으며, 전국에 지점이 많아 편리함
저축 은행	시중 은행보다 금리가 높은 편이지만, 시중 은행에 비해 안정성이 떨어짐
증권 회사	주식이나 채권 등을 거래할 수 있음
보험 회사	미래의 질병이나 사고 등에 대비하기 위한 보험을 들 수 있음

▲ 시중 은행

▲ 지방 은행

▲ 우체국

▲ 저축 은행

▲ 증권 회사

▲ 보험 회사

금융 상품

보통 예금	자유롭게 돈을 넣거나 찾을 수 있음
정기 적금	정해진 날짜에 정해진 금액을 넣으며, 주로 월급을 모아 큰돈을 모으고 싶은 사람들이 가입함
자유 적금	• 돈을 넣고 싶을 때 넣고 싶은 금액을 넣음 • 주로 직장에서 받는 돈이 매달 다르고 생활비로 얼마를 쓸지 예상하기 어려운 사람들이 가입함

금융 관련 제도

금융 실명제	• 한국에서는 모든 금융 거래를 본인의 이름(실명)으로 해야 함 • 다른 사람의 이름을 빌려서 계좌를 만들 수 없으며, 본인 계좌가 아닌 경우 처벌받음
예금자 보호 제도	• 금융 기관을 이용하는 사람들이 안심하고 예금할 수 있도록 만든 제도 • 금융 기관에 문제가 생길 경우, 예금 보험 공사가 예금을 지급함 • 금융 기관별로 원금과 이자를 합쳐 1인당 최대 5천만 원까지 보호받을 수 있음

유형 잡는 실전문제

| 정답과 해설 08쪽 |

01 한국의 삼권 분립을 이루고 있는 기관이 <u>아닌</u> 것은?

① 정부　② 병원
③ 법원　④ 국회

02 한국의 선거에 대한 설명으로 <u>잘못된</u> 것은?

① 국회 의원 선거는 4년에 한 번씩 실시한다.
② 대통령은 한 사람이 여러 번 할 수 있다.
③ 국회 의원은 한 사람이 여러 번 할 수 있다.
④ 지방 선거를 통해 지방 자치 단체장이나 지방 의회 의원 등을 뽑는다.

03 계좌 개설, 입금 · 출금 · 송금, 환전, 공과금 납부 등을 할 수 있는 기관은?

① 은행　② 국회
③ 법원　④ 헬스장

04 정해진 날짜에 정해진 금액을 넣는 금융 상품은?

① 보통 예금　② 정기 적금
③ 주식 투자　④ 자유 적금

한국 문화

유형 07

구술

이론 강의

감 잡는 개념 정리

구술시험은 총 5문항(문항 당 5점 배점)이며, 읽기 · 이해하기 · 대화하기 · 듣고 말하기 등으로 구성되어 있습니다. 구술시험에 제시되는 글이나 질문의 주제는 문항별로 구분이 되며, 한국어의 억양, 발음, 내용의 이해도와 정확도를 종합적으로 평가합니다. 글이 제시되는 구술 1~3번과 달리, 구술 4번과 5번의 질문 주제는 다소 어렵거나 바로 답변하기 힘들 수도 있으니, 평소에 한국 문화나 한국 사회에 대한 다양한 관심을 가진다면 구술시험에 많은 도움이 될 것입니다.

구술 1번	구술 2번	구술 3번	구술 4번	구술 5번
읽기	이해하기	대화하기	듣고 말하기	듣고 말하기
제시된 하나의 글을 읽고 답하기			각각 제시된 주제와 관련된 나의 의견 답하기	

구술시험 평가 방법

평가종류	문항유형	평가항목	문항 수 (총 55문항)	평가시간 (총 70분)	배점 (총 100점)	답안지	
						PBT	CBT
필기시험 (50문항, 60분)	객관식	한국어	38	60분	75점 (50문항×1.5점)	OMR카드 마킹	컴퓨터로 답안 클릭
		문화	10				
	단답형 주관식	한국어	2			OMR카드 뒷장에 직접 작성	컴퓨터 키보드 이용하여 직접 입력
구술시험 (5문항, 10분)	읽기	한국어	1	10분	25점 (5문항×5점)	구술 채점표 작성	컴퓨터로 입력
	이해하기	한국어	1				
	대화하기	한국어	1				
	듣고 말하기	한국어	2				

* 평가 종료 시간은 대기 시간에 따라 최대 3~4시간 정도 소요될 수 있습니다.
* 평가 결과 점수별 단계 배정하는 것이 원칙이나, 구술시험 총 평가점수 3점 미만자는 필기 점수와 무관하게 0단계로 배정됩니다.

구술시험 연습 순서

① 문제마다 예상 답변 적어 보기
② 예상 답변과 모범 답안 비교해 보기
③ 모범 답안과 비교한 나의 답변 고쳐 보기
④ 고친 나의 답변을 소리 내서 읽고 녹음하거나 촬영해보기
⑤ 녹음한 내 목소리(혹은 촬영한 내 모습)를 들으면서 고칠 점 찾아보기
⑥ 고칠 점을 적용해서 다시 녹음이나 촬영해서 확인해 보기

대표 예제 ※ 구술감독관의 지시에 따라 다음 글을 소리 내어 읽으신 후 질문에 답하여 주시기 바랍니다.

> 지난주에는 가족과 속초로 여름휴가를 다녀왔습니다. 집에서 속초까지 자동차로 두 시간 정도 걸렸습니다. 우리 가족은 속초의 해수욕장에서 물놀이를 했습니다. 저녁에는 맛있는 생선회도 먹었습니다. 다음날에는 속초에 있는 설악산을 방문했습니다. 케이블카를 타고 정상에 올라가 멋진 경치를 구경했습니다. 정말 즐거운 여행이었습니다.

1. 위의 글을 소리 내어 읽어 보세요.

2. 이 가족은 어디에 갔으며, 그곳에서 무슨 활동들을 했나요?

3. ○○ 씨는 한국에서 여름휴가를 가고 싶은 곳이 있어요? 왜 거기에 가고 싶어요?

4. 한국에서 생활하면서 가장 많이 이용하는 대중교통은 무엇이고, 한국의 대중교통이 ○○ 씨 고향의 대중교통과 어떤 차이점이나 공통점이 있나요?

5. ○○ 씨가 가 보았던 한국의 축제가 있나요? 축제를 가서 어떤 경험을 했나요?(아직 가 본 적이 없다면 어떤 축제에 가 보고 싶나요? 왜 그 축제를 가 보고 싶나요?)

모범 답안

1. 단어의 발음과 띄어쓰기에 유의하여 정확하고 큰 목소리로 읽으세요.
2. 지난주에 가족과 속초를 갔습니다. 바닷가에서 물놀이를 하고, 설악산에서 경치도 구경했습니다.
3. 저는 여름휴가로 부산을 가고 싶습니다. 매년 많은 사람들이 부산의 해운대로 여름휴가를 간다고 들었습니다. 부산에 가면 바다에서 물놀이도 하고, 저녁에는 광안대교의 야경도 구경하면서 생선회와 해산물도 먹고 싶습니다.
4. 한국에서 가장 많이 이용하는 대중교통은 지하철이에요. 한국의 교통 카드는 지하철뿐만 아니라 시내버스, 마을버스, 택시에서도 이용할 수 있어서 매우 편리해요. 환승을 할 때 금액이 많이 절약되어 좋아요. 고향에도 한국처럼 교통 카드가 있는데, 편의점이나 역에서 충전하고, 지하철이나 버스에 같이 사용할 수 있다는 공통점이 있어요.
5. 저는 논산 딸기 축제를 가보았어요. 논산이 딸기로 유명하다고 해서 방문하게 되었어요. 축제에 가서 딸기를 수확하는 체험도 하고, 딸기로 만든 여러 가지 음식도 구경하고 맛볼 수 있었어요. 과일 축제는 처음 방문해 보았는데, 다양한 경험을 하고 맛있는 딸기도 먹을 수 있어서 즐거운 경험이었어요.

유형 잡는 실전문제

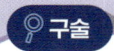

[01~05] ※ 구술감독관의 지시에 따라 다음 글을 소리 내어 읽으신 후 질문에 답하여 주시기 바랍니다.

> 한국에는 한국만의 식사 예절이 있어요. 첫째, 밥그릇이나 국그릇을 손에 들고 먹지 않아요. 그리고 젓가락질은 정해진 방법으로 올바르게 해야 해요. 식사를 할 때 소리를 크게 내는 것도 예의에 어긋나는 행동이에요. 식사를 시작할 때는 함께 식사하는 어른이 먼저 수저를 들고, 아랫사람은 그 이후에 수저를 들고 식사를 해요. 그리고 어른과 술을 마실 때에는 몸과 고개를 옆으로 돌려 술을 마셔요. 이것은 어른을 공경하는 한국 문화를 잘 보여주는 예절이에요.

01 위의 글을 소리 내어 읽어 보세요.

02 한국의 식사 예절에는 어떤 것들이 있나요?

03 ○○ 씨가 경험해 본 한국의 식사 예절이 있나요? 고향의 식사 예절과는 어떤 차이가 있나요?

04 한국의 고궁에 가 본 경험이 있나요? 고궁에서 어떤 경험을 했고, 어떤 것들을 알게 되었나요?

05 한국에서 배달 주문을 해 본 적이 있나요? 한국의 배달 문화의 좋은 점과 나쁜 점에 대해 이야기해 보세요.

[06~10] ※ 구술감독관의 지시에 따라 다음 글을 소리 내어 읽으신 후 질문에 답하여 주시기 바랍니다.

> 정월 대보름은 음력으로 1월 15일에 해당하는 한국의 전통 명절입니다. 한 해의 첫 보름달을 맞이하며 풍요와 건강을 기원하는 날입니다. 이 날에는 오곡밥을 먹고 부럼을 깹니다. 오곡밥은 다섯 가지 곡식을 넣은 밥입니다. 부럼은 호두나 땅콩 같은 견과류를 말합니다. 아침에 일어나 부럼을 깨물면서 한 해 동안 피부병이 없고 건강하기를 기원합니다. 정월 대보름 저녁에는 둥근 보름달을 보며 소원을 비는 풍습도 있습니다.

06 위의 글을 소리 내어 읽어 보세요.

07 정월 대보름은 언제이며, 어떤 활동을 하나요?

08 ○○ 씨는 한국에서 정월 대보름을 지내 보았나요? 어떤 활동을 했었나요?

09 한국의 김장 문화를 경험해 보았나요? 김장 문화의 의미와 특징을 설명해 보세요.

10 한국의 문화유산 중 방문한 곳이 있나요? 방문해서 어떤 경험을 했나요?(아직 방문해 본 적이 없다면 방문해 보고 싶은 문화유산은 어느 곳인가요? 그 이유는 무엇인가요?)

한계는 없다.
도전을 즐겨라.

– 칼리 피오리나(Carly Fiorina)

CBT 모의시험 응시 & 성적 분석

QR 코드를 활용하여, 쉽고 빠른
응시 – 채점 – 성적 분석을 해 보세요!

STEP 1 QR 코드 스캔

STEP 2 CBT 모의시험 응시

STEP 3 채점 결과 & 성적 분석 확인

※ CBT 모의시험은 PC, 모바일 모두 가능합니다.

▶ QR 코드는 어떻게 스캔하나요?

① 네이버앱 ⇨ 그린닷 ⇨ 렌즈

② 카카오톡 ⇨ 더보기 ⇨ 코드스캔(우측 상단 ⛶ 모양)

③ 스마트폰 내장 카메라 사용(촬영 버튼을 누르지 않고 카메라 화면에 QR 코드를 비추면 URL이 자동으로 뜹니다)

5회분 마무리 모의시험

FINAL TEST

마무리 모의시험을 풀기 전에

❶ 객관식에서 구술 문항까지 한국의 문화와 한국 사회의 이해를 묻는 문제가 많이 출제됩니다. 책에 수록된 내용 외에도 자신이 한국에 와서 겪은 한국 문화와 사회의 다양한 경험을 떠올려 보세요.

❷ 빈칸에 알맞은 표현을 넣는 문제를 풀 때는 빈칸 앞뒤의 내용을 잘 살펴보고 어울릴 단어를 떠올려 보세요.

❸ 모든 문제를 풀고 나서, 틀리거나 이해가 부족한 내용들을 파악하고, 취약한 부분은 오답 해설을 참고하면서 교재 앞에서 배운 이론을 복습해보세요.

마무리 모의시험 제1회

| 정답과 해설 10쪽 |

해설 강의

[01~02] 다음 질문에 답하시오.

01 다음 (   )에 들어갈 말로 알맞은 것은?

가: 사람들이 무엇을 하고 있어요?

나: (   ).

① 산책하고 있어요

② 점심을 먹고 있어요

③ 관찰하고 있어요

④ 운동하고 있어요

02 다음 (   )에 들어갈 말로 알맞은 것은?

어젯밤에는 날씨가 더워서 공원(   ) 산책을 갔어요.

① 부터

② 으로

③ 한테

④ 과

[03~04] 다음 |보기|를 참고하여 밑줄 친 부분과 의미가 반대인 것을 고르시오.

|보기|

가: 거실에 TV가 있어요?

나: 아니요. (   ).

① 적어요 ② 커요 ❸ 없어요 ④ 훌륭해요

03 가: 오늘 날씨 시원하죠?

나: 아니요. (   ).

① 좋아요 ② 지루해요 ③ 신나요 ④ 더워요

04 가: 주말에 본 영화는 재미있었어요?

나: 조금 (   ). 차라리 낮잠을 더 잘 걸 그랬어요.

① 어려웠어요 ② 지루했어요 ③ 가벼웠어요 ④ 매콤했어요

[05~06] 다음 (   )에 알맞은 것을 고르시오.

05 저는 (   )이/가 아파서 안과에 갔어요.

① 눈 ② 목 ③ 이 ④ 팔

06 라흐만 씨는 (   ) 정류장에서 가방을 잃어버렸어요.

① 비행기 ② 자동차 ③ 버스 ④ 요트

[07~08] 다음 중 밑줄 친 부분과 의미가 반대인 것을 고르시오.

07 **가**: 회사에는 어떻게 취직하게 됐어요?
나: 지인 덕분에 취직할 수 있었는데 회사 사정상 한 달 만에 (　　　) 됐어요.

① 입학하게　　② 퇴사하게
③ 응시하게　　④ 수료하게

08 **가**: 기차를 타면 조용한가요?
나: 아니요, (　　　). 특히 주말에는 더 그런 편이에요.

① 시끄러워요　　② 답답해요
③ 맑아요　　④ 미끄러워요

[09~10] 다음 (　　　)에 알맞은 것을 고르시오.

09 월급을 받으려면 먼저 은행에 가서 (　　　)을 만들어야 해요.

① 가방　　② 핸드폰
③ 합격증　　④ 통장

10 주말에는 극장으로 영화를 (　　　) 가요.

① 관찰하러　　② 관상하러
③ 관람하러　　④ 관리하러

[11~12] 다음 (   )에 알맞은 것을 고르시오.

11 카페에서 음료를 주문할 때는 (   ) 해야 뒷사람이 덜 기다려요.

① 매우 ② 몹시
③ 빨리 ④ 느릿느릿

12 도서관에서 책을 읽을 때는 (   ) 해야 해요.

① 높이 ② 조용히
③ 조심히 ④ 나란히

[13~14] 다음 |보기|를 참고하여 밑줄 친 부분과 의미가 비슷한 것을 고르시오.

|보기|
가: 레이 씨, 이거 정확한 답이에요?
나: 네, 그럼요. 해설지에서 (   ) 답을 확인했어요.
① 부드러운 ② 이상한 ❸ 올바른 ④ 아니꼬운

13 **가**: 어디에 가야 가방을 저렴하게 살 수 있어요?
나: 동대문 시장에 가면 (   ) 살 수 있어요.

① 비싸게 ② 한가하게
③ 느긋하게 ④ 싸게

14 **가**: 한국에 와서 가 본 곳 중에 어디가 제일 아름다웠어요?
나: 경주 야경이 제일 (   ).

① 예뻤어요 ② 고요했어요
③ 아쉬웠어요 ④ 시원했어요

[15~18] 다음 (　　　)에 알맞은 것을 고르시오.

15 가: 오늘 출근 전에 아침 먹었어요?
나: 네, 샌드위치도 먹고 커피도 (　　　).

① 마실까요　② 마시지 마세요
③ 마셨어요　④ 마실 거예요

16 가: 부산까지 기차를 탈까요, 버스를 탈까요?
나: 주말에 고속 도로는 항상 (　　　) 기차를 타는 게 좋겠어요.

① 막히니까　② 막히고
③ 막히거나　④ 막히러

17 가: 이 신발 어떤 것 같아요?
나: 예쁜데 굽이 좀 (　　　)것 같아요.

① 시끄러운　② 즐거운
③ 높은　④ 까다로운

18 가: 내일 장례식장에 가는데 옷을 어떻게 입어야 해요?
나: 장례식장에 (　　　)에는 검은색 옷을 입어야 해요.

① 가고　　② 가는데
③ 간 후　　④ 갈 때

[19~20] 다음 (　　　)에 알맞은 것을 고르시오.

19 가: 내일 산책 가는 거 어때요?
나: 아쉽지만 내일 비가 (　　　).

① 왔대요　　② 오면 좋겠어요
③ 온다고 해요　　④ 오는 편이에요

20 가: 이것 좀 바로 우체국에서 소포로 부쳐 주세요.
나: 죄송하지만 제가 지금은 바빠서 (　　　).

① 못 갔어요　　② 못 갈 것 같아요
③ 못 간대요　　④ 못 가려고 해요

[21~22] 다음 (   )에 알맞은 것을 고르시오.

21 가: 어떻게 하면 시험에 합격할 수 있죠?
나: 시험에서 좋은 성적을 (   ) 공부를 열심히 해야 해요.

① 얻을 때 ② 얻지만
③ 얻으려면 ④ 얻든지

22 가: 주로 자전거를 타고 어디에 가요?
나: 저는 보통 자전거를 타고 한강에 (   ).

① 갈 거예요 ② 가는 편이에요
③ 갈지도 몰라요 ④ 가지 마세요

[23~24] 다음 밑줄 친 부분의 의미가 다르게 쓰인 것을 고르시오.

23 ① 공책에 반듯하게 <u>써야</u> 보기 좋지.
② 말로 하기 어려우면 편지로 <u>써</u> 주어도 좋아요.
③ 오토바이를 타기 전에 반드시 헬멧을 <u>써야</u> 해요.
④ 책을 읽은 후에 독후감을 <u>써서</u> 제출하세요.

24 ① 다 타 버린 재만 남았어요.

② 버스를 타려면 어디로 가야 해요?

③ 기차를 탈 때 짐을 의자에 올려 두지 마세요.

④ 제주도에 가면 말을 탈 수 있어요.

[25~26] 다음 ( )에 알맞은 것을 고르시오.

25 **가:** 여행 가려고 하는데 괜찮은 곳 추천해 주세요.

나: 경주나 전주가 유적지가 많아서 ( ) 좋을 거예요.

① 구경하려고 ② 구경했다면

③ 구경하니까 ④ 구경하기에

26 **가:** 보고서 제출이 내일까지죠?

나: 아니요, 팀장님이 모레까지 ( ) 월요일에 내면 돼요.

① 퇴사라서 ② 연차라서

③ 문의라서 ④ 이수라서

[27~28] 다음 밑줄 친 부분이 틀린 것을 고르시오.

27 ① 너무 피곤해서 깜빡 졸았어요.
② 미리 밥을 먹지 않았으면 배고플 뻔했어요.
③ 길이 막혀 늦는다고 하더니 먼저 도착했네요!
④ 살을 뺀다고 했지만 다이어트 도시락을 주문했어요.

28 ① 이사를 하니까 일 년이 넘었네요.
② 돈이 많으면 사고 싶은 걸 모두 살 수 있어요.
③ 잠을 자다가 누가 부르는 소리에 깼어요.
④ 자꾸 한숨을 쉬어서 눈치가 보이잖아요.

[29~32] 다음 ( )에 알맞은 것을 고르시오.

29

학교 과제를 해야 하는데 주말에 컴퓨터가 고장이 났습니다. 전원 버튼을 눌러도 아무런 반응이 없었습니다. 급한 마음에 서비스센터에 전화를 해 보았는데 수리 요청이 밀려서 주말 안에 수리기사가 도착할 수 없다고 했습니다. 어떻게 할까 ( ) 친구에게 전화를 했습니다. 다행히 친구는 이미 과제를 끝냈고 친구 집의 컴퓨터를 사용해도 된다고 해서 친구 집으로 갔습니다. 친구 덕분에 무사히 과제를 끝냈기 때문에 친구에게 저녁을 사 주었습니다.

① 먹다가 ② 운동하다가
③ 고민하다가 ④ 관찰하다가

30

> 메이 씨는 이번 여름휴가 때 혼자 기차를 타고 춘천에 놀러 갈 예정입니다. 한국에 온 지 일 년이 넘었지만 메이 씨는 아직 서울을 벗어나 다른 지역에 놀러가 본 적이 없습니다. 대만에 살 때부터 여행을 좋아했던 메이 씨여서 이번 여행을 앞두고 무척 (   ) 있습니다. 그래서 린 씨와 함께 옷을 사러 주말에 강남으로 놀러 갈 계획입니다.

① 무섭고 ② 기대고
③ 설레고 ④ 반짝이고

31

> 저는 요즘 스마트폰에 푹 빠져 있습니다. 메신저로 사람들과 대화하는 것도 재미있지만 가장 재미있는 것은 유튜브입니다. 유튜브에서 주로 보는 건 귀여운 반려동물 영상입니다. (   ) 카메라를 빤히 쳐다보는 동물들을 보고 있노라면 시간 가는 줄 모르고 빠져듭니다. 어제도 유튜브로 강아지 영상을 보다가 과장님께 업무에 집중하라고 혼났습니다.

① 재미있는 말투로 ② 초롱초롱한 두 눈으로
③ 부드러운 손으로 ④ 솔직한 이야기로

32

> **가**: 주말에 뭐 했어요?
> **나**: 동생이 한국에 놀러 온다고 해서 공항에 마중 나갔어요.
> **가**: 오, 잘됐네요! 동생과 뭐 했어요?
> **나**: 명동도 돌아다녔고, 경복궁에서 한복 입기 체험도 했어요.
> **가**: 재밌었겠네요. 동생은 언제 돌아가요?
> **나**: 다음 주면 돌아갈 거예요. 오래 보고 싶은데 자주 보지 못 해서 (   ).

① 몹시 아파요 ② 너무나 쉬워요
③ 별로 안 슬퍼요 ④ 정말 아쉬워요

[33~34] 다음을 읽고 질문에 답하시오.

33 다음 중 ㉠을 바르게 고친 것으로 알맞은 것은?

> 베트남의 가장 큰 명절은 음력 1월 1일로 '뗏'이라고 부릅니다. 우리나라에서 설 연휴를 보내는 것과 같이, 베트남에서도 뗏을 맞으면 설날 전후로 일주일 정도 쉬고 ㉠고향에 바꿔가곤 합니다. 집을 매화나무와 복숭아나무로 장식하는데 이는 한 해의 복을 기원하는 행위입니다. 특히 복숭아나무는 건강과 돈을 상징합니다. 설날에는 아이들도 화려한 색상의 설빔인 아오자이를 입는데 주로 빨강, 노랑, 파랑 등의 색을 선호합니다.

① 고향을 화내곤
② 고향까지 더하곤
③ 고향에 내려가곤
④ 고향부터 미끄러지곤

34 위 글의 내용과 같은 것은?

① 베트남은 설 연휴에도 일을 한다.
② 건강과 돈을 의미하는 건 매화이다.
③ 집을 매화나무와 복숭아나무로 꾸민다.
④ 설빔인 아오자이는 주로 백색과 흑색이다.

[35~36] 다음을 읽고 질문에 답하시오.

35 아래 글의 내용과 같은 것은?

서울의 지하철은 갈아타기 어려워요. 지난 주에 서울에 놀러 갔을 때 나는 친구와 같이 지하철에서 헤맸어요. 우리는 시청역에서 명동역까지 가야 했는데, 출발할 때는 금방 길을 찾을 것만 같았지만 막상 길을 나서 보니 어떻게 가야할지 알 수 없었어요. 나와 친구가 우왕좌왕하고 있자 한 아주머니께서 말을 걸어 주셨어요. 아주머니께 명동역까지 가는 길을 물으니 서울역에서 4호선으로 갈아타야 한다고 말씀해주셨어요. 친구가 갈아타는 길을 모르겠다고 하자 인천행 1호선을 타고 한 정거장만 가면 바로 서울역이니까 거기서 내려서 갈아타면 된다고 친절하게 알려 주셨어요. 그 날의 아주머니의 친절함을 잊지 못할 거예요. 아주머니 덕분에 명동까지 잘 찾아갔고 우리는 먹자골목에서 랍스터 꼬치랑 과일 주스도 사 먹고 신나게 놀았답니다.

① 나는 길을 잘 찾았어요.
② 나는 친구와 일산으로 구경 갔어요.
③ 아주머니께서 길 찾는 법을 도와 주셨어요.
④ 결국 명동에 가지 못 했어요.

36 아래 글의 내용과 같은 것은?

한국의 아파트 생활은 도시를 중심으로 이루어집니다. 대부분의 도시 거주자들이 아파트에 살며, 공간 효율성과 다양한 편의 시설을 제공합니다. 아파트 단지 내에는 어린이 놀이터, 피트니스 센터, 편의점 등이 있어 생활이 편리합니다. 보안 시스템이 잘 갖추어져 있어 안전하게 거주할 수 있으며, 같은 단지 내에 거주하는 이웃과의 교류도 활발합니다. 아파트는 현대적인 생활 양식을 반영하며, 가족 중심의 생활 공간으로 인기가 높습니다.

① 아파트는 효율성이 떨어진다.
② 아파트의 보안이 취약해서 위험하다.
③ 한국의 아파트 생활은 농촌에서 주로 이루어진다.
④ 아파트는 현대적인 생활 양식을 반영한 현대식 주거 공간이라 할 수 있다.

[37~38] 다음을 읽고 질문에 답하시오.

37 아래 글의 중심 내용으로 알맞은 것은?

> 마늘은 다양한 효능을 지닌 건강식품이자 한국인이 사랑하는 요리 재료이다. 마늘은 면역력을 강화하여 감기와 같은 질병 예방에 효과적이고 항산화 성분이 풍부해 노화를 방지한다. 그리고 피부 건강을 유지하는 데 도움을 줄 뿐만 아니라 혈액 순환을 개선하여 심혈관 질환을 예방한다. 또한 마늘은 항균 작용이 있어 몸속 유해균을 제거하고 장 건강을 촉진한다. 게다가 마늘은 향신료 역할을 하여 음식의 맛을 돋우는 동시에, 한국인의 입맛에 딱 맞는 감칠맛을 제공한다. 이러한 이유로 마늘은 한국인의 식탁에서 빼놓을 수 없는 중요한 재료가 되었다.

① 마늘의 매운 성분

② 마늘과 한국 요리

③ 마늘의 여러 가지 효능

④ 향신료로서의 마늘의 역할

38 아래 글의 제목으로 알맞은 것은?

> 누구나 직장 생활을 잘하고 싶어 한다. 직장에서 인정받으려면 먼저, 시간 관리가 중요하다. 업무 일정을 철저히 계획하고 마감 기한을 준수해야 한다. 그리고 원활한 소통 능력이 필요하다. 다양한 성향의 사람들이 모이고, 또한 불시에 일어나는 예측 밖의 상황들은 우리를 때때로 힘들게 한다. 그럴수록 상사와 동료들에게 현재 자신의 상황이나 의견을 명확하게 전달하고, 피드백을 적극적으로 수용하는 태도를 가져야 한다. 또한 긍정적인 태도를 유지하는 것이 중요하다. 어려운 상황에서도 긍정적인 태도로 문제를 해결하려 노력하는 동료를 싫어할 사람은 없다. 자신이 맡은 업무에 최선을 다하면서 틈틈이 자기 계발에 힘을 쓴다면 직장 생활에서 성공할 수 있을 것이다.

① 직장 생활의 어려운 점

② 직장 생활을 잘하는 법

③ 긍정적인 태도의 중요성

④ 자기 계발은 직장 생활의 열쇠

[39~40] 다음 질문에 답하시오.

39 한국의 행정 구역 중 광역시가 아닌 도시는?

① 대구
② 제주
③ 부산
④ 인천

40 두 사람의 인사말로 서로 맞지 않는 것은?

① 가: 미안합니다.
   나: 괜찮습니다.
② 가: 고마워요.
   나: 천만에요.
③ 가: 맛있게 드세요.
   나: 네. 잘 먹겠습니다.
④ 가: 안녕히 주무셨어요?
   나: 네. 안녕히 주무세요.

[41~44] 다음 질문에 답하시오.

41 한국에서 집들이에 주로 가져가는 선물은?

① 인형
② 커피
③ 선풍기
④ 세제, 휴지

42 한국 전통 집의 형태는?

① 기와집
② 아파트
③ 다세대 주택
④ 셰어 하우스

43 한국의 문화유산이 아닌 것은?

① 석굴암
② 에펠탑
③ 수원 화성
④ 성산 일출봉

44 한국의 전통 음식이 아닌 것은?

① 피자
② 김치
③ 비빔밥
④ 불고기

[45~46] 다음 질문에 답하시오.

45 한국의 명절 음식과 그 의미로 맞지 않는 것은?

① 팥죽: 붉은색이 나쁜 기운을 쫓는다.
② 송편: 한 해 농사가 잘 되기를 기원한다.
③ 떡국: 긴 가래떡처럼 무병장수를 기원한다.
④ 부럼: 일 년 동안 피부병이 걸리지 않는다.

46 한국의 선거에 대한 설명으로 맞지 않는 것은?

① 대통령은 국민들의 투표로 뽑는다.
② 대통령 선거는 5년에 한 번씩 실시한다.
③ 국회 의원은 한 사람이 한 번만 할 수 있다.
④ 대통령을 뽑는 선거는 '대선', 국회 의원을 뽑는 선거는 '총선'이라고도 한다.

[47~48] 다음 질문에 답하시오.

47 아래 글의 내용과 같은 것은?

> 전통적으로 한국 사회는 유교 사상을 기반으로 가족을 사회의 기본 단위로 여겼으며, 효(孝)와 존경, 연장자에 대한 예의를 중요한 가치로 강조해 왔다. 부모와 자식 간의 관계는 매우 밀접하며, 자식이 부모를 공경하고 부양하는 책임을 다하는 것이 당연시되었다. 그러나 현대에 들어서면서 가족의 형태와 역할이 다양하게 변화하고 있다. 핵가족이 보편화되고, 여성의 사회적 진출이 활발해지면서 맞벌이 부부가 늘어나고 가족 내 역할 분담에도 변화가 생겼다. 남성도 가사와 육아에 적극적으로 참여하는 등 가정 내 평등과 협력의 문화가 자리 잡고 있다. 또한, 결혼 연령이 늦어지고, 자녀를 적게 낳거나 출산을 기피하는 경향이 나타났다. 이는 인구 감소와 고령화 문제로 이어지고 있으며, 사회적 문제로 대두되고 있다. 뿐만 아니라 외국인 배우자와의 결혼이 늘어나면서 다양한 문화가 공존하는 다문화 가정이 증가하고 있다.

① 최근 한국 사회는 결혼 연령이 빨라지고 있다.
② 최근 한국 사회는 다문화 가정이 감소하고 있다.
③ 한국 사회는 불교 사상에 기반을 둔 가족 중심의 문화를 가지고 있었다.
④ 한국 사회는 핵가족이 점차 보편화되면서 대가족 중심의 가족 구조가 감소하고 있다.

48 아래 글의 제목으로 알맞은 것은?

> 한국은 짧은 기간에 이룬 놀라운 경제 발전 성과로 세계의 주목을 받는다. 1960년대 초반까지 한국은 농업 중심의 가난한 나라였으나, 이후 산업화와 경제 성장을 통해 '한강의 기적'으로 불리는 경제 발전을 이루었다. 1960~1970년대에 시작된 경제 개발 5개년 계획으로 산업화의 기틀을 마련하고, 중화학 공업과 수출 주도형 경제 정책을 통해 제조업을 육성하며 해외 시장 개척에 주력하였다. 이를 통해 철강, 자동차, 전자 등 다양한 산업이 급성장하였다. 1980년대와 1990년대에는 정보 통신 기술과 반도체 산업이 발전하며 한국 경제의 새로운 성장 동력이 되었고, 한국이 세계 최대의 반도체 생산국 중 하나로 성장했다. 또한, 인터넷과 모바일 기술의 발달로 IT 강국으로 자리매김하였다. 2000년대 이후로는 한류 문화의 확산으로 엔터테인먼트, 관광, 패션 등 다양한 분야에서 글로벌 경쟁력을 갖추게 되었다. 이는 경제 성장뿐만 아니라 한국의 문화적 영향력을 확대하는 데 기여하였다. 하지만 이러한 급속한 경제 발전은 불평등과 환경 문제 등도 초래하였다. 정부는 지속 가능한 발전을 위해 경제 구조 개혁과 사회적 안전망 강화, 친환경 정책 등을 추진하고 있다.

① 한국의 경제 발전 과정

② 경제 개발 5개년 계획의 내용

③ 급속한 경제 발전에 따른 사회 문제

④ 중화학 공업을 발전시키기 위한 방법

[49~50] 다음을 읽고 (　　　　)에 알맞은 것을 쓰시오

49

가: 원래 오늘 회의 아니었나요?
나: 일정을 하루 (　　　　) 해요. 오늘 팀장님이 갑자기 외근을 나가셔야 해서요.
가: 그렇군요. 그럼 내일 9시에 회의실로 가면 될까요?

50

가: 이번 방학 때 놀러 간다며? 어디로 갈지 정했어?
나: 응, 이번에 제주도에 놀러 가 보려고. 그런데 벌써 비행기 표가 하나도 (　　　　).
가: 저런, 미리 예매했으면 좋았을걸.

구술시험 [01~05번]

※ 구술감독관의 지시에 따라 다음 글을 소리 내어 읽으신 후 질문에 답하여 주시기 바랍니다.

> 한복은 한국의 전통 의상으로 그 디자인과 소재, 색상 등이 다양하게 발전해 왔으며 각각의 시대와 지역마다 다른 스타일이 존재한다. 보통 저고리라 불리는 상의, 치마나 바지 등의 하의로 구성되어 있다. 한복의 특징 중 하나는 고급스러운 자수로 장식을 한다는 것이다. 특히 자연을 모티브로 꽃, 나비, 구름 등의 무늬를 사용하며 우아하고 아름다운 분위기를 연출한다. 한복의 색상은 주로 자연에서 나오는 색을 사용하며 화려하지 않으면서 균형 있게 조화를 이룬다.

01 위의 글을 소리 내어 읽어 보세요.

02 한복의 구성은 어떻게 되며 한복의 특징은 무엇인가요?

03 ○○ 씨는 한복을 입어본 적이 있나요? 있다면 어디서 입어 보았나요?

04 한국의 상징 중 '홍익인간(弘益人間)'에 대해 알고 있나요? 그 뜻은 무엇이며, 어디서 유래했는지 설명해 보세요.

05 주민센터와 같이 생활 관련 복지 서비스를 경험해 본 적이 있나요? 그 경험을 통해 무엇을 느꼈나요? OO 씨 고향의 복지 서비스와 비교해서 설명해 보세요.

마무리 모의시험 제2회

| 정답과 해설 19쪽 |

해설 강의

[01~02] 다음 질문에 답하시오.

01 다음 (　　　)에 들어갈 말로 알맞은 것은?

가: 저 여자는 무엇을 하고 있어요?
나: (　　　).

① 길거리를 걷고 있어요
② 가방을 멘 채 등산하고 있어요
③ 무엇인가를 관찰하고 있어요
④ 김치찌개를 먹고 있어요

02 다음 (　　　)에 들어갈 말로 알맞은 것은?

이번 행사(　　　) 아침부터 밤까지 다양한 프로그램이 있습니다.

① 만
② 와
③ 에는
④ 마저

[03~04] 다음 |보기|를 참고하여 밑줄 친 부분과 의미가 반대인 것을 고르시오.

|보기|
가: 카페는 조용한가요?
나: 아니요, (   ).
① 으스스해요 ② 놀라워요 ❸ 시끄러워요 ④ 더러워요

03 가: 선물 넣을 상자가 큰가요?
메이: 아니요, (   ).

① 좋아요 ② 작아요 ③ 높아요 ④ 딱딱해요

04 가: 한강은 시원했어요?
나: 아니요, (   ). 습해서 더 그런 것 같아요.

① 불편했어요 ② 어두웠어요 ③ 더웠어요 ④ 슬펐어요

[05~06] 다음 (   )에 알맞은 것을 고르시오.

05 저는 이번 추석 (   ) 때 고향에 내려갈 거예요.

① 연말 ② 주말 ③ 연초 ④ 연휴

06 메이 씨는 (   )에서 통장을 만들어 왔어요.

① 백화점 ② 카페 ③ 은행 ④ 병원

[07~08] 다음 밑줄 친 부분과 의미가 반대인 것을 고르시오.

07 가: 이 천은 거칠어요.
나: 저 천은 (   ) 괜찮아요. 저걸로 가져가요.

① 매끄러워서
② 적어서
③ 매워서
④ 더러워서

08 가: 강아지를 산책시킬 땐 목줄을 꽉 잡아야 해요.
나: 맞아요. (   ) 큰일 나요.

① 들면
② 움직이면
③ 놓으면
④ 도우면

[09~10] 다음 (   )에 알맞은 것을 고르시오.

09 방 청소를 할 때는 먼저 (   )을 활짝 열어서 환기를 시켜야 해요.

① 가방
② 창문
③ 부엌
④ 옥상

10 백화점으로 여름옷을 (   ) 가요.

① 구매하러
② 결재하러
③ 이수하러
④ 진찰하러

[11~12] 다음 ( )에 알맞은 것을 고르시오.

11 ( ) 새로운 식당이 생겼다.

① 결코
② 조용히
③ 어찌
④ 최근에

12 카페에 ( ) 가니까 사장님께서 날 알아보신다.

① 마저
② 자주
③ 몹시
④ 드문드문

[13~14] 다음 |보기|를 참고하여 밑줄 친 부분과 의미가 비슷한 것을 고르시오.

|보기|
가: 오늘 옷이 정말 멋지네요.
나: 감사해요. 새로 산 옷인데 잘 어울려요?
① 매끄럽네요 ② 부드럽네요 ❸ 예쁘네요 ④ 깨끗하네요

13 가: 카페가 참 깔끔하네요.
나: 네, 시설이 ( ) 좋아요.

① 부드러워서
② 수상해서
③ 지저분해서
④ 깨끗해서

14 가: 여기가 유명한 관광지인가요?
나: 네, 이 근방에서 제일 ( ).

① 화려해요
② 시끄러워요
③ 인기 있어요
④ 재미있어요

[15~18] 다음 ( )에 알맞은 것을 고르시오.

15 가: 이번에 새로운 회사에 들어갔나요?
나: 네, 그런데 힘들어서 ( ).

① 퇴사하고 싶어요
② 퇴사했을까요
③ 퇴사하려요
④ 퇴사하곤 해요

16 가: 부동산엔 무슨 일로 가요?
나: 이번에 이사할 새 집을 ( ) 가요.

① 알면서
② 알아보러
③ 알든지
④ 알 것 같아서

17 가: 오늘따라 시간이 좀 걸리네요.
나: 맞아요. 오늘 유난히 지하철이 ( ) 가네요.

① 시끄럽게
② 으스스하게
③ 느리게
④ 급하게

18 **가**: 어제 친구들은 잘 만났어요?
나: 아뇨, 다음 주가 시험이라 (   ) 못 만났어요.

① 공부하면 좋아서
② 공부하더니
③ 공부하느라고
④ 공부할수록

[19~20] 다음 (   )에 알맞은 것을 고르시오.

19 **가**: 기차표 예매 안 해도 되겠죠?
나: 주말엔 사람이 많아서 미리 (   ).

① 예매할까요
② 예매할 뻔해요
③ 예매하지 않아요
④ 예매해 두어야 해요

20 **가**: 비자 신청하려고 하는데요.
나: 네, 여기 이 신청서를 (   ) 돼요.

① 쓰면
② 쓰니까
③ 쓰지만
④ 쓰고 나서

[21~22] 다음 (　　　　)에 알맞은 것을 고르시오.

21 가: 어떻게 하면 건강해질 수 있죠?

나: 규칙적으로 먹고 자고 운동해야 해요. 저는 주로 퇴근 후에 1시간 동안 (　　　　).

① 걷잖아요　　② 걸어 보세요

③ 걷지 마세요　　④ 걷는 편이에요

22 가: 매운 거 잘 먹어요?

나: 어느 정도는요. 지난번에 먹었던 떡볶이는 너무 매워서 (　　　　).

① 울면 돼요　　② 울 뻔했어요

③ 울지도 몰라요　　④ 울지 않았어요

[23~24] 다음 밑줄 친 부분이 틀린 것을 고르시오.

23 ① 누가 부르지도 않았는데 나왔네요.

② 다리가 실수하면 병원에 가야 해요.

③ 댐에 난 구멍을 막지 않으면 댐이 무너져요.

④ 연차를 하루 미룰 수 있을까요?

24 ① 누가 어른들 말에 <u>대꾸하래</u>?
② 엄마께서 <u>꾸짖으셔서</u> 너무 슬퍼요.
③ 여기서 서울까지 1시간이면 <u>지울</u> 수 있어요.
④ 동물원에서 사자를 <u>구경하곤</u> 해요.

[25~26] 다음 (　　　)에 알맞은 것을 고르시오.

25 **가**: 저쪽 언덕은 낮네요.
나: 낮아서 올라가기 (　　　).

① 쉽든지 해요　　② 쉬울 거예요
③ 쉬웠으니까요　　④ 쉽기 위해서예요

26 **가**: 오늘 날씨가 맑아서 기분이 좋아요. 그곳은 날씨가 어때요?
나: 여기는 황사 때문에 공기가 (　　　) 숨쉬기 힘들어요.

① 밝아서　　② 낮아서
③ 탁해서　　④ 가까워서

[27~28] 다음 밑줄 친 부분이 틀린 것을 고르시오.

27 ① 집에서 나란히 쉬고 싶어요.

② 아침에 일어나서 20분간 짧게 운동을 해요.

③ 회사에서 겨우 시간 맞춰서 보고서를 제출했어요.

④ 친구가 준 선물이 예뻐서 마음에 들었어요.

28 ① 집에 돌아오니까 샤워를 했어요.

② 퇴근하고 나서 공원에서 산책을 했어요.

③ 병원으로 가는 중에 비자를 신청했어요.

④ 보고서를 제출해야 하므르 서류를 정리하고 있어요.

[29~32] 다음을 읽고 (㉠)에 알맞은 것을 고르시오.

29

> 저는 이번에 새로운 아파트로 이사를 했습니다. 아파트에는 공동 현관이 있어서 외부인 출입이 통제되고, 도어락이 설치되어 있어 안전하게 생활할 수 있습니다. 이사한 다음날, 아파트를 둘러보니 한편에 연못도 있고 산책로도 있어서 쾌적한 환경이 마음에 들었습니다. 주말에는 공원에 가서 운동을 하고 산책을 했습니다. 날씨가 좋아서 사진을 찍고 벤치에서 친구와 함께 쉬었습니다. 그리고 마트에서 할인된 상품을 (㉠) 장바구니를 가득 채웠습니다. 아파트 생활은 편리하고 안전하며, 다양한 시설 덕분에 매일매일이 즐겁습니다.

① 구입하여
② 관찰하여
③ 결재하여
④ 제출하여

30

> 신입 사원으로 입사하자마자 회사에서 업무를 시작했어요. 처음에는 보고서를 제출하는 것이 어려워서 실수할까 봐 조금 불안했어요. 하지만 동료들이 (㉠) 금방 적응할 수 있었어요. 회사에서 매일 아침 커피를 마시며 동료들과 짧게 업무 이야기도 나누고, 조금씩 성장하는 스스로를 느끼니 즐거웠어요.

① 불안해서
② 어려워서
③ 시원해서
④ 친절해서

31

> 오늘 아침에 일찍 일어나서 공원으로 산책을 나갔어요. 햇살이 따뜻하고 바람이 시원해서 기분이 좋았어요. 조깅을 하면서 몸이 점차 가벼워지는 느낌을 받았어요. 일찍 일어나는 건 힘들었지만 상쾌함과 보람을 느꼈어요. 공원에서 산책하는 사람들과 인사를 나누며 (㉠) 보냈어요. 산책이 끝나자마자 카페에 가서 커피를 마셨어요.

① 신나는 노래를
② 즐거운 시간을
③ 밝은 분위기를
④ 따뜻한 마음을

32

> 어제 친구와 보드게임 카페에 가서 즐거운 시간을 보냈어요. 게임을 하면서 끊임없이 웃었어요. 카페를 나온 후엔 저녁 식사로 닭갈비를 함께 먹으며 이야기를 나눴어요. 친구는 닭갈비가 조금 맵다면서 계속 물을 마셨어요. 그래도 끝까지 맛있게 먹고 밥까지 볶아 먹었어요. 오랜만에 친구를 만나 수다를 떠니 정말 즐거웠어요. 밥을 다 먹고 나오니 밤이 깊었어요. 아쉽지만 (㉠) 친구와 헤어졌어요. 다음 달에 또 이런 자리를 가질 거예요.

① 귀가 솔깃하며
② 손에 땀을 쥐며
③ 다음을 기약하며
④ 눈살을 찌푸리며

[33~34] 다음을 읽고 질문에 답하시오.

33 밑줄 친 ㉠과 의미가 비슷한 것은?

오랜 시간 동안 이어진 회의가 드디어 끝났다. 팀원들은 모두 피곤해 보였지만, 중요한 결정을 내린 것에 대해 만족스러워했다. 나는 발표 자료를 정리하며 회의록을 마무리했다. ㉠회의가 끝나자 모두들 안도의 한숨을 내쉬었다. 긴장된 분위기가 사라지고, 가벼운 농담과 웃음이 오갔다. 오늘의 목표를 달성했기에 모두들 뿌듯해했다. 이제 각자의 자리로 돌아가 다시 업무를 시작할 시간이었다.

① 회의를 열자
② 회의를 마치자
③ 회의가 막히자
④ 회의가 시작되자

34 위 글의 내용과 같은 것은?

① 회의는 짧게 이어졌다.
② 회의가 끝났으니 집에 갔다.
③ 팀원들이 피곤해 하지 않고 쌩쌩했다.
④ 팀원들은 회의가 끝나고 기분이 좋았다.

[35~36] 다음을 읽고 질문에 답하시오.

35 아래 글의 내용과 같은 것은?

> 청결함은 개인의 건강과 직결되는 중요한 요소이다. 손을 자주 씻는 것은 세균과 바이러스 감염을 예방하는 가장 효과적인 방법 중 하나이다. 청결한 환경은 심리적인 안정감을 제공하며, 스트레스를 줄여준다. 깨끗한 집에서는 알레르기와 천식 같은 호흡기 질환의 발생률이 낮아진다. 음식물의 위생 관리는 식중독과 같은 질병을 예방하는 데 필수적이다. 그리고 정기적인 청소와 소독은 전염병의 확산을 막는 데 중요한 역할을 한다. 또한 청결함은 사회적 이미지에도 영향을 미쳐, 다른 사람들에게 긍정적인 인상을 준다. 학교와 직장 등 공공장소에서도 청결을 유지하는 것이 공동체의 건강을 지키는 방법이다. 개인의 청결 습관은 어릴 때부터 형성되며, 꾸준한 교육과 실천이 필요하다.

① 청결 습관은 꾸준할 필요가 없다.
② 정기적인 청소와 소독은 불필요하다.
③ 청결한 환경은 심리적인 안정감을 제공한다.
④ 손을 자주 씻는다고 바이러스 감염이 예방되지 않는다.

36 아래 글의 내용과 같은 것은?

> 한 학기 동안 열심히 참여한 수업이 드디어 끝났다. 나는 마지막 시험에서 89점을 받아 기분이 좋았다. 옆 자리 메이 씨는 좋은 성적을 못 받았는지 표정이 어두웠다. 마지막 수업에서 교수님은 우리보고 고생했다며 칭찬을 해 주셨다. 이번 시험 결과가 어떻게 나왔든지 간에 앞으로 계속 노력하는 것이 더 중요하다고 하셨다. 모두들 처음 수업을 시작했을 때의 마음을 잊지 말고 열심히 살라고 말씀해 주셨고, 우리는 다 같이 박수를 쳤다. 수업이 끝나고 교실을 나서면서 한 학기를 돌아보며 웃음꽃을 피웠다. 우기 씨는 다음 학기에는 수업을 듣지 못 하고 고향으로 돌아가야 한다고 했다. 이별은 아쉽지만 다음 학기를 준비하며 새로운 목표를 세울 생각에 마음이 들떴다.

① 듣고 있던 수업이 연장됐다.
② 우기 씨는 다음 학기에 볼 수 없다.
③ 선생님은 시험 성적이 중요하다고 말씀하셨다.
④ 나는 마지막 시험에서 좋지 않은 성적을 받았다.

[37~38] 다음을 읽고 질문에 답하시오.

37 아래 글의 중심 내용으로 알맞은 것은?

> 대중교통은 도시 생활에서 필수적인 교통수단이다. 버스와 지하철은 많은 사람들을 효율적으로 이동시킬 수 있다. 대중교통을 이용하면 교통 체증을 줄이고, 환경 오염을 방지할 수 있다. 편리한 노선과 정기적인 운행 시간표는 이용자들에게 큰 편리함을 제공한다. 요즘에는 스마트폰 앱을 통해 실시간으로 대중교통 정보를 확인할 수 있다. 또한 대중교통은 저렴한 비용으로 이동할 수 있는 경제적인 수단이다. 다양한 할인 혜택과 정기권을 통해 더 저렴하게 이용할 수 있다. 그리고 대중교통을 이용하면 주차 공간을 찾는 번거로움을 피할 수 있다. 이처럼 안전한 대중교통 시스템은 시민들의 일상 생활을 더 편리하고 안정적으로 만들어 준다. 대중교통의 발전은 도시의 교통 문제를 해결하고, 지속 가능한 도시를 만드는 데 기여한다.

① 대중교통의 발전　　② 대중교통의 종류
③ 대중교통의 편리성　　④ 대중교통의 위험성

38 아래 글의 제목으로 알맞은 것은?

> 달력은 인류가 시간을 체계적으로 기록하고 관리하기 위해 고안한 도구이다. 최초의 달력은 고대 메소포타미아와 이집트에서 사용되었다. 이집트인들은 나일강의 범람 주기를 바탕으로 태양력을 개발했다. 고대 로마에서는 율리우스 카이사르가 율리우스력을 도입하여 현대 달력의 기초를 마련했다. 이후 교황 그레고리오 13세가 그레고리력을 도입하면서 현재 사용하는 달력이 완성되었다. 그레고리력은 1582년에 처음 시행되었으며, 점차 전 세계로 확산되었다.
>
> 달력은 종교, 농업, 정치 활동 등 다양한 분야에서 중요한 역할을 해 왔다. 현대 사회에서는 스마트폰과 연동되어 있는 전자 달력을 주로 사용한다. 현대 사회에서 달력은 단순한 날짜 표시를 넘어, 일정 관리와 계획 수립에 필수적인 도구가 되었다. 앞으로도 달력은 시간 관리의 핵심 도구로서 계속 발전할 것이다.

① 달력과 시간 관리　　② 달력의 불필요성
③ 그레고리력의 한계　　④ 달력의 유래와 발전

[39~40] 다음 질문에 답하시오.

39 한국의 행정 구역상 수도권이 <u>아닌</u> 지역은?

① 서울 ② 평창
③ 인천 ④ 경기도

40 결혼식에 초대받은 사람들이 축하하는 의미로 내는 돈은?

① 성과금 ② 축의금
③ 조의금 ④ 국민연금

[41~44] 다음 질문에 답하시오.

41 한국의 휴식 공간이 <u>아닌</u> 것은?

① 영화관 ② 둘레길
③ 시민 공원 ④ 상급 종합 병원

42 한국의 전통 옷은?

① 한복 ② 티셔츠
③ 청바지 ④ 드레스

43 설날의 풍속이 아닌 것은?

① 세배하기
② 부럼 깨기
③ 윷놀이하기
④ 차례 지내기

44 한국 음식에 주로 사용하는 음식 재료가 아닌 것은?

① 된장
② 버터
③ 간장
④ 고추장

[45~46] 다음 질문에 답하시오.

45 한국의 역사적 인물에 대한 설명으로 맞지 않는 것은?

① 안중근: 중국 하얼빈역에서 이토 히로부미를 저격하였다.
② 유관순: 3·1 운동이 일어나자 천안에서 독립운동을 전개하였다.
③ 이순신: 일제 강점기에 전 재산을 팔아 돈을 마련한 후 독립운동을 하였다.
④ 서희: 거란이 고려를 침입하였을 때 전쟁을 하지 않고 거란을 물러가게 하였다.

46 한국 지형의 특징에 대한 설명으로 맞는 것은?

① 동쪽은 낮고, 서쪽은 높다.
② 국토의 대부분이 사막이다.
③ 삼면이 바다로 둘러싸여 있다.
④ 동해안은 해안선이 복잡하고 수심이 얕다.

[47~48] 다음 질문에 답하시오.

47 아래 글의 내용과 같은 것은?

> 스마트폰은 현대인의 삶에서 필수적인 도구로 자리 잡았다. 스마트폰의 장점 중 하나는 언제 어디서나 인터넷에 접속할 수 있다는 점이다. 뉴스, 소셜 미디어, 이메일 등을 손쉽게 확인하고, 정보에 빠르게 접근할 수 있다. 또한, 목적에 맞는 다양한 앱을 사용하면 생산성 향상, 건강 관리, 엔터테인먼트 등 여러 방면에서 활용할 수 있다. 그러나 스마트폰의 과도한 사용은 집중력 저하, 수면 장애, 눈의 피로, 목과 손목의 통증 등과 같은 신체적 문제를 초래할 수 있다. 특히, 소셜 미디어의 과도한 사용은 정신 건강에 부정적인 영향을 미칠 수 있으며, 개인 정보 유출과 보안 문제도 야기할 수 있다. 따라서 스마트폰을 효과적으로 활용하기 위해서는 사용 시간을 적절히 조절하고, 올바른 사용 습관을 형성하는 것이 중요하다. 균형 잡힌 스마트폰 사용은 우리의 삶을 더욱 편리하고 풍요롭게 만들 수 있다.

① 스마트폰으로는 다양한 앱을 사용할 수 없다.
② 스마트폰을 사용하면 개인 정보가 절대 유출되지 않는다.
③ 스마트폰을 과도하게 사용해도 문제가 발생하지 않는다.
④ 스마트폰이 있으면 언제 어디서나 인터넷에 접속할 수 있다.

48 아래 글의 제목으로 알맞은 것은?

> 절약은 재정적 안정과 더 나은 미래를 위해 필수적인 습관이다. 첫째, 절약을 통해 비상 상황에 대비할 수 있다. 예상하지 못한 의료비나 갑작스러운 소득 감소 같은 긴급 상황에서도 준비된 자금이 있으면 큰 도움이 된다. 둘째, 절약은 주택 구매, 자녀 교육, 은퇴 준비 등 장기적인 목표를 달성하는 데 기여한다. 또한, 절약은 소비 습관을 개선하고 불필요한 지출을 줄이는 데 도움을 준다. 계획적인 지출과 저축을 통해 충동구매를 줄이고, 꼭 필요한 물건과 서비스를 구입하는 데 집중하면 생활의 질을 높이고 재정적 스트레스를 줄일 수 있다. 뿐만 아니라 절약을 통해 환경 보호에도 기여할 수 있다. 자원을 절약하고 재사용하며, 불필요한 소비를 줄임으로써 개인은 물론 사회 전체의 환경적 부담까지 줄일 수 있다. 우리는 계획적이고 지속적인 절약 습관을 통해 더 안정적이고 풍요로운 삶을 누릴 수 있다.

① 절약의 중요성
② 저축을 하는 까닭
③ 환경 파괴의 심각성
④ 과도한 스트레스의 위험성

[49~50] 다음을 읽고 (   )에 알맞은 것을 쓰시오.

49

가: 새로 나온 신용 카드를 새로 만들려고 하는데요. 나: 네, 신청서부터 작성 부탁드립니다. 가: 다 작성했어요. 더 채울 게 있나요? 나: 아뇨, 없어요. 카드 (   ) 약 일주일 정도 소요됩니다.

50

가: 이걸 고향에 보내고 싶은데 어디로 가야 해요? 나: 국제 소포는 (   ) 보내면 돼요. 가는 길은 알아요? 가: 저 앞에 횡단보도 건너서 있는 빨간 건물 맞나요? 나: 맞아요. 보내기 전에 주소를 정확하게 잘 썼는지 꼭 확인하세요.

구술시험 [01~05번]

※ 구술감독관의 지시에 따라 다음 글을 소리 내어 읽으신 후 질문에 답하여 주시기 바랍니다.

전통 시장은 다양한 상품과 활기찬 분위기로 가득 차 있었습니다. 시장에 들어서자마자 신선한 채소와 과일 향기가 코끝을 간질였습니다. 상인들은 손님을 친절하게 맞이하며, 활발히 대화를 나눴습니다. 저렴한 가격과 좋은 품질의 물건들을 구경하는 사람들로 시장 길이 북적였습니다. 시장에서 특히 잊을 수 없는 경험은 수제 어묵 가게에서 갓 튀긴 어묵을 맛본 기억입니다. 전통 시장 구석구석을 돌며 구경하니 현지 주민들의 일상생활도 엿보고, 숨겨진 보물 같은 물건들을 발견하는 재미도 있었습니다. 전통 시장에서 슈퍼마켓이나 마트와는 또다른 매력과 따뜻함을 느꼈습니다. 전통 시장을 방문하고 나니 지역 문화와 사람들을 이해하는 데 큰 도움이 되었습니다.

01 위의 글을 소리 내어 읽어 보세요.

02 화자는 전통 시장에서 무엇을 했고 어떤 기분을 느꼈나요?

03 ○○ 씨는 전통 시장에 가 본 경험이 있나요? 있다면 어디로 갔었고, 무엇이 기억에 남았나요?

04 한국의 가족 문화에 대해 알고 있나요? 알고 있는 가족 호칭에 대해 말해 보세요. (의미, 특징 등)

05 한국에서 민주주의를 경험해 보았나요? 어떤 것이 인상깊었는지 말해 보세요. ○○ 씨의 고향과 비교해 보면 어떤가요?

마무리 모의시험 제3회

| 정답과 해설 27쪽 |

해설 강의

[01~02] 다음 질문에 답하시오.

01 다음 (　　　　)에 들어갈 말로 알맞은 것은?

가: 지금 몇 시예요?
나: (　　　　)이에요.

① 8시 반
② 8시 40분
③ 9시 10분 전
④ 8시 10분

02 다음 (　　　　)에 들어갈 말로 알맞은 것은?

그 일은 내일(　　　　) 끝내야 하니 오늘은 집중해서 일해야 해요.

① 까지
② 이라도
③ 부터
④ 조차

[03~04] 다음 |보기|를 참고하여 밑줄 친 부분과 의미가 반대인 것을 고르시오.

|보기|
가: 이 수박 크기가 커요?
나: 아니요, (   ).
① 길어요 ② 높아요 ❸ 작아요 ④ 짧아요

03 가: 어제 회의는 잘 끝나셨나요?
나: 회의를 늦게 (   ) 예정보다 늦게 마무리되었어요.

① 알아서 ② 걸려서 ③ 시작해서 ④ 맞아서

04 가: 종이 10장이면 충분할까요?
나: 10장은 (   ). 20장 정도 준비해 주세요.

① 부족해요 ② 더워요 ③ 불편해요 ④ 탁해요

[05~06] 다음 (   )에 알맞은 것을 고르시오.

05 (   )의 빠르고 정확한 서비스 덕분에 해외로 소포를 보낼 때 안심할 수 있어요.

① 은행 ② 우체국 ③ 마트 ④ 병원

06 냉장고가 고장 났는데 수리 기사님이 (   ) 고쳐 주셔서 감사했어요.

① 신속하게 ② 어렵게 ③ 고요하게 ④ 짧게

[07~08] 다음 중 밑줄 친 부분과 의미가 반대인 것을 고르시오.

07 **가**: 오는 데 거리가 멀었어요?
나: 아니요, 거리가 (　　　　) 금방 도착했어요.

① 높아서　② 밝아서
③ 가까워서　④ 낮아서

08 **가**: 지각하지 않으려면 서둘러야 할 것 같아요.
나: 아직 시간이 여유 있어서 (　　　　) 가도 돼요.

① 느긋하게　② 바쁘게
③ 어둡게　④ 까다롭게

[09~10] 다음 (　　　　)에 알맞은 것을 고르시오.

09 시장에서 구매한 신선한 채소를 장바구니에 (　　　　).

① 보냈어요　② 마무리했어요
③ 마셨어요　④ 담았어요

10 (　　　　)할 때 지하철을 타서 빠르게 회사에 도착했어요.

① 야근　② 출근
③ 퇴근　④ 연차

[11~12] 다음 (   )에 알맞은 것을 고르시오.

11 버스를 타고 출근할 때마다 (   )에서 기다리는 시간이 길어요.

① 역　　② 승강장
③ 공항　　④ 정류장

12 오늘 날씨가 (   ) 화창해서 소풍 가기에 딱 좋은 날이에요.

① 맑고　　② 단정하고
③ 무던하고　　④ 차갑고

[13~14] 다음 |보기|를 참고하여 밑줄 친 부분과 의미가 비슷한 것을 고르시오.

|보기|
가: 이번 주말에 전시 보러 갈래요?
나: 좋아요. 회사 근처에 있는 미술관에 (   ) 되겠네요.
① 먹으면　　② 빌려주면　　❸ 방문하면　　④ 준비하면

13 가: 내일 비가 올까요?
나: 일기 예보에서 내일 오후부터 비가 (   ) 했어요.

① 내린다고　　② 간다고
③ 탄다고　　④ 준다고

14 가: 오늘 저녁에는 간단하게 먹을까요?
나: 집에서 (   ) 요리해 먹는 것은 어때요?

① 자세하게　　② 간편하게
③ 북적북적하게　　④ 느리게

[15~18] 다음 (　　　)에 알맞은 것을 고르시오.

15 **가**: 주말에 무엇을 할 거예요?
나: 가족이랑 캠핑을 (　　　).

① 가지 않았어요　　② 못 갔어요
③ 갈 거예요　　④ 가세요

16 **가**: 새로운 취미를 (　　　) 하는데 어떤 것이 좋을까요?
나: 등산이 건강에도 좋으니 괜찮을 거 같아요.

① 가지지만　　② 가지기 때문에
③ 가져서　　④ 가지려고

17 **가**: 한국에서 병원에 가 본 적이 있나요?
나: 네, 감기에 (　　　) 내과에 간 적이 있어요.

① 걸리려면　　② 걸려서
③ 걸리는데　　④ 걸려야

18 가: 집에서 요리를 자주 하시나요?
나: 주말마다 새로운 요리를 (   ) 요리 실력을 키우고 있어요.

① 시도하니까 ② 시도할 때
③ 시도해 보면서 ④ 시도하려면

[19~20] 다음 (   )에 알맞은 것을 고르시오.

19 가: 친구들과 통화를 길게 하나요?
나: 전화는 짧고 간결하게 (   ).

① 끝내는 편이에요 ② 끝내는 법이에요
③ 끝낼 만해요 ④ 끝낼 뻔했어요

20 가: 넘어져서 다친 다리는 좀 어때요?
나: 병원을 다니면서 치료받아서 조금씩 (   ).

① 회복하고 있어요 ② 회복하는 척해요
③ 회복해도 돼요 ④ 회복하곤 해요

[21~22] 다음 (　　　)에 알맞은 것을 고르시오.

21 가: 휴가 때 계획 있으세요?

나: 등산도 하고 사진도 (　　　) 자연을 즐길 거예요.

① 찍으려고　　② 찍자마자

③ 찍으면서　　④ 찍어도

22 가: 평소에 늘 실천하는 공공 예절이 있나요?

나: 대중교통을 탈 때 노약자한테는 항상 자리를 (　　　).

① 양보를 못 해요　　② 양보하고 있어요

③ 양보할 것 같아요　　④ 양보를 안 해요

[23~24] 다음 밑줄 친 부분이 틀린 것을 고르시오.

23 ① 통화 중에는 다른 사람의 말을 끊지 않지만 주의해요.

② 시험에서 좋은 점수를 받아서 기분이 매우 좋았어요.

③ 실수를 했을 때는 솔직하게 인정하고 사과해야 해요.

④ 행사를 준비하는 과정이 바쁘지만 보람이 있어요.

24 ① 은행 창구에서 공과금을 납부하는 것에 익숙해졌어요.

② 전통 공연을 관람하며 한국의 문화를 더 깊이 이해하게 되었어요.

③ 인사동에서 열린 전통 문화 축제에서 다양한 전통 놀이를 체험해 보았어요.

④ 매일 아침 조깅을 하며 건강을 유지하려고 노력되고 있어요.

[25~26] 다음 (　　　)에 알맞은 것을 고르시오.

25 **가:** 새로운 직장의 동료들과는 잘 지내고 있어요?

나: 아직 많이 친해지지는 돗했는데 더 (　　　).

① 가까워지려던 참이에요　　② 가까워진다고 해요

③ 가까워진 적이 있어요　　④ 가까워지면 좋겠어요

26 **가:** 한국어로 말할 때 실수한 경험이 있나요?

나: 처음에 존댓말과 반말을 헷갈려서 (　　　).

① 실수한 척했어요　　② 실수했나 봐요

③ 실수한 적이 있어요　　④ 실수했더라고요

[27~28] 다음 밑줄 친 부분이 틀린 것을 고르시오.

27 ① 친절한 경찰관이 사건 해결을 도와주셔서 감사했어요.
② 갑자기 비가 내려서 우산 없이 나왔다가 흠뻑 젖었어요.
③ 취업하기 위해서 자격증을 취득하며 꾸준히 노력하고 있어요.
④ 뮤지컬 공연을 보러 가려고 할 때 배우들의 열정적인 무대에 감동받았어요.

28 ① 오늘은 날이 흐린 것을 보니 비가 오려나 봐요.
② 한국에서는 영화관으로 영화를 자주 보러 가요.
③ 힘들 때 좋은 음악을 들으면 기분이 나아질 뻔했어요.
④ 지하철이나 버스에서는 휴대폰을 조용히 사용해야 해요.

[29~32] 다음을 읽고 ㉠에 알맞은 것을 고르시오.

29

오늘 중국에 있는 가족이 한국에 방문했어요. 오랜만에 가족을 만나서 정말 반가웠어요. 가족들과 함께 서울의 명소를 (㉠), 전통 시장에서 다양한 한국 음식을 맛보았어요. 특히, 부모님은 한국의 전통 문화에 깊은 관심을 보이며 경복궁과 인사동을 매우 즐기셨어요. 저녁에는 함께 집에서 한국 드라마를 보며 편안한 시간을 보냈어요. 가족과 소중한 시간을 보내며 더욱 가까워진 느낌이 들었어요.

① 들어 보고
② 쉬어 보고
③ 둘러보고
④ 출발하고

30

제가 살고 있는 동네는 조용하고 아늑한 곳입니다. 동네에는 작은 공원과 다양한 상점들이 있어 생활이 편리합니다. 아침마다 공원에서 운동을 하거나 산책을 하며 여유로운 시간을 보낼 수 있습니다. 집 근처에는 신선한 채소와 과일이 저렴한 전통 시장이 있어서 자주 (㉠). 이웃들과도 친밀하게 지내며 가끔 함께 모여 식사를 하거나 이야기를 나누곤 합니다. 제가 살고 있는 이 동네는 따뜻하고 정겨운 분위기가 가득해서 아주 마음에 듭니다.

① 내립니다　　② 제공합니다
③ 지불합니다　　④ 들릅니다

31

지난 주말에 친구와 함께 광화문과 경복궁을 방문했다. 광화문 광장에 도착하니 이순신 장군 동상과 세종대왕 동상이 먼저 눈에 들어왔다. 광화문을 지나 경복궁으로 들어가니, 고즈넉한 분위기와 아름다운 건축물이 인상적이었다. 특히 경복궁의 근정전과 경회루는 웅장하고 아름다워서 눈을 뗄 수 없었다. 해설사의 설명을 들으며 조선 시대의 역사와 문화를 배울 수 있어서 매우 유익한 시간이었다. 궁을 (㉠) 마치 시간 여행을 하는 듯한 기분이 들었고, 한국의 전통과 역사를 더욱 깊이 이해하게 되었다. 친구와 함께한 이번 방문은 잊지 못할 소중한 경험으로 남을 것 같다.

① 찬찬히 둘러보니　　② 자세히 관찰하니
③ 철저히 감시하니　　④ 일찍이 준비하니

32

한국에서는 재활용 분리배출을 꼼꼼하게 해야 한다. 처음에는 어려웠지만, 분리배출과 재활용 관련 정보를 찾아보면서 적응할 수 있었다. 분리배출하는 방법은 (㉠). 종이류는 한 덩어리로 모아야 하고, 플라스틱은 흰색, 투명, 색상별로 나누어 버려야 한다. 비닐류는 오염이 되어 있지 않은 것만 재활용이 가능하다. 재활용 분리배출은 개인적으로 환경에 대한 나의 작은 기여라고 생각한다. 우리가 제대로 재활용을 하면 자원을 절약하고 환경 오염도 줄일 수 있다. 이러한 습관을 가지고 살면서 지구 환경을 보호하는 것이 나의 책임이라고 느낀다. 한국에서는 재활용 문화가 활성화되어 있으며, 사람들도 적극적으로 참여하고 있다. 이는 한국인들이 환경 보호의 중요성을 인식하고 실천하고 있음을 보여준다. 앞으로도 환경 보호를 위해 재활용 분리배출을 실천할 것이다.

① 크기별로 나눈다　　② 종류별로 구분한다
③ 색상별로 구별한다　　④ 시간별로 선택한다

[33~34] 다음을 읽고 질문에 답하시오.

33 ㉠이 가리키는 것은?

> 한국에서 이사를 하고 나면 대개 가족이나 친구들을 초대해서 집들이를 해요. 한국의 집들이 문화는 매우 따뜻하고 정이 느껴져요. 저도 이사를 했을 때 친구들을 초대해서 집들이를 했어요. 친구들이 집들이 선물로 휴지와 세제를 가져왔는데, 이는 '새로 이사한 집에서 잘 되어라'는 의미를 담고 있다고 말해 주었어요. 친구들에게 맛있는 음식을 대접하며 즐거운 시간을 보냈어요. ㉠이런 문화를 통해 친구들의 따뜻한 정을 느끼고, 친구들과의 관계가 더욱 돈독해지는 좋은 기회였어요.

① 집안 ② 선물
③ 집들이 ④ 이사

34 위 글의 내용과 같은 것은?

① 집들이를 할 때는 가족만 초대해요.
② 집들이 선물로는 휴지나 세제를 준비해요.
③ 집들이 선물에는 특별한 의미가 있지 않아요.
④ 집들이는 한국인의 정(情)의 문화를 담고 있지 않아요.

[35~36] 다음을 읽고 질문에 답하시오.

35 아래 글의 내용과 같은 것은?

> 한국의 날씨는 봄, 여름, 가을, 겨울의 사계절이 뚜렷하게 나뉘어 있습니다. 봄에는 기온이 점차 올라가고 꽃들이 피어나며 따뜻한 날씨가 지속됩니다. 여름은 무더위가 심하며 습도가 높고 더운 날씨가 이어집니다. 가을에는 날씨가 맑고 쾌적하며, 단풍이 아름다운 풍경을 만듭니다. 전국의 산이 붉게 물들어 단풍놀이를 즐기는 사람들이 많아집니다. 겨울은 기온이 영하로 떨어져서 춥고, 눈이 많이 내리는 지역에서는 겨울 풍경을 즐기면서 스키나 보드도 탈 수 있습니다.

① 한국의 날씨는 항상 따뜻하고 쾌적합니다.
② 여름은 습도가 낮아서 건조합니다.
③ 가을에는 단풍이 아름답게 물듭니다.
④ 한국의 봄은 기온이 낮아서 춥게 느껴집니다.

36 아래 글의 내용과 같은 것은?

> 아리랑은 기록이 아닌 구전으로 전승되는 한국의 전통 민요입니다. 아리랑은 한국 문화와 정체성을 상징하는 노래이자, 깊은 감정과 역사적 이야기를 담고 있습니다. 또한 아리랑 앞에 지역명이 붙고, 그 지역마다 박자와 음정, 가사가 다른 다양한 아리랑이 있습니다. 대표적인 3대 아리랑은 '정선 아리랑', '밀양 아리랑', '진도 아리랑'입니다. 아리랑은 한국의 문학과 예술에서 큰 의미를 가지고 있습니다. 아리랑에 담긴 감정은 서러움, 그리움, 기쁨, 사랑 등 다양하기 때문에 듣는 이에게 매우 깊은 감정적인 울림과 감동적인 경험을 줍니다.

① 아리랑은 기록으로 전해졌습니다.
② 아리랑은 지역에 상관없이 같은 박자와 음정을 가집니다.
③ 아리랑은 대표적으로 3대 아리랑이 있습니다.
④ 아리랑에는 주로 기쁜 감정이 나타납니다.

[37~38] 다음을 읽고 질문에 답하시오.

37 아래 글의 중심 내용으로 알맞은 것은?

> 한국의 독립운동은 일제 강점기에 자주 독립을 쟁취하고자 펼친 민족 운동의 일환으로, 한국 역사에서 매우 중요한 활동이다. 독립운동은 다양한 형태로 이루어졌으며, 민중들은 나라를 되찾기 위해 자발적으로 저항하였다. 독립운동가들은 독립을 위한 여러 전투와 시위뿐만 아니라, 교육과 문화 활동을 통해 민족성을 지키고자 하였다. 여러 독립운동 단체들이 결성되어 독립 선언문을 발표하였으며, 해외 독립운동 단체들이 여러 나라에서 한국 독립을 위한 외교적 노력을 기울였다. 많은 독립운동가가 독립운동 과정에서 희생되었고, 그들의 노력 덕분에 오늘날 우리는 자유롭고 독립된 대한민국을 이룰 수 있게 되었다.

① 독립운동 단체들이 독립 선언문을 발표하였다.
② 많은 독립운동가가 독립운동을 하면서 희생되었다.
③ 한국의 독립운동은 한국 역사에서 매우 중요한 민족 운동이다.
④ 독립운동은 여러 전투, 시위, 교육과 문화 활동으로 이루어져 있다.

38 아래 글의 제목으로 알맞은 것은?

> 직장에서는 일을 처리하는 정확도도 중요하지만 속도도 중요하다. 먼저, 일을 빨리 처리하려면 적극적으로 질문을 하고 도움을 요청해야 한다. 다음으로, 회사의 문화와 업무 절차를 빠르게 파악하기 위해서 관련 자료를 찾아보고 학습하는 것도 좋다. 또한 업무의 우선순위를 정하고, 중요한 업무를 먼저 처리하는 습관을 기르는 것도 도움이 된다. 동료들과 정보를 공유하고 업무를 효율적으로 처리할 방안을 찾아보는 것도 팀워크를 다지면서 일을 빠르게 처리할 수 있는 방법이다.

① 직장에서 질문을 하는 방법
② 직장에서 업무 자료를 찾아보는 방법
③ 직장에서 회사 문화를 알아보는 방법
④ 직장에서 업무를 신속하게 처리하는 방법

[39~40] 다음 질문에 답하시오.

39 한국의 상징이 아닌 것은?

① 장미
② 애국가
③ 무궁화
④ 태극기

40 두 사람의 대화로 서로 맞지 않는 것은?

① 가: 내일 만날까요?
나: 네, 좋아요.
② 가: 결혼을 축하해요.
나 : 고마워요.
③ 가: 오후에 커피 한잔 할까요?
나: 미안해요. 약속이 있어요.
④ 가: 버스 정류장이 어디인가요?
나: 안녕히 가세요.

[41~44] 다음 질문에 답하시오.

41 한국인이 주로 이용하는 교통수단이 아닌 것은?

① 마차
② 택시
③ 지하철
④ 시내버스

42 한국의 금융 기관이 아닌 것은?

① 국회
② 저축 은행
③ 시중 은행
④ 증권 회사

43 죽음을 슬퍼하는 의미로 내는 돈인 '조의금'을 내는 장소는?

① 수영장 ② 공연장
③ 장례식장 ④ 결혼식장

44 한국의 소방서 전화번호는?

① 119 ② 110
③ 112 ④ 1345

[45~46] 다음 질문에 답하시오.

45 가족의 형태와 설명으로 알맞지 않는 것은?

① 맞벌이 부부: 부부가 모두 일을 하는 가족
② 한 부모 가족: 결혼하지 않고 혼자 사는 가구
③ 주말부부: 부부가 생활하는 곳이 달라서 주말에만 함께 생활하는 가족
④ 다문화 가족: 서로 다른 국적 · 인종 · 문화를 가진 사람들로 이루어진 가족

46 한국의 교육 제도에 대한 설명으로 알맞은 것은?

① 초등 교육과 고등 교육은 의무 교육이다.
② 초등 교육은 6년, 중등 교육은 3년 과정이다.
③ 고등학교는 학문 분야와 특성에 따라 2 · 3 · 4년제가 있다.
④ 대학교는 일반계, 특수 목적, 특성화, 자율형 대학교로 구분한다.

[47~48] 다음 질문에 답하시오.

47 아래 글의 내용과 같은 것은?

> 스마트폰 중독은 현대 사회에서 심각한 문제이다. SNS와 게임, 영상 스트리밍 등 다양한 앱은 사용자들을 끊임없이 스마트폰에 몰입하도록 한다. 스마트폰을 통한 즉각적인 정보 접근과 소통의 편리성은 중독을 부추긴다. 또한 외로움과 불안감 해소를 위해 스마트폰에 의존하게 만들기도 한다. 이러한 스마트폰 중독은 여러 악영향을 준다. 첫째, 눈의 피로와 수면 장애를 유발할 수 있다. 둘째, 장시간 스마트폰 사용은 집중력 저하와 생산성 감소를 초래한다. 셋째, 사회적으로 대면 소통 능력이 감소하고, 인간관계의 질이 낮아질 수 있다. 넷째, 정신 건강에도 부정적인 영향을 미쳐서 불안과 우울증이 악화될 수 있다. 이러한 문제를 해결하기 위해서는 스마트폰 사용을 적절히 조절하고, 디지털 디톡스 등의 노력이 필요하다. 하루에 스마트폰을 사용하는 시간을 제한하는 것도 도움이 된다. 타이머를 설정해 놓거나, 휴대폰 잠금 앱으로 사용 시간을 줄일 수 있다. 스마트폰 사용을 대신해서 할 수 있는 독서, 운동, 요리 등 다양한 취미나 활동을 찾아보는 것도 스마트폰 중독을 완화하는 좋은 방법이다.

① 심리적으로 안정감을 줄 수 있다.
② 눈이 건강해지고 수면에 도움이 된다.
③ 휴대폰 잠금 앱은 중독 해결에 도움이 되지 않는다.
④ 대면 소통 능력이 감소하고 인간관계의 질이 낮아질 수 있다.

48 아래 글의 주제로 알맞은 것은?

> 한류 열풍에는 한국의 문화적 콘텐츠가 전 세계적으로 인기를 끌게 된 요인들이 다양하게 작용하고 있다. 첫째, 한류는 강렬한 시각적 매력을 가지고 있다. 한국 드라마와 영화는 멋진 비주얼, 다채로운 색감, 독특한 스타일링 등으로 전 세계 시청자들에게 강렬한 인상을 남긴다. 둘째, 매력적인 스토리텔링과 감동적인 캐릭터들이 한류의 매력을 더욱 부각시킨다. 많은 한국 드라마와 영화들은 복잡한 인물 갈등과 감정적인 변화를 다루며, 인간적인 이야기를 깊이 있게 풀어낸다. 이러한 요소들은 다양한 국가와 문화권의 관객들에게 공감과 호감을 자아내게 한다. 셋째, 한국 음악과 춤도 한류의 중요한 요소이다. K-pop 그룹들은 독창적인 음악과 파워풀한 퍼포먼스로 세계를 매료시키며, 글로벌 팬덤을 형성하고 있다. 그들의 다채로운 음악 스타일과 차별화된 이미지는 전 세계적으로 다양한 층의 청중들에게 사랑받고 있다. 넷째, 디지털 기술의 발전이 한류 확산에 기여하고 있다. 소셜 미디어와 온라인 플랫폼을 통해 쉽고 빠르게 한류 콘텐츠에 접근할 수 있으며, 팬과 아티스트 간의 소통이 활발히 이루어진다. 이는 한류의 글로벌 확산과 팬덤 커뮤니티 형성에 큰 기여를 하고 있다. 이러한 다양한 요인들이 결합하여 한류는 지속적으로 세계적인 문화적 현상으로 자리 잡고 있으며, 한국의 문화 콘텐츠가 글로벌 미디어 산업에서 중요한 위치를 차지하는 데 기여하고 있다.

① 한류 콘텐츠의 종류
② 한류 열풍이 일어난 까닭
③ 디지털 기술의 발전 과정
④ 드라마와 영화를 만드는 과정

[49~50] 다음을 읽고 (   )에 알맞은 것을 쓰시오.

49

가: 제임스 씨, 괜찮아요? 아파 보여요.
나: 어제 선풍기를 계속 틀고 잤더니 (   ). 콧물도 흐르고, 열도 좀 있어요.
가: 감기인 것 같은데, 꼭 병원에 다녀오세요.

50

가: 메이 씨, 저축을 시작했다고 들었어요. 돈은 잘 모으고 있어요?
나: 아니요. 쉽게 모을 수 있을 거라고 생각했는데, 매달 생활비도 많이 들고, 가계부를 써도 정리가 잘 안 되더라고요. 저축이 이렇게 (   ).
가: 처음이니까 그럴 수 있어요. 조금씩 노력하면 괜찮아질 거예요.

구술시험 [01~05번]

※ 구술감독관의 지시에 따라 다음 글을 소리 내어 읽으신 후 질문에 답하여 주시기 바랍니다.

지난주에 한국에 와서 처음으로 우체국을 방문했습니다. 처음 우체국을 가보는 거라서 조금 긴장하기도 했는데, 우체국 직원분들이 친절하게 안내해주셔서 설명을 듣고 잘 이해할 수 있었습니다. 고향으로 보내는 국제특급우편(EMS)을 보내기 위해서 소포를 보낼 상자 크기를 고르고, 받는 곳의 주소와 받는 사람의 정보를 적었습니다. 직원이 소포의 무게부터 주소와 연락처까지 꼼꼼하게 한 번 더 정보를 확인해줘서 안심이 되었습니다. 한국의 우편 서비스는 우편물을 배송하는 시간이 빠르고, 배송 현황을 실시간으로 확인할 수 있어서 매우 편리합니다. 앞으로도 고향으로 국제특급우편을 보낼 때는 믿을 수 있는 우체국을 이용하려고 합니다.

01 위의 글을 소리 내어 읽어 보세요.

02 이 사람은 어디에 갔으며, 그곳에서 무엇을 했나요?

03 ○○ 씨는 한국에서 이 장소를 이용해본 적이 있나요? 이 장소에는 왜 갔나요?

04 서울의 중심인 광화문에서 볼 수 있는 것들과, 광화문의 의미와 특징을 설명해 보세요.

05 ○○ 씨가 알고 있는 한국의 공공예절이 있나요? 있다면 어떤 것들이 있으며, ○○ 씨 고향의 공공예절과 어떤 차이가 있나요?

최신판

반복 학습으로 기초 개념 집중 공략

어휘&문장 워크북

에듀윌 사회통합프로그램 사전평가 핵심총정리

모의시험 5회분+무료특강

eduwill

DAY14

핵심쏙쏙

워크북

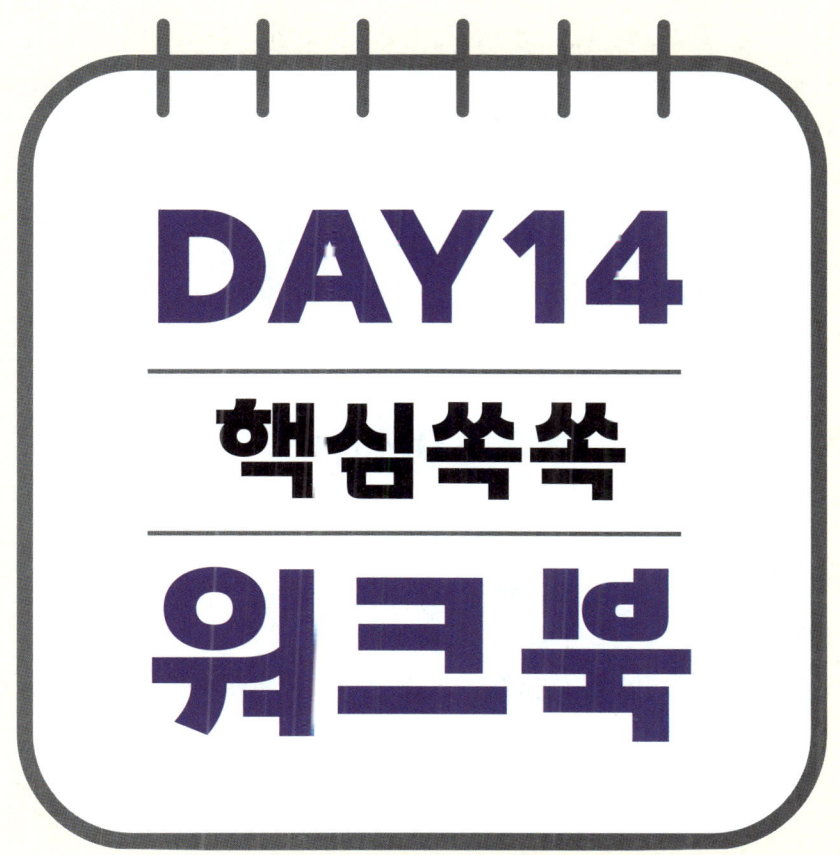

eduwill

공부한 날 _____월 _____일

DAY 1 테스트

본책에서 학습한 '쇼핑'에 대한 어휘를 떠올리면서 문제를 풀어 보세요.

01 다음 문장의 빈칸에 적절한 단어를 알맞은 형태로 넣으십시오.

구매	영수증	할인	무료

① 물건에 하자가 있어서 반품을 원할 때는 (　　　　　　)이/가 필요해요.

② 마트에서 (　　　　　　)한 상품을 장바구니에 담아 오는 편이에요.

③ 마트 폐점 시간 직전에 가면 같은 물건을 (　　　　　　)받아서 살 수 있어요.

④ 이 쿠폰을 가져가면 디저트를 (　　　　　　)로 받을 수 있어요.

고르다	배송하다	수리하다	저렴하다

⑤ 핸드폰이 고장 나서 (　　　　　　) 위해 서비스 센터에 방문했어요.

⑥ 요즘은 어디서 물건을 구매해도 다음날 (　　　　　　) 주는 편이에요.

⑦ 물건을 사기 전에 가격을 비교해 보고 더 (　　　　　　) 곳을 알아보는 게 현명해요.

⑧ 두 상품 다 마음에 들어서 (　　　　　　) 힘들어요.

02 다음 내용 중 알맞은 것을 고르십시오.

① 그 점원은 (고객 / 가게)에게 친절하게 대해요.

② 어제 구입한 옷에 실밥이 풀린 (할인 / 불량)이 있어서 가게에 다시 가려고요.

③ 물건을 사고 (결제 / 환불)하기 전에 지갑을 꺼내요.

④ 환경 보호를 위해 쇼핑갈 때는 (영수증 / 장바구니)를 챙겨 가면 좋아요.

03 다음 밑줄 친 단어의 반대말로 알맞은 것을 고르십시오.

① 물건을 사고 나왔는데 옆 가게보다 더 비싸길래 속상했어요. (판매하다 / 저렴하다)

② 취업한 기념으로 마음에 드는 옷을 새로 샀어요. (팔다 / 쌓다)

③ 신규 개업 이벤트로 고객들께 무료로 쿠키를 드리고 있어요. (할인 / 유료)

④ 쇼핑을 마치고 장바구니를 들었는데 제법 무거웠어요. (내려놓다 / 가지다)

정답

01 ① 영수증 ② 구매 ③ 할인 ④ 무료 ⑤ 수리하기 ⑥ 배송해 ⑦ 저렴한 ⑧ 고르기
02 ① 고객 ② 불량 ③ 결제 ④ 장바구니
03 ① 저렴하다 ② 팔다 ③ 유료 ④ 내려놓다

DAY 1 | 쇼핑에 대한 어휘 살펴보기

어휘 알아보기

더 알아 두면 좋을 어휘들과 함께 학습하세요.

어휘	활용 표현	예문
가게(store)	가게를 열다	며칠 전 옷가게에서 청바지를 한 벌 구입했다.
결제(payment)	결제를 하다	물건을 구입할 때 신용 카드로 결제를 한다.
계산(pay)	계산 금액	계산은 카운터에서 하면 돼요.
고객(customer)	고객이 방문하다	그 가게는 친절하게 고객을 응대합니다.
고르다(pick)	선물을 고르다	음식점에서 메뉴판을 보며 음식을 골랐어요.
교환(exchange)	교환을 원하다	구매한 영수증이 있어야 옷을 교환할 수 있어요.
구입하다(purchase)	물건을 구입하다	시장에서 채소와 과일을 저렴하게 구입해요.
들다(lift)	가방을 들다	쇼핑 후 장바구니를 들어 올리는데 무거웠어요.
무료(free)	무료로 주다	이벤트로 음료 한 잔씩 무료로 제공하고 있어요.
반품(return)	반품 접수	옷 품질이 마음에 안 들어서 반품 접수를 했어요.
배송(delivery)	배송 문자	어제 구입한 책이 오늘 저녁에 배송된대요.
배송하다(deliver)	물건을 배송하다	비오는 날 택배를 배송하는 것은 힘든 일이에요.
비싸다(expensive)	가격이 비싸다	보통 마트보다 백화점이 더 비싼 편이기는 해요.
선택(choice)	메뉴 선택	메뉴가 많으면 선택하는 게 더 어려워요.
수리하다(fix)	물건을 수리하다	컴퓨터를 수리하려면 어디로 가야 해요?
신제품(new product)	신제품 청소기	신제품 출시 이벤트로 좋은 아이디어 없을까요?
어울리다(fit well)	잘 어울리다	빨간색 옷이 더 잘 어울리는 것 같아요.
저렴하다(cheap)	가격이 저렴하다	마트에서 버섯을 저렴하게 구입했어요.
팔리다(sell)	물건이 팔리다	아쉽게도 그 상품은 모두 팔려서 매진이에요.
할인하다(discount)	제품을 할인하다	주말까지 백화점의 모든 물건을 할인한다.

문형 연습하기

중요 어휘를 문형별로 공부해 보세요.

단어(기본형)	초급 -더니	중급 -도록	고급 -는 법이다
구매하다	구매하더니	구매하도록	구매하는 법이다
결제하다	결제하더니	결제하도록	결제하는 법이다
내다	내더니	내도록	내는 법이다
사다	사더니	사도록	사는 법이다
어울리다	어울리더니	어울리도록	어울리는 법이다
저렴하다	저렴하더니	저렴하도록	–
팔다	팔더니	팔도록	파는 법이다

공부한 날 ______월 ______일

DAY 2 테스트

본책에서 학습한 '인간관계'에 대한 어휘를 떠올리면서 문제를 풀어 보세요.

01 다음 문장의 빈칸에 적절한 단어를 알맞은 형태로 넣으십시오.

안부	편지	전화	집들이

① 오랜만에 친구가 (   )를 물어 왔어요.

② 집에서 종종 가족에게 (   )를 걸곤 해요.

③ 회사 동료의 (   )를 가기 위해 휴지를 샀어요.

④ 퇴근하고 오니 우체통에 (   )가 꽂혀 있었어요.

만나다	연락하다	반갑다	죄송하다

⑤ 멀리 떨어져 사는 친구에게 오랜만에 (   ).

⑥ 고향에서 동생이 놀러 와서 무척 (   ).

⑦ 불편을 드려서 매우 (   ).

⑧ 오랜만에 친구를 (   ) 수다를 떨었어요.

02 다음 내용 중 알맞은 것을 고르십시오.

① 친구가 동네로 온다고 해서 (마중 / 배웅)을 나갔어요.

② 길에서 어르신을 만나면 (사과 / 인사)를 해야 해요.

③ 한국에서는 (환갑 / 돌잔치) 때 연필, 실, 돈 등을 골라 잡는 행사를 해요.

④ 현대로 올수록 (핵가족 / 대가족)이 보편화되고 있어요.

03 다음 밑줄 친 단어의 반대말로 알맞은 것을 고르십시오.

① 다른 사람의 집에 방문할 때는 선물을 사 가는 게 예의예요. (만나다 / 떠나다)

② 사람들은 긍정적인 성격을 좋아해요. (부정적이다 / 이기적이다)

③ 오랜만에 친구를 만나는 날을 기대하고 있어요. (실망스럽다 / 만족스럽다)

④ 다음 달에 결혼하는 친구에게 청첩장을 받았어요. (유학 / 비혼)

정답

01 ① 안부 ② 전화 ③ 집들이 ④ 편지 ⑤ 연락했어요 ⑥ 반가웠어요 ⑦ 죄송해요 ⑧ 만나서
02 ① 마중 ② 인사 ③ 돌잔치 ④ 핵가족
03 ① 떠나다 ② 부정적이다 ③ 실망스럽다 ④ 비혼

DAY 2 | 인간관계에 대한 어휘 살펴보기

어휘 알아보기

더 알아 두면 좋을 어휘들과 함께 학습하세요.

어휘	활용 표현	예문
감사(thanks)	감사 인사	친절과 배려에 감사를 표합니다.
다니다(go to)	직장에 다니다	직장에 다닌 몇 년 동안 돈을 제법 모았다.
대화하다(talk)	동료와 대화하다	점심 식사 후 커피를 마시며 동료와 대화해요.
돕다(help)	이웃을 돕다	짐을 든 할머니를 도와드렸습니다.
만나다(meet)	친구를 만나다	주기적으로 모임에 나가 사람들을 만나곤 해요.
맞이하다(greet)	신입생을 맞이하다	동아리에 새로 들어온 회원을 맞이하다.
미루다(delay)	약속을 미루다	갑자기 배가 아파서 약속을 미뤄야 했어요.
반갑다(glad)	만나서 반갑다	두 달만에 동생을 보니 무척 반가웠어요.
배웅하다(send off)	공항에서 배웅하다	역 앞까지 친구를 배웅하러 나갔어요.
방문(visit)	이웃을 방문하다	에어컨을 고치기 위해 방문 수리 서비스를 신청했다.
사과하다(appology)	사과하다	실수한 점에 대해 사과를 드립니다.
소식(news)	소식을 듣다	고향의 가족으로부터 좋은 소식이 들려왔어요.
우리(we)	우리 가족, 우리 회사	한국에서는 '우리'라는 공동체를 중요시해요.
약속(appointment)	모임 약속	이번 주말엔 이미 약속이 꽉 차서 너를 만날 시간이 없어.
연락(contact)	연락을 하다	종종 연락하며 지내야 관계가 유지돼요.
죄송하다(sorry)	-해서 죄송하다	결제가 늦어져서 죄송하다고 사과를 드렸다.
집들이(housewarming)	집들이를 하다	집들이에 갈 때는 보통 휴지나 세제를 사 간다.
찾아가다(visit)	회의실을 찾아가다	최근에 이사한 직장 동료의 집을 찾아갔다.
초대(invitation)	초대를 받다	같은 팀 동료의 생일잔치에 초대를 받았다.
취소(cancellation)	구매 취소	갑자기 출장이 잡혀서 약속을 취소해야겠는걸.

문형 연습하기

중요 어휘를 문형별로 공부해 보세요.

단어(기본형)	초급 -지만	중급 -ㄹ 뿐만 아니라	고급 -었/았/했다면서요?
다니다	다니지만	다닐 뿐만 아니라	다녔다면서요?
돕다	돕지만	도울 뿐만 아니라	도왔다면서요?
만나다	만나지만	만날 뿐만 아니라	만났다면서요?
반갑다	반갑지만	반가울 뿐만 아니라	반가웠다면서요?
배웅하다	배웅하지만	배웅할 뿐만 아니라	배웅했다면서요?
죄송하다	죄송하지만	죄송할 뿐만 아니라	죄송했다면서요?
찾아가다	찾아가지만	찾아갈 뿐만 아니라	찾아갔다면서요?

DAY 3 테스트

본책에서 학습한 '직장'에 대한 어휘를 떠올리면서 문제를 풀어 보세요.

01 다음 문장의 빈칸에 적절한 단어를 알맞은 형태로 넣으십시오.

대기업	이력서	경력	제출

① 회사에 지원하는 첫 단계는 (   )을/를 보내는 일이에요.

② 그 과장님은 (   )만 10년이 넘는 베테랑이에요.

③ 사람들이 (   )을/를 선호하는 이유는 안정적인 복지에 있어요.

④ 그 서류는 (   ) 기한이 내일까지예요.

갖추다	채용하다	운영하다	추천하다

⑤ 회사도 마음에 드는 직원을 (   ) 일이 쉽지 않아요.

⑥ 빠른 취업을 위해서는 먼저 기업이 요구하는 조건을 (   ) 해요.

⑦ 회사나 부서마다 각 조직을 (   ) 방식이 달라요.

⑧ 취업 지원 센터 담당자가 면담을 통해 어느 직종이 제게 맞을지 (   ).

02 다음 내용 중 알맞은 것을 고르십시오.

① 이 지출결의서를 팀장님께 (결재 / 결제)받았나요?

② 경제 불황으로 많은 노동자들이 (실직 / 취업) 상태에 빠졌어요.

③ 지원하기 전에 (보고서 / 이력서)를 다시 검토해 보아요.

④ 이 서류를 승인할 (지원 / 권한)이 저한테 없어요.

03 다음 밑줄 친 단어의 반대말로 알맞은 것을 고르십시오.

① 이번 프로젝트의 성과가 좋아서 <u>승진할</u> 수 있었어요. (누락하다 / 강등하다)

② 우리 회사는 근무 조건이 좋아서 <u>퇴사하려는</u> 사람이 거의 없어요. (입사하다 / 근무하다)

③ <u>취직</u>을 한 후 담당 업무를 해내기 위해 주말마다 야근을 하곤 했어요. (실직 / 채용)

정답

01 ① 이력서 ② 경력 ③ 대기업 ④ 제출 ⑤ 채용하는 ⑥ 갖추어야 ⑦ 운영하는 ⑧ 추천했어요
02 ① 결재 ② 실직 ③ 이력서 ④ 권한
03 ① 강등하다 ② 입사하다 ③ 실직

DAY 3 | 직장에 대한 어휘 살펴보기

어휘 알아보기

더 알아 두면 좋을 어휘들과 함께 학습하세요.

어휘	활용 표현	예문
갖추다(prepare)	예의를 갖추다	좋은 실력을 갖춘 지원자를 뽑고 싶습니다.
결재(approval)	결재를 부탁드립니다	결재를 올리기 전에 내용을 검토하다.
경력(career)	경력을 쌓다	경력이 많으면 그만큼 신뢰가 가요.
기한(due date)	유통 기한	지출 결의서 제출 기한을 반드시 지켜 주세요.
구하다(look for)	직장을 구하다	원하는 조건에 맞는 직장을 구하는 게 어려워요.
근무(work)	근무 기간	근무 시간을 지키는 것은 직장 생활의 기본입니다.
담당하다(take charge of)	프로젝트를 담당하다	담당하게 될 업무를 위해 직무 교육을 받았다.
고려하다(consider)	상황을 고려하다	직급이 올라갈수록 여러 가지 사항들을 고려해야 한다.
승진하다(be promoted)	회사에서 승진하다	성과가 좋으면 빨리 승진할 수 있어요.
실직(unemployment)	실직을 하다	회사가 폐업하면서 실직한 사람들이 늘어나고 있다.
운영하다(operate)	가게를 운영하다	부서 운영 방식을 효율적으로 바꿔 봅시다.
전문성(expertise)	전문성을 지니다	전문성을 갖춰야 인정을 받을 수 있습니다.
지원자(applicant)	지원자가 많다	채용 공고를 내도 지원자가 오지 않습니다.
지원하다(to apply)	중소기업에 지원하다	내게 맞는 회사에 지원하는 것이 중요합니다.
채용(recruitment)	채용을 하다	얼마 전에 신입 사원을 채용했습니다.
추천하다(recommend)	지인을 추천하다	친구에게 우리 회사에 지원하도록 추천했습니다.
취직하다(get a job)	회사에 취직하다	얼른 취직해서 돈을 모으고 싶습니다.
퇴사하다(quit a job)	회사에서 퇴사하다	갑자기 부장님이 퇴사하셔서 놀랐어요.
파업하다(strike)	결국 파업하다	파업에 돌입한 끝에, 마침내 노사가 협의하였다.
협력하다(cooperate)	팀원들과 협력하다	팀원들과 협력해서 일을 하니 결과가 더 잘 나온 것 같아요.

문형 연습하기

중요 어휘를 문형별로 공부해 보세요.

단어(기본형)	초급 -면서	중급 -기 때문에	고급 -려고 하다
갖추다	갖추면서	갖추기 때문에	갖추려고 하다
구하다	구하면서	구하기 때문에	구하려고 하다
승진하다	승진하면서	승진하기 때문에	승진하려고 하다
운영하다	운영하면서	운영하기 때문에	운영하려고 하다
지원하다	지원하면서	지원하기 때문에	지원하려고 하다
채용하다	채용하면서	채용하기 때문에	채용하려고 하다
취직하다	취직하면서	취직하기 때문에	취직하려고 하다

공부한 날 ______월 ______일

DAY 4 테스트

본책에서 학습한 '예술'에 대한 어휘를 떠올리면서 문제를 풀어 보세요.

01 다음 문장의 빈칸에 적절한 단어를 알맞은 형태로 넣으십시오.

관람	등장인물	전시회	작품

① 이번 (   )에서는 금관 유물을 중심으로 삼국 시대 문화재를 선보여요.

② 뮤지컬 (   )을/를 마치고 나오니 저녁 시간이 훌쩍 지나 있었어요.

③ 유명작가의 미술 (   )은/는 사람들의 마음을 사로잡아요.

④ 소설에서는 (   )의 대화를 통해 다음에 이어질 스토리를 유추할 수 있어요.

감동적이다	손꼽다	인상적이다	생생하다

⑤ 그 배우는 마치 실존하는 인물 같은 (   ) 연기로 호평을 받았어요.

⑥ 전우를 위해 자신을 희생하는 주인공의 모습에 (   ) 울었어요.

⑦ 나는 부모님과 같이 여행을 떠나는 날만을 (   ) 기다렸어요.

⑧ 글의 인물과 장면의 묘사가 매우 (   ) 눈앞에 그림이 그려지는 것 같아요.

02 다음 내용 중 알맞은 것을 고르십시오.

① (뮤지컬 / 영화)은/는 현장에서 관객과 배우가 서로 소통하기도 해요.

② 이 춤은 동물의 움직임을 (응용하여 / 반대하여) 역동적인 느낌을 주어요.

③ 남의 것을 (창작하는 / 모방하는) 것은 그에게 독창성이 부족했기 때문이에요.

④ 내년에 그동안 작곡한 곡들을 모아 연주 발표회를 (개최할 / 제출할) 예정이에요.

03 다음 밑줄 친 단어의 반대말로 알맞은 것을 고르십시오.

① 최근 떠오르고 있는 신예 작가의 소설은 매우 <u>재미있어요</u>. (지루하다 / 비극적이다)

② 고려청자에 수놓인 <u>섬세한</u> 무늬들을 보고 있으면 감격스러워요. (투박하다 / 미묘하다)

③ 최근 시작한 그 뮤지컬은 저예산임에도 흥행에 <u>성공했어요</u>. (성장하다 / 실패하다)

④ 그 영화는 논란 끝에 관객들에게 <u>외면당했어요</u>. (기대하다 / 선택하다)

정답

01 ① 전시회 ② 관람 ③ 작품 ④ 등장인물 ⑤ 인상적인 ⑥ 감동해서 ⑦ 손꼽아 ⑧ 생생해서
02 ① 뮤지컬 ② 응용하여 ③ 모방하는 ④ 개최할
03 ① 지루하다 ② 투박하다 ③ 실패하다 ④ 선택하다

DAY 4 | 예술에 대한 어휘 살펴보기

어휘 알아보기

더 알아 두면 좋을 어휘들과 함께 학습하세요.

어휘	활용 표현	예문
감동하다(be touched)	작품에 감동하다	영화에 담긴 메시지에 감동했다.
개최되다(be held)	대회가 개최되다	모네 전시회가 6월 2일부터 개최될 예정입니다.
고전(classic)	고전을 읽다	고전에는 인간과 사회에 대한 고찰이 담겨 있기 때문에 현대 사회에도 적용이 된다.
관람(to watch)	관람 예약	영화를 관람하는 일은 취미 중 하나예요.
글쓴이(writer)	글쓴이의 인사	글쓴이가 묘사한 주인공 성격이 참 매력적이다.
등장인물(character)	등장인물의 배경	등장인물의 다양한 성격은 현대 사회에서 마주할 수 있는 다양한 인간 군상을 담아냈다 할 수 있다.
문학(literature)	문학 작품	문학 작품에는 시, 소설, 수필 등의 장르가 있다.
뮤지컬(musical)	뮤지컬 음악	뮤지컬은 연기와 노래가 어우러진 종합 무대 예술이다.
비극적이다(tragic)	결말이 비극적이다	셰익스피어는 비극적인 이야기를 쓰기도 했다.
생동감(liveliness)	생동감이 있다	그림에 생동감이 있어서 살아 움직이는 것 같다.
섬세하다(delicate)	음악이 섬세하다	섬세한 붓 터치로 그린 그림을 보고 있으면 나도 모르게 빠져든다.
손꼽다(look forward to)	만날 날을 손꼽다	그 영화가 재개봉하기만을 손꼽아 기다렸다.
손꼽히다(be considered as one of)	1위로 손꼽히다	이 연극은 관객이 사랑하는 연극 1위로 손꼽힌다.
음악(music)	음악 감상	전통 음악을 이어 가는 전수자 양성이 필요하다.
응용하다(apply)	원작을 응용하다	응용과 표절의 경계가 불명확하여 문제가 된다.
인상적이다(impress)	춤이 인상적이다	비극적 죽음을 맞이하는 결말이 인상적이었다.
전시(exhibition)	전시 장소	전시는 8월 1일부터 한 달 동안 이어집니다.
조각(piece)	조각 공원	어떤 재료를 사용하냐에 따라 조각의 느낌이 달라진다.
조화롭다(harmonious)	색이 조화롭다	배우들의 연기가 조화로워서 영화에 몰입했다.
창작하다(create)	시를 창작하다	창작의 과정은 힘들지만 즐거운 것이다.

문형 연습하기

중요 어휘를 문형별로 공부해 보세요.

단어(기본형)	초급 -려면	중급 -길래	고급 -ㄹ 수 없다
감동하다	감동하려면	감동하길래	감동할 수 없다
섬세하다	섬세하려면	섬세하길래	섬세할 수 없다
손꼽다	손꼽으려면	손꼽길래	손꼽을 수 없다
응용하다	응용하려면	응용하길래	응용할 수 없다
인상적이다	인상적이려면	인상적이길래	인상적일 수 없다
조화롭다	조화로우려면	조화롭길래	조화로울 수 없다
창작하다	창작하려면	창작하길래	창작할 수 없다

공부한 날 ______월 ______일

DAY 5 테스트

본책에서 학습한 '건강'에 대한 어휘를 떠올리면서 문제를 풀어 보세요.

01 다음 문장의 빈칸에 적절한 단어를 알맞은 형태로 넣으십시오.

성인병	전염	복통	감기

① (   )에 걸려서 기침이 나와요.

② 점심을 먹고 체해서 (   )이/가 심해졌어요.

③ 어디서 (   )되었는지 모르겠지만 독감에 걸리고 말았어요.

④ 당뇨와 고혈압은 대표적인 (   ) 질환이에요.

앓다	어지럽다	치료하다	해롭다

⑤ 언니가 두통을 (   ) 자리에 누워 있어요.

⑥ 고열 때문에 (   ) 병원에 갔어요.

⑦ 병을 제때 (   ) 것은 정말 중요해요.

⑧ 항생제를 먹으면서 술과 담배를 같이 하는 건 매우 (   ).

02 다음 내용 중 알맞은 것을 고르십시오.

① 아픈 걸 방치하면 자칫 (위험해질 / 행복해질) 수 있어요.

② 자전거를 타다 넘어져서 무릎을 (고쳤어요 / 다쳤어요).

③ 독감 유행 전에 미리 (예방 / 항생제) 접종을 해야 해요.

④ 물놀이를 하기 전에는 발에 (이 / 쥐)가 나지 않도록 준비 운동을 해야 해요.

03 다음 밑줄 친 단어의 반대말로 알맞은 것을 고르십시오.

① 위장병의 <u>악화</u>로 음식물을 제대로 섭취할 수 없어요. (변화 / 완화)

② 일단 약을 먹어보고 증세가 <u>호전되지</u> 않으면 병원에 갈 거예요. (위독하다 / 발전되다)

③ 담배는 여러 가지 면에서 건강에 <u>이로운</u> 것이 없어 끊어야 해요. (해롭다 / 새롭다)

④ 오랜 시간 걷기나 달리기 등을 할 때 코로 숨을 <u>마시고</u> 뱉어 내요. (내밀다 / 내쉬다)

정답

01 ① 감기 ② 복통 ③ 전염 ④ 성인병 ⑤ 앓느라 ⑥ 어지러워서 ⑦ 치료하는 ⑧ 해로워요
02 ① 위급해질 ② 다쳤어요 ③ 예방 ④ 쥐
03 ① 완화 ② 위독하다 ③ 해롭다 ④ 내쉬다

DAY 5 | 건강에 대한 어휘 살펴보기

어휘 알아보기

더 알아 두면 좋을 어휘들과 함께 학습하세요.

어휘	활용 표현	예문
내쉬다(exhale)	숨을 내쉬다	긴장될 때는 천천히 숨을 내쉬며 심호흡을 해요.
노화(aging)	노화 방지	노화 방지를 위해 매일 운동을 해요.
멍들다(get a bruise)	팔에 멍들다	침대에 부딪혀서 팔에 멍이 들었어요.
면역(immunity)	면역력 증진	면역 체계가 약해지면 질병에 걸리기 쉬워요.
성인병(adult disease)	성인병에 걸리다	식습관만 조절해도 성인병 위험이 줄어들어요.
시리다(sensitive)	이가 시리다	이가 시릴 때에는 빨리 치과에 가서 치료를 받으세요.
식단(diet)	건강 식단	균형 잡힌 식단을 지켜야 몸 회복이 빨라요
악화(deteriorate; worsen)	증상 악화	병이 악화될수록 병을 치료하는 시간과 비용이 늘어납니다.
알레르기(allergy)	알레르기 증상	꽃가루 알레르기가 있어서 봄이 무서워요.
앓다(be sick)	병을 앓다	앓고 일어나면 한동안 영양식을 챙겨먹어요.
어지럽다(dizzy)	머리가 어지럽다	열이 너무 높아서 어지러웠어요.
위급하다(urgent)	상태가 위급하다	엄마의 상태가 위급해서 119를 불러 응급실에 갔어요.
위독하다(critical)	병세가 위독하다	아버지가 위독하다는 연락을 받고 급히 고향에 내려갔어요.
전염(infection)	감기 전염	코로나19는 사람의 침 등으로 전염이 되는 질병이다.
접종(vaccination)	백신 접종	겨울이 되면 독감 예방 주사 접종을 합니다.
지치다(be exhausted)	야근에 지치다	몸이 지치지 않도록 무리해서 일하지 말아요.
진료(to see a doctor)	병원 진료	감기가 낫지 않아 병원에 진료를 받으러 갔어요.
치료하다(treat)	암을 치료하다	병을 치료하는 동안 식단도 잘 지켜야 해요.
칼로리(calorie)	칼로리 계산	고칼로리 음식은 비만으로 가는 지름길이에요.
해롭다(be harmful)	건강에 해롭다	술과 담배를 동시에 하면 건강에 몹시 해로워요.

문형 연습하기

중요 어휘를 문형별로 공부해 보세요.

단어(기본형)	초급 -ㄹ 때	중급 -ㄴ 데다가	고급 -나/은가 보다
앓다	앓을 때	앓는 데다가	앓나 보다
어지럽다	어지러울 때	어지러운 데다가	어지러운가 보다
위급하다	위급할 때	위급한 데다가	위급한가 보다
위독하다	위독할 때	위독한 데다가	위독한가 보다
지치다	지칠 때	지친/지치는 데다가	지치나 보다
치료하다	치료할 때	치료한 데다가	치료하나 보다
해롭다	해로울 때	해로운 데다가	해로운가 보다

공부한 날 ______월 ______일

DAY 6 테스트

본책에서 학습한 '정치와 경제'에 대한 어휘를 떠올리면서 문제를 풀어 보세요.

01 다음 문장의 빈칸에 적절한 단어를 알맞은 형태로 넣으십시오.

가속화	각계각층	판매량	유권자

① AI 개발 산업이 점차 (   )되고 있어요.

② 정부에서 (   )의 의견을 반영한 정책을 세워야 해요.

③ 해당 제품은 전년 대비 (   )이/가 많이 늘어났어요.

④ (   )은/는 선거할 권리를 가진 사람이에요.

경쟁하다	과도하다	지지하다	폭등하다

⑤ (   ) 세금 증가로 시민들의 생활이 힘들어졌어요.

⑥ 각자 정치 성향에 따라 (   ) 정당과 후보가 다를 수밖에 없어요.

⑦ 기업이 좋은 기술로 서로 (   )수록 소비자들에게는 이득이에요.

⑧ 장마가 길어지면서 채소 가격이 (   ).

02 다음 내용 중 알맞은 것을 고르십시오.

① 한국은 반도체 산업의 (약자 / 강자)로 우뚝 섰어요.

② 대통령 당선자는 자신을 (지지한 / 출마한) 유권자에게 감사를 전했어요.

③ 국내 화장품 업체들의 해외 진출이 (가속화 / 차별화)되고 있어요.

④ 민주주의 사회는 서로 (차별 / 평등)하지 않고 동등한 시민으로 대우해요.

03 다음 밑줄 친 단어의 반대말로 알맞은 것을 고르십시오.

① 수출이 감소하고 수입이 늘어서 나라의 경제가 어려워요. (증가하다 / 유지하다)

② 기존의 가치를 진보적으로 바꾸려는 의지가 필요해요. (긍정적 / 보수적)

③ 경쟁사의 제품과 디자인, 기능 면에서 차별화가 있어야 해요. (획일화 / 특화)

④ 여성의 권리가 점차 향상되고 있어요. (상승하다 / 약화되다)

정답

01 ① 가속화 ② 각계각층 ③ 판매량 ④ 유권자 ⑤ 과도한 ⑥ 지지하는 ⑦ 경쟁할 ⑧ 폭등했어요

02 ① 강자 ② 지지한 ③ 가속화 ④ 차별

03 ① 증가하다 ② 보수적 ③ 획일화 ④ 약화되다

DAY 6 | 정치와 경제에 대한 어휘 살펴보기

어휘 알아보기

더 알아 두면 좋을 어휘들과 함께 학습하세요.

어휘	활용 표현	예문
가속화(accelerating)	개발 가속화	산업 발전이 가속화되면서 많은 환경 문제가 발생했다.
감소하다(decrease)	판매량이 감소하다	매출이 감소하면서 회사 사정이 어려워졌다.
공정(fairness)	공정을 추구하다	나랏일을 하는 데 있어서 공정은 무엇보다도 중요하다.
과도하다(exceed)	규제가 과도하다	과도한 규제는 경제 성장의 발목을 잡는다.
과반수(majority)	과반수가 찬성하다	선거에서 이기려면 과반수의 지지를 받아야 한다.
낭비하다(waste)	예산을 낭비하다	세금을 낭비하는 것은 국민들이 화를 낼 일이다.
달하다(reach)	30%에 달하다	조사 결과 실업자가 전 국민의 25%에 달했다.
보수적(conservative)	보수적인 사고	나라가 어려울수록 보수적인 정치 세력이 우세를 보인다.
상승세(upward trend)	상승세이다	주식 시장이 상승세를 보이는 것은 좋은 신호이다.
상업적(commercial)	상업적	상업적으로 변하는 것이 나쁜 것만은 아니다.
선보이다(show)	신제품을 선보이다	우리 회사는 연말에 신제품을 선보일 예정이다.
수익(profit)	수익이 증가하다	수익을 창출하기 위해 기업들이 노력하고 있다.
유세하다(campaign)	후보자가 유세하다	대선 후보자가 유세하는 곳에 대중이 몰렸다.
절감(reduction)	비용 절감	비용을 절감하고 수익 창출에 힘을 써야 한다.
지수(index)	판매 지수	구매 지수가 높은 상품의 특징을 분석해야 한다.
차별화(differentiation; distinction)	차별화를 꾀하다	차별화 전략을 세우고 공격적으로 홍보해야 한다.
출마하다(run for)	선거에 출마하다	대통령 선거에 출마하려면 재산을 공개해야 한다.
판매량(sales volume)	판매량 확인	판매량이 줄어드는 원인을 파악해야 한다.
폭등하다(soar)	물건값이 폭등하다	원유 가격이 폭등하고 있다는 보고를 들었다.
하락하다(decrease)	상승세가 하락하다	집값이 하락하면 발생하는 문제는 무엇입니까?

문형 연습하기

중요 어휘를 문형별로 공부해 보세요.

단어(기본형)	초급 -려고	중급 -느라고	고급 -(으)ㄹ 뻔하다
감소하다	감소하려고	감소하느라고	감소할 뻔하다
경쟁하다	경쟁하려고	경쟁하느라고	경쟁할 뻔하다
낭비하다	낭비하려고	낭비하느라고	낭비할 뻔하다
달하다	달하려고	달하느라고	달할 뻔하다
유세하다	유세하려고	유세하느라고	유세할 뻔하다
출마하다	출마하려고	출마하느라고	출마할 뻔하다
폭등하다	폭등하려고	폭등하느라고	폭등할 뻔하다

✎ 공부한 날 ______월 ______일

DAY 7 테스트

본책에서 학습한 '학교생활'에 대한 어휘를 떠올리면서 문제를 풀어 보세요.

01 다음 문장의 빈칸에 적절한 단어를 알맞은 형태로 넣으십시오.

창의성	성적	수업	평가

① 학교 교육은 이전에 비해 학생들의 (　　　　　　)을/를 개발하는 데 힘쓰고 있어요.

② 지난 학기에 비해 이번 학기의 (　　　　　　)이/가 올랐어요.

③ 아침에 늦잠을 자는 바람에 (　　　　　　)에 늦었어요.

④ 매 학기 치르는 시험은 결국 내가 공부한 성과를 (　　　　　　)받는 과정이에요.

깨닫다	맞히다	배우다	익히다

⑤ 복습하는 일은 그날 배운 것을 다시 (　　　　　　) 일이에요.

⑥ 다양한 분야의 책을 읽으며 새로운 지식을 (　　　　　　).

⑦ 학교에서 한국어를 (　　　　　　) 지식을 넓혀 가요.

⑧ 시험에서 문제를 많이 (　　　　　　) 공부를 열심히 해야 해요.

02 다음 내용 중 알맞은 것을 고르십시오.

① 학교에서 정한 규칙에 (베껴서 / 따라서) 기말고사가 진행되었어요.

② 대학에서 새로운 (평가 / 학문)을/를 배울 생각에 신이 나요.

③ (성적 / 출석)을 잘 받아야 이번 과목을 이수할 수 있어요.

④ 개개인 학생의 진도에 맞춰 수업을 (거부해야 / 진행해야) 해요.

03 다음 밑줄 친 단어의 반대말로 알맞은 것을 고르십시오.

① 장기간 무단으로 <u>결석</u>을 하면 제적된다. (퇴근 / 출석)

② 모두가 그 <u>선배</u>의 다재다능함을 부러워해요. (후배 / 상사)

③ 시험 문제 20개 중에서 10개 밖에 <u>맞히지</u> 못했어요. (때리다 / 틀리다)

④ 한국어가 모국어인 교사가 외국인들에게 한국어를 <u>가르쳐요</u>. (배우다 / 마련하다)

정답

01 ① 창의성 ② 성적 ③ 수업 ④ 평가 ⑤ 익히는 ⑥ 깨달아요 ⑦ 배우며 ⑧ 맞히려면

02 ① 따라서 ② 학문을 ③ 성적 ④ 진행해야

03 ① 출석 ② 후배 ③ 틀리다 ④ 배우다

DAY 7 | 학교생활에 대한 어휘 살펴보기

어휘 알아보기

더 알아 두면 좋을 어휘들과 함께 학습하세요.

어휘	활용 표현	예문
결석(absence)	학교에 결석하다	4번 이상 결석하면 F 학점을 받아요.
과제(task)	과제를 수행하다	이번 시험은 과제 제출로 점수가 대체된대요.
기숙사(dormitory)	기숙사 생활	기숙사 생활을 하면 학교에 더 정을 붙이게 돼요.
깨닫다(realize)	문제점을 깨닫다	몰랐던 것을 깨닫고 배우는 일은 즐거워요.
따르다(follow)	의사에 따르다	학회장의 의견에 따라 이번 학기는 야외 수업을 하게 됐어요.
맞히다(guess right)	정답을 맞히다	시험 문제에서 절반밖에 맞히지 못했어요.
문제(question)	문제를 풀다	문제가 너무 어려워서 포기하는 학생들이 많아요.
배우다(learn; study)	언어를 배우다	낯선 외국에서 언어를 배우는 것은 쉽지 않아요.
베끼다(copy)	글을 베끼다	정답을 베끼는 것은 부정행위예요.
선배(a senior)	학교 선배	선배를 통해 학교 근처 맛집을 알게 됐어요.
성적(grade)	성적 장학금	우수한 성적으로 다음 학기에 장학금을 받는다.
수업(lesson)	수업 내용	수업을 들은 후 집에서 복습하곤 해요.
시험(test)	시험 범위	시험을 치른 후 놀러 갈 생각에 들떴어요.
알아보다(look into)	분야를 알아보다	졸업 후 어떠한 곳에 취직할 수 있는지 알아보았다.
연구(research)	연구 계획	학문을 탐구하고 연구하는 과정이 흥미로워요.
익히다(become proficient)	기술을 익히다	기술을 익히면 빠른 취업이 가능해요.
작성하다(write)	보고서를 작성하다	기말 평가를 위해 레포트를 작성 중이에요.
창의성(creativity)	창의성 부족	창의성을 키워야 성적을 올릴 수 있어요.
탐구(study)	탐구를 하다	생태계를 탐구하는 일은 계속 이어져야 합니다.
학습하다(learn)	전공을 학습하다	언어를 익힐 때에는 예문을 같이 학습하면 좋아요.

문형 연습하기

중요 어휘를 문형별로 공부해 보세요.

단어(기본형)	초급 -도록	중급 -든지	고급 -게 되다
깨닫다	깨닫도록	깨닫든지	깨닫게 되다
배우다	배우도록	배우든지	배우게 되다
알아보다	알아보도록	알아보든지	알아보게 되다
엄격하다	엄격하도록	엄격하든지	엄격하게 되다
익히다	익히도록	익히든지	익히게 되다
작성하다	작성하도록	작성하든지	작성하게 되다
학습하다	학습하도록	학습하든지	학습하게 되다

DAY 8 테스트

본책에서 학습한 '공공 기관'에 대한 어휘를 떠올리면서 문제를 풀어 보세요.

01 다음 문장의 빈칸에 적절한 단어를 알맞은 형태로 넣으십시오.

공과금	보안	도서관	증명서

① (   )을/를 발급받으려면 신분증이 있어야 해요.

② (   )은/는 은행이나 편의점 등에서 납부할 수 있어요.

③ 개인 정보의 (   )을/를 위해 정보 노출에 주의해야 해요.

④ (   )이/가 조용하고 쾌적하니까 독서에 집중할 수 있어서 좋아요.

거치다	발급하다	부치다	안내하다

⑤ 신분증을 새로 (   ) 어디로 가야 해요?

⑥ 편지와 소포 등은 우체국에 가서 (   ) 수 있어요.

⑦ 그 기업은 어렵고 힘든 시간을 (   ) 현재의 위치에 올라섰어요.

⑧ 관광객들은 가이드가 (   ) 장소로 이동했어요.

02 다음 내용 중 알맞은 것을 고르십시오.

① 식당에서 계산할 때는 (수수료 / 공과금)의 포함 여부를 확인해요.

② 은행에 (방문해서 / 출입해서) 한국 돈을 베트남 돈으로 환전했어요.

③ 외국인 등록증을 (발급하려고 / 거절하려고) 출입국 사무소에 가요.

④ 인터넷 기술이 발전함에 따라 정보 (보안 / 유출)의 중요성이 높아지고 있어요.

03 다음 밑줄 친 단어의 반대말로 알맞은 것을 고르십시오.

① 여기에서는 <u>조용히</u> 해 주세요. (시끄럽다 / 복잡하다)

② 도서관에서 책을 <u>빌리려면</u> 개인 정보를 확인해야 해요. (반납하다 / 구입하다)

③ 고향에 있는 가족들에게 소포를 <u>부쳤어요</u>. (받다 / 만들다)

정답

01 ① 증명서 ② 공과금 ③ 보안 ④ 도서관 ⑤ 발급하려면 ⑥ 부칠 ⑦ 거쳐 ⑧ 안내하는
02 ① 수수료 ② 방문해서 ③ 발급하려고 ④ 보안
03 ① 시끄럽다 ② 반납하다 ③ 받다

DAY 8 | 공공 기관에 대한 어휘 살펴보기

어휘 알아보기

더 알아 두면 좋을 어휘들과 함께 학습하세요.

어휘	활용 표현	예문
거치다(go through)	과정을 거치다	심사를 거쳐 결과를 통보하겠습니다.
공과금(utility bill)	공과금을 납부하다	공과금을 제때 납부하지 않으면 안 된다.
기관(institution)	공공 기관	여러 공공 기관 시설이 투표소로 활용된다.
도서관(library)	학교 도서관	도서관 바로 앞에 기숙사가 있다.
문의하다(inquire)	담당자에게 문의하다	궁금하신 것은 이메일로 문의하시기 바랍니다.
발급하다(issue)	신분증을 발급하다	카드를 발급받은 후 카드 뒷면에 서명하다.
방문하다(visit)	주민 센터를 방문하다	우체국을 방문하여 우편물을 보내고 돌아왔다.
보안(security)	개인 정보 보안	인터넷 사용 시 항상 보안에 유의하여야 한다.
부치다(send)	엽서를 부치다	고향에 있는 가족에게 편지와 엽서를 부쳤다.
빌리다(borrow)	도서를 빌리다	주민 센터에서 우산을 빌려 준다(대여해 준다).
소포(parcel)	소포를 부치다	소포를 부치는 요금은 무게에 따라 다릅니다.
수수료(commission)	수수료를 지불하다	항공권을 환불하시면 수수료를 내셔야 합니다.
안내하다(inform)	자세하게 안내하다	길을 잃은 관광객에게 친절하게 방향을 안내했다.
엽서(post card)	엽서와 소포	엽서에 보내는 이와 받는 이의 주소를 적었다.
우체국(post office)	우체국에 가다	우체국에서는 우편과 금융 업무를 처리할 수 있습니다.
접수하다(receive)	민원을 접수하다	신청서에 이름, 주소, 전화번호를 쓰십시오.
조용히(quietly)	조용히 이야기하다	공공 기관을 이용할 때는 조용히 해야 한다.
증명서(certificate)	증명서를 신청하다	증명서는 어떤 용도로 발급받으려고 하십니까?
지나다(be overdue)	기한이 지나다	신청 기간이 지나면 면제 혜택을 받지 못합니다.
처리하다(handle)	불만을 처리하다	신청하신 순서대로 처리해 드리겠습니다.

문형 연습하기

중요 어휘를 문형별로 공부해 보세요.

단어(기본형)	초급 -게	중급 -자마자	고급 -ㄴ 덕분에
문의하다	문의하게	문의하자마자	문의한 덕분에
발급하다	발급하게	발급하자마자	발급한 덕분에
방문하다	방문하게	방문하자마자	방문한 덕분에
접수하다	접수하게	접수하자마자	접수한 덕분에
지나다	지나게	지나자마자	지난 덕분에
처리하다	처리하게	처리하자마자	처리한 덕분에

DAY 9 테스트

본책에서 학습한 '사회 제도'에 대한 어휘를 떠올리면서 문제를 풀어 보세요.

01 다음 문장의 빈칸에 적절한 단어를 알맞은 형태로 넣으십시오.

급속도	모방	치안	폐해

① 이번 범죄 사건으로 (　　　　　　)의 중요성이 부각되고 있어요.

② 최근 AI 관련 산업이 (　　　　　　)(으)로 발달하고 있어요.

③ 무분별한 (　　　　　　)은/는 창작의 가치를 떨어뜨려요.

④ 폭력적 영상물이 청소년에게 미치는 (　　　　　　)이/가 심각해요.

부각되다	드러나다	보살피다	저지르다

⑤ 실수를 (　　　　　　) 진정한 반성을 한다면 용서받을 수 있어요.

⑥ 서울이 아시아의 중심지로 (　　　　　　) 있어요.

⑦ 국가에서 (　　　　　　) 않으면 생계유지가 어려운 사람들이 있어요.

⑧ 정책 시행에 관한 여러 문제점이 (　　　　　　) 제도의 정비가 요구돼요.

02 다음 내용 중 알맞은 것을 고르십시오.

① 자동차 회사에 자동차 고장의 원인을 (저질렀어요 / 따졌어요).

② 이 제도는 여러 가지 면에서 (모순 / 모방)을 가지고 있어요.

③ 전자파 차단 기준에 대한 (검토 / 논란)이/가 필요해요.

④ 그 소방관은 화재 현장 속에서 한 아이를 (의심했어요 / 구조했어요).

03 다음 밑줄 친 단어의 반대말로 알맞은 것을 고르십시오.

① 개인의 다양성과 <u>개성</u>이 동시에 존중되어야 해요. (개방성 / 획일성)

② 증거도 없이 사람들을 <u>의심하는</u> 건 잘못된 거예요. (외면하다 / 신뢰하다)

③ 투표는 국민이 <u>간접</u>으로 정치에 참여할 수 있는 제도예요. (직접 / 따로)

④ 경찰은 그의 혐의가 <u>드러나면</u> 법적으로 처벌하겠다고 했어요. (나타나다 / 사라지다)

정답

01 ① 치안 ② 급속도 ③ 모방 ④ 폐해 ⑤ 저질러도 ⑥ 부각되고 ⑦ 보살피지 ⑧ 드러나서

02 ① 따졌어요 ② 모순 ③ 검토 ④ 구조했어요

03 ① 획일성 ② 신뢰하다 ③ 직접 ④ 사라지다

DAY 9 | 사회 제도에 대한 어휘 살펴보기

어휘 알아보기

더 알아 두면 좋을 어휘들과 함께 학습하세요.

어휘	활용 표현	예문
개인주의(individualism)	개인주의가 심해지다	개인주의가 부정적인 것만은 아니다.
검토하다(examine)	면밀히 검토하다	정부는 개정법의 파급력을 면밀히 검토했다.
구조하다(rescue)	조난자를 구조하다	화재 현장에서 생존자를 구조하였다.
급속도(high speed)	급속도로 상승하다	레저 산업이 급속도로 발전하게 되었다.
논란(controversy)	논란이 벌어지다	손실을 보상해 주는 제도에 대한 논란이 있다.
다양성(diversity)	다양성 보장	직원의 전문성과 다양성 확보를 꾀해야 한다.
드러나다(be revealed)	문제점이 드러나다	새로운 제도의 허구성이 드러났다.
모방(imitation)	단순 모방	남의 것을 모방하는 잘못은 사라져야 한다.
모순(contradiction)	모순을 발견하다	이 제도는 여러 가지 면에서 모순을 안고 있다.
보살피다(look after)	약자를 보살피다	가족의 생계를 보살피기 위해 열심히 일한다.
봉사하다(volunteer)	주말에 봉사하다	국민을 위하여 봉사하는 공직자가 필요하다.
부각되다(be highlighted)	문제점이 부각되다	30대 사이에서 건강 관리의 중요성이 부각되고 있다.
속하다(belong)	공동체에 속하다	이 회사는 규모로 보았을 때 중소기업에 속한다.
의심되다(suspicious)	거짓이 의심되다	이 제도의 타당성이 의심됩니다.
저지르다(commit)	범죄를 저지르다	불법적인 행위를 저지르는 것을 막아야 한다.
제공하다(provide)	단서를 제공하다	한 제보자가 방송국에 사건의 단서를 제공했다.
제도(system)	사회 제도	사회 제도는 국민의 복지와 큰 관련이 있다.
질서(order)	교통 질서	한층 높아진 시민들의 질서 의식을 볼 수 있다.
치안(public order)	치안 유지	정부는 치안과 질서 유지를 위하여 노력한다.
폐해(harmful effect)	폐해를 없애다	대기 오염의 폐해로 각종 질환이 발병한다.

문형 연습하기

중요 어휘를 문형별로 공부해 보세요.

단어(기본형)	초급 -아서/어서/해서	중급 -(으)며	고급 -지 않다
구조하다	구조해서	구조하며	구조하지 않다
드러나다	드러나서	드러나며	드러나지 않다
봉사하다	봉사해서	봉사하며	봉사하지 않다
속하다	속해서	속하며	속하지 않다
의심되다	의심해서	의심하며	의심하지 않다
제공하다	제공해서	제공하며	제공하지 않다

공부한 날 _____월 _____일

DAY 10 테스트

본책에서 학습한 '가치관과 심리'에 대한 어휘를 떠올리면서 문제를 풀어 보세요.

01 다음 문장의 빈칸에 적절한 단어를 알맞은 형태로 넣으십시오.

인종	국제화	착각

① 외국인과도 자유롭게 소통하면서 (   )을/를 실감하고 있어요.

② 경복궁에 가면 다양한 국적과 (   )의 관광객을 볼 수 있어요.

③ 문제가 곧 해결될 것이라고 예상한 것은 (   )이었어요.

실감하다	차별하다	전해지다	피하다

④ 그 사람은 앞에 나서는 일을 (   ) 편이에요.

⑤ 장애인을 (   ) 않도록 사회 인식을 바꿔야 해요.

⑥ 외국인 등록증을 받으니 이곳이 한국이라는 것을 (   ) 수 있었어요.

⑦ 한국의 전통 가치는 오랫동안 (   ) 있어요.

02 다음 내용 중 알맞은 것을 고르십시오.

① 생활한복은 우리 (금기 / 고유)의 멋을 살린 옷이에요.

② 현대에는 대부분의 나라에 다양한 (종류 / 인종)이/가 섞여 살아요.

③ 신분이나 직업으로 사람을 (존중하는 / 차별하는) 것은 옳지 않아요.

④ 어려움을 (헤치고 / 겁내고) 성장한 사람은 실패를 두려워하지 않아요.

03 다음 밑줄 친 단어의 반대말로 알맞은 것을 고르십시오.

① 현재의 젊은이들도 시간이 지나면 <u>구세대</u>가 돼요. (청년층 / 신세대)

② 세대 갈등의 해결을 위해서는 <u>어긋난</u> 생각을 바로잡아야 해요. (바로잡다 / 예측하다)

③ <u>심리적인</u> 부담감에 걱정만 점점 커져 갔어요. (신체적 / 정신적)

④ 가끔 되살아나는 과거의 힘든 기억 때문에 <u>불행하게</u> 돼요. (의식하다 / 행복하다)

정답

01 ① 국제화 ② 인종 ③ 착각 ④ 피하는 ⑤ 차별하지 ⑥ 실감할 ⑦ 전해지고

02 ① 고유 ② 인종 ③ 차별하는 ④ 헤치고

03 ① 신세대 ② 바로잡다 ③ 신체적 ④ 행복하다

DAY 10 | 가치관과 심리에 대한 어휘 살펴보기

어휘 알아보기

더 알아 두면 좋을 어휘들과 함께 학습하세요.

어휘	활용 표현	예문
겁내다(be afraid)	겁내지 않다	겁을 내면 오히려 두려움이 커진다.
고유(inherence)	고유의 전통	김치는 한국 고유의 전통 음식입니다.
구세대(old generation)	구세대와의 갈등	구세대와 신세대 간의 사고방식이 다르다.
국제화(internationalization)	국제화 시대	국제화 시대에서는 서로의 문화가 공존한다.
금기(taboo)	금기가 존재하다	각 사회마다 금기되는 언어 표현들이 존재한다.
긴장감(tension)	긴장감을 이완하다	시험을 앞두고 시험장에는 긴장감이 감돌았다.
심리적(psychological)	심리적인 압박감	경기의 승패에는 선수의 심리적인 요인이 크게 작용한다.
어긋나다(go against)	생각이 어긋나다	예의범절에 어긋나는 행동을 하지 않도록 주의하자.
예측하다(predict)	미래를 예측하다	아무도 예상하지 못한 일이 일어날 때가 많다.
위로하다(console)	아픔을 위로하다	위로하는 방식은 문화권에 따라 다르다.
인종(race)	인종 차별	한국에도 다양한 인종의 사람들이 살고 있다.
전해지다(be handed down)	대대로 전해지다	유교 문화의 전통이 현대까지 전해진다.
전통적(traditional)	전통적인 사고방식	전통적인 풍습 중 좋은 것은 지켜나가야 한다.
차별하다(discriminate)	남녀를 차별하다	성별, 연령으로 상대방을 차별해서는 안 된다.
차분하다(calm)	마음이 차분해지다	산책을 하면 마음이 차분해져서 좋아요.
편견(prejudice)	편견에 치우치다	편견에 빠지면 상대방을 있는 그대로 볼 수 없다.
피하다(avoid)	갈등을 피하다	갈등을 피하기만 하지 말고 뚫고 나아가야 한다.
허전하다(feel alone)	허전한 마음	옆자리가 비어 있으니 참 허전하네요.
헤치다(get through)	어려움을 헤치다	연령대마다 헤쳐 나가야 할 과제가 다른 법이다.
흐뭇하다(heartwarming)	흐뭇한 미소	할머니는 손주들을 바라보며 흐뭇해 하셨다.

문형 연습하기

중요 어휘를 문형별로 공부해 보세요.

단어(기본형)	초급 -(으)니까	중급 -(으)ㄹ수록	고급 -(으)ㄹ 수 없다
전해지다	전해지니까	전해질수록	전해질 수 없다
예측하다	예측하니까	예측할수록	예측할 수 없다
어긋나다	어긋나니까	어긋날수록	어긋날 수 없다
차별하다	차별하니까	차별할수록	차별할 수 없다
피하다	피하니까	피할수록	피할 수 없다
허전하다	허전하니까	허전할수록	허전할 수 없다

DAY 11 테스트

본책에서 학습한 '여가와 대중문화'에 대한 어휘를 떠올리면서 문제를 풀어 보세요.

01 다음 문장의 빈칸에 적절한 단어를 알맞은 형태로 넣으십시오.

나들이	경치	흥행	홍보

① 주말에는 친구들과 한강으로 (   )을/를 가려고 해요.

② 관람객이 증가하면서 그 영화는 연일 (   ) 기록을 세우고 있어요.

③ 신제품을 (   )할 목적으로 시연회를 열 계획이에요.

④ 산과 강이 어우러져 (   ) 매우 아름다워요.

거닐다	넉넉하다	여유롭다	제작하다

⑤ 나들이를 가려고 간식을 (   ) 챙겼어요.

⑥ 급한 일을 끝내고 나니 마음이 (   ) 편안했어요.

⑦ 우리는 매일 저녁 식사를 한 후 아이 손을 잡고 공원을 (   ).

⑧ 감독은 환경 보호를 주제로 하는 애니메이션을 (   ) 계획이라고 밝혔어요.

02 다음 내용 중 알맞은 것을 고르십시오.

① 배낭을 (꾸리는 / 거니는) 솜씨가 정말 좋아요.

② 길을 잃을 수 있으니 꼭 (일행 / 일정)과 동행하도록 하세요.

③ (경치 / 경지)가 아름다워 혼자 보기가 아까울 정도예요.

④ 제주도는 국내뿐만 아니라 해외 관광객에도 (홍보 / 각광)받는 관광지예요.

03 다음 밑줄 친 단어의 반대말로 알맞은 것을 고르십시오.

① 이 공원에는 주차를 할 수 있는 공간이 <u>부족해요</u>. (넉넉하다 / 부실하다)

② 그 여행지는 산 가까이에 있어서 교통이 <u>불편해요</u>. (활동하다 / 편안하다)

③ 나는 가을이면 제주도에 가서 한 달씩 <u>머물다가</u> 오곤 했어요. (떠나다 / 돌아오다)

④ 오랜만의 휴일인데 노래를 들으며 <u>무료하게</u> 보냈어요. (재미있다 / 곤란하다)

정답

01 ① 나들이 ② 흥행 ③ 홍보 ④ 경치 ⑤ 넉넉하게 ⑥ 여유롭고 ⑦ 거닐었어요 ⑧ 제작할
02 ① 꾸리는 ② 일행 ③ 경치 ④ 각광
03 ① 넉넉하다 ② 편안하다 ③ 떠나다 ④ 재미있다

DAY 11 | 여가와 대중문화에 대한 어휘 살펴보기

어휘 알아보기

더 알아 두면 좋을 어휘들과 함께 학습하세요.

어휘	활용 표현	예문
각광(spotlight)	각광을 받다	K-pop이 전 세계적으로 각광받고 있다.
감상하다(appreciate)	미술 작품을 감상하다	오케스트라 공연을 보며 클래식을 감상했다.
거닐다(walk)	공원을 거닐다	주말에 야외를 거닐며 산책을 하다.
경치(view)	경치를 즐기다	이 산은 아름다운 경치를 자랑하는 곳이다.
꾸리다(pack)	짐을 꾸리다	여행을 가기 위해 짐을 꾸리기 시작했다.
나들이(picnic)	가을 나들이	친구들과 함께 산으로 나들이를 떠날 예정이다.
넉넉하다(enough)	시간이 넉넉하다	시간이 넉넉해서 일주일 동안 여행을 간다.
대중적인(popular)	대중적인 작품	톱스타가 출연한 드라마가 대중적인 인기를 끌고 있다.
머물다(stay)	숙소에 머물다	조용한 곳에 머물며 휴식을 누리고 싶다.
무료하다(boring)	주말이 무료하다	무료한 시간에 음악을 듣거나 책을 읽는다.
발행하다(issue)	신문을 발행하다	패션 잡지사가 새로운 잡지를 발행했다.
여유롭다(relaxed)	마음이 여유롭다	그녀는 오랜만의 휴식을 여유롭게 즐겼다.
연출하다(direct)	영화를 연출하다	감독의 연출하는 방향에 따라 영화의 흥행이 정해진다.
일행(party)	일행과 떠나다	일행이 많아서 머물 숙소를 찾기가 힘들었다.
제작하다(produce)	드라마를 제작하다	영화를 제작할 때는 많은 투자자가 필요하다.
출연하다(appear)	작품에 출연하다	그 배우는 유명 감독의 영화에 출연하기로 했다.
편안하다(comfortable)	숙소가 편안하다	편안하고 깊은 잠에 빠져 꿈을 꾸었다.
피서(summer vacation)	피서를 떠나다	피서를 다녀와서 피부가 검게 탔다.
흥행(big hit)	신작 흥행	새로 상영하는 액션영화가 흥행기록을 세웠다.
홍보(promotion)	홍보 효과	유명 연예인이 모델인 제품은 홍보 효과가 크다.

문형 연습하기

중요 어휘를 문형별로 공부해 보세요.

단어(기본형)	초급 -도록	중급 -ㄴ 다음에	고급 -고 있다
거닐다	거닐도록	거닌 다음에	거닐고 있다
꾸리다	꾸리도록	꾸린 다음에	꾸리고 있다
머물다	머물도록	머문 다음에	머물고 있다
발행하다	발행하도록	발행한 다음에	발행하고 있다
제작하다	제작하도록	제작한 다음에	제작하고 있다
출연하다	출연하도록	출연한 다음에	출연하고 있다

DAY 12 테스트

본책에서 학습한 '주거생활'에 대한 어휘를 떠올리면서 문제를 풀어 보세요.

01 다음 문장의 빈칸에 적절한 단어를 알맞은 형태로 넣으십시오.

선반	편식	의식주	주거비

① (　　　　　) 위에 있는 꽃병이 깨질 수도 있으니 주의하세요.

② 성장기의 어린이는 (　　　　　)하지 말고 음식을 골고루 먹어야 해요.

③ (　　　　　)이/가 풍족해졌음에도 불구하고 여전히 범죄가 일어나요.

④ 서울에 살다보니 (　　　　　)이/가 부담이 될 때도 있어요.

남기다	먹음직스럽다	비좁다	빨아들이다

⑤ 언니는 동생을 위해서 초콜릿 한 개를 (　　　　　).

⑥ 이 건물의 계단은 폭이 매우 (　　　　　) 급히 내려갈 때 위험해요.

⑦ 이 청소기는 (　　　　　) 힘이 아주 강력해서 맘에 드네요.

⑧ 샐러드에 넣은 빨간 방울토마토가 매우 싱싱해서 (　　　　　) 보여요.

02 다음 내용 중 알맞은 것을 고르십시오.

① 비빔밥에는 다양한 (영양소 / 발효)가 들어 있어요.

② 국이 많이 식었으니 따뜻하게 (데워서 / 식혀서) 먹을까요?

③ 성장기에 (편식 / 과식)을 하면 영양소를 충분히 섭취할 수 없어요.

03 다음 밑줄 친 단어의 반대말로 알맞은 것을 고르십시오.

① 콜센터에 전화했는데 상담원이 바로 <u>연결되었어요</u>. (끊다 / 잇다)

② 이 유리병은 나중에 사용할 수도 있으니 <u>보관하는</u> 것이 좋겠어요. (사용하다 / 버리다)

③ 방에 있던 오래된 침대를 <u>없애고</u> 새로운 침대를 들여 놓았어요. (만들다 / 줄어들다)

④ 도로가 <u>비좁아</u> 연말 동안 도로 확장 공사를 할 예정이라고 해요. (넓다 / 익히다)

정답

01 ① 선반 ② 편식 ③ 의식주 ④ 주거비 ⑤ 남겼어요 ⑥ 비좁아 ⑦ 빨아들이는 ⑧ 먹음직스럽게
02 ① 영양소 ② 데워서 ③ 편식
03 ① 끊다 ② 버리다 ③ 만들다 ④ 넓다

DAY 12 | 주거생활에 대한 어휘 살펴보기

어휘 알아보기

더 알아 두면 좋을 어휘들과 함께 학습하세요.

어휘	활용 표현	예문
가전제품(electronics)	가전제품의 사용	가전제품이 낡아서 새것으로 바꾸었다.
거주지(residence)	거주지 주소	거주지와 회사의 거리가 멀어졌다.
깎다(discount)	값을 깎다	시장에서 물건을 살 때 가끔 가격을 깎는다.
끊다(hang up)	전화를 끊다	전화를 끊고 친구를 만나러 영화관에 갔다.
남기다(to leave)	음식을 남기다	과식을 하기보다는 음식을 남기는 것이 낫다.
데우다(heat up)	찌개를 데우다	따뜻하게 데운 우유를 자기 전에 마신다.
먹음직스럽다(appetizing)	갈비가 먹음직스럽다	먹음직스러운 떡볶이를 만들어 봅시다.
빨아들이다(suck in)	먼지를 빨아들이다	뿌리는 수분과 영양분을 빨아들인다.
버리다(throw away)	찌꺼기를 버리다	산에 함부로 쓰레기를 버리면 안 된다.
보관하다(keep)	빵을 보관하다	반드시 뚜껑을 닫아서 보관해야 한다.
분리배출(garbage recycling)	쓰레기 분리배출	재활용을 위해 분리배출을 실시하다.
비좁다(cramped)	공간이 비좁다	물건을 정리하면 비좁았던 공간이 넓어진다.
세면도구(toiletries)	세면도구를 준비하다	여행할 때는 세면도구를 챙겨야 한다.
선반(shelf)	선반을 달다	선반 위에 책과 꽃병 등을 올려 두었다.
영양소(nutrient)	영양소를 섭취하다	당분은 에너지를 만들어 내는 영양소이다.
의식주(food, clothing, and shelter)	의식주 생활	의식주 생활이 점점 서구화되고 있다.
조절하다(control)	온도를 조절하다	키에 맞게 의자의 높이를 조절했다.
주거비(housing expenses)	주거비가 들다	물가가 올라 주거비가 갈수록 증가하고 있다.
편식(picky eating)	편식을 하다	편식이나 과식을 하는 것은 나쁜 습관이다.
푸짐하다(plentiful)	음식이 푸짐하다	오늘 저녁 밥상은 각종 음식들로 푸짐하다.

문형 연습하기

중요 어휘를 문형별로 공부해 보세요.

단어(기본형)	초급 -더라도	중급 -(으)ㄹ지라도	고급 -지 못하다
깎다	깎더라도	깎을지라도	깎지 못하다
남기다	남기더라도	남길지라도	남기지 못하다
버리다	버리더라도	버릴지라도	버리지 못하다
보관하다	보관하더라도	보관할지라도	보관하지 못하다
빨아들이다	빨아들이더라도	빨아들일지라도	빨아들이지 못하다
조절하다	조절하더라도	조절할지라도	조절하지 못하다

공부한 날 ____월 ____일

DAY 13 테스트

본책에서 학습한 '역사'에 대한 어휘를 떠올리면서 문제를 풀어 보세요.

01 다음 문장의 빈칸에 적절한 단어를 알맞은 형태로 넣으십시오.

기원전 번성 전쟁 후손

① 제사는 조상과 ( )을/를 연결하는 역할을 해요.
② 고대 올림픽이 시작된 것은 ( ) 8세기쯤이라고 해요.
③ 국경 지대에 사는 사람들은 늘 ( )의 공포에 시달려요.
④ 유적지의 유물들을 보니 한때 ( )했던 모습이 그려졌어요.

복원하다 분쟁하다 약탈하다 일으키다

⑤ 외부 침입자들이 귀중한 문화재를 많이 ( ) 갔어요.
⑥ 왕자는 왕권을 쟁취하기 위해서 혁명을 ( ).
⑦ 옛 건축물을 원형 그대로 ( ) 위하여 많은 노력을 기울였어요.
⑧ 국경 지역에서 두 나라가 오랫동안 ( ) 멸망하고 말았어요.

02 다음 내용 중 알맞은 것을 고르십시오.

① 이 김치는 할머니께서 (훼손하신 / 물려주신) 요리법으로 만들었어요.
② 전쟁으로 그 마을에 살던 사람들은 (번성 / 이주)을/를 결정하게 되었어요.
③ 부족 사이의 갈등으로 인해 전쟁이 (일어났어요 / 끝났어요).
④ 침략자들은 원주민의 터전을 (약탈해서 / 비판해서) 모든 것을 빼앗아 갔어요.

03 다음 밑줄 친 단어의 반대말로 알맞은 것을 고르십시오.

① 왕이 첫째 아들에게 왕위를 <u>물려주는</u> 것이 일반적이었어요. (물려받다 / 이어 주다)
② 그는 기존의 역사 서술을 <u>비판하고</u> 재정리할 것을 주장했어요. (지적하다 / 칭찬하다)
③ 정부는 <u>훼손된</u> 문화재를 복원하는 사업을 대대적으로 추진하기로 했어요. (해롭다 / 보존하다)

정답

01 ① 후손 ② 기원전 ③ 전쟁 ④ 번성 ⑤ 약탈해 ⑥ 일으켰어요 ⑦ 복원하기 ⑧ 분쟁할
02 ① 물려주신 ② 이주 ③ 일어났다 ④ 약탈해서
03 ① 물려받다 ② 칭찬하다 ③ 보존하다

DAY 13 | 역사에 대한 어휘 살펴보기

어휘 알아보기

더 알아 두면 좋을 어휘들과 함께 학습하세요.

어휘	활용 표현	예문
겪다(go through)	어려움을 겪다	수많은 전쟁을 겪은 뒤 원주민들이 떠났다.
기원전[B.C.(Before Christ)]	기원전 1세기	기원전 5세기에 만든 유물인 것으로 추정된다.
대대로(from generation to generation)	대대로 내려오다	대대로 물려받은 이 땅을 버릴 수는 없다.
물려받다(inherit)	유산을 물려받다	물려받은 유일한 유산이라서 줄 수 없다.
물려주다(pass on)	유품을 물려주다	왕이 자녀들에게 수많은 재산을 물려주었다.
발굴하다(excavate)	유적을 발굴하다	무덤 속 왕의 물건을 발굴하기 시작했다.
번성(prosperity)	문화 번성	그리스 로마 시대에 문화가 번성했다.
복원하다(restore)	문화재를 복원하다	훼손된 그림을 복원하여 본래의 색을 되찾았다.
분쟁하다(conflict)	두 나라가 분쟁하다	이곳은 두 나라가 국경을 두고 분쟁 중인 지역이다.
비판하다(criticize)	의견을 비판하다	그들은 국가 권력의 억압성을 비판하였다.
약탈하다(plunder)	식량을 약탈하다	가난하고 힘없는 농민들의 재물을 약탈하다.
왕위(throne)	왕위를 계승하다	다른 이의 왕위를 빼앗아 자신이 왕이 되었다.
원주민(native)	원주민과 싸우다	원주민의 문화를 지키며 살아가는 이들이 있다.
이주(migration)	이주의 역사	인종 차별을 경험한 이들은 다른 곳으로 이주했다.
일으키다(raise)	싸움을 일으키다	그들이 전쟁을 일으킨 것은 식량난 때문이었다.
전쟁(war)	영토 전쟁	수많은 사람이 전쟁에서 목숨을 잃었다.
중세(the Middle Ages)	중세 시대	중세 시대에 만들어진 무기를 박물관에서 전시한다.
초창기(beginning)	건국 초창기에	이 책은 조선 건국의 초창기에 있었던 일을 기록한 책이다.
후손(descendant)	후손을 위해	후손에게 물려주기 위해 보물을 소중히 간직하다.
훼손하다(damage)	유물을 훼손하다	문화재를 훼손하면 법에 따라 처벌을 받게 된다.

문형 연습하기

중요 어휘를 문형별로 공부해 보세요.

단어(기본형)	초급 -기 전에	중급 -ㄴ은/는 동시에	고급 -(으)ㄹ 만하다
물려주다	물려주기 전에	물려주는 동시에	물려줄 만하다
발굴하다	발굴하기 전에	발굴하는 동시에	발굴할 만하다
복원하다	복원하기 전에	복원하는 동시에	복원할 만하다
분쟁하다	분쟁하기 전에	분쟁하는 동시에	분쟁할 만하다
비판하다	비판하기 전에	비판하는 동시에	비판할 만하다
일으키다	일으키기 전에	일으키는 동시에	일으킬 만하다

공부한 날 ______월 ______일

DAY 14 테스트

본책에서 학습한 '사회 문제'에 대한 어휘를 떠올리면서 문제를 풀어 보세요.

01 다음 문장의 빈칸에 적절한 단어를 알맞은 형태로 넣으십시오.

공존	쟁점	찬반	추세

① 최근 저탄소 개발이 주요 (　　　　　　)(으)로 떠오르고 있어요.

② 지역 재개발에 대한 거주자들의 (　　　　　　) 의견이 분분해요.

③ 매년 출산율이 급격하게 감소하는 (　　　　　　)여서 정부의 관련 정책 도입이 시급해요.

④ 자연과 인간이 (　　　　　　)할 수 있는 지속 가능한 발전을 도모해야 해요.

밝히다	부실하다	시사하다	잇따르다

⑤ 기초 공사가 (　　　　　　) 건물이 무너져 내렸어요.

⑥ 연이은 장마에 비 피해가 (　　　　　　) 있으니 안전에 유의하세요.

⑦ 그 사건은 대기업의 횡포를 세상에 알렸다는 점에서 (　　　　　　) 바가 커요.

⑧ 취업률이 점점 감소하는 원인을 (　　　　　　) 위하여 각계의 전문가들이 노력하고 있어요.

02 다음 내용 중 알맞은 것을 고르십시오.

① 경제 불황으로 중소기업들이 하나둘 (무너지고 / 넘어지고) 있어요.

② 소프트웨어의 불법 (복제 / 복구)로 인해 개발자들이 피해를 입었어요.

③ 최근 보도된 정치가의 뇌물 수수는 (부패 / 급변)을/를 상징하는 사건이 되었어요.

④ 토론 자리에서 다른 사람의 말을 (잇따르는 / 가로채는) 것은 옳지 않아요.

03 다음 밑줄 친 단어의 반대말로 알맞은 것을 고르십시오.

① 광화문은 조선 시대와 현대의 공존을 볼 수 있는 공간이에요. (공생 / 분리)

② 저소득층의 기초적 생활을 보장하는 정책의 마련이 시급해요. (느긋하다 / 부실하다)

③ 수해 지역 복구를 위해 군인과 봉사자들이 모여 청소를 시작했어요. (훼손 / 보존)

④ 연예인에 대한 대중 매체의 사생활 침해가 점점 심해지고 있어요. (급변 / 보호)

정답

01 ① 쟁점 ② 찬반 ③ 추세 ④ 공존 ⑤ 부실해서 ⑥ 잇따르고 ⑦ 시사하는 ⑧ 밝히기
02 ① 무너지고 ② 복제 ③ 부패 ④ 가로채는
03 ① 분리 ② 느긋하다 ③ 훼손 ④ 보호

DAY 14 | 사회 문제에 대한 어휘 살펴보기

어휘 알아보기

더 알아 두면 좋을 어휘들과 함께 학습하세요.

어휘	활용 표현	예문
가로채다(snatch)	순서를 가로채다	계약금을 중간에서 가로챈 혐의가 있다.
공존(symbiosis)	문화의 공존	두 나라의 문화가 한 사회에 공존하다.
급변(rapid change)	시장의 급변	새 정책으로 경제 구조에 급변이 일어났다.
무너지다(collapse)	건물이 무너지다	담이 무너져 근처의 자동차들이 부서졌다.
밝히다(disclose)	의견을 밝히다	지리학자들은 이번 지진의 원인을 밝혀냈다.
복구(restoration)	피해 복구	가뭄으로 피해를 입은 지역이 복구되었다.
복제(copy)	불법 복제	불법 복제에 대한 소송이 제기되고 있다.
부르짖다(shout; cry out)	정의를 부르짖다	환경 단체가 자연 보호를 부르짖었다.
부실하다(weak)	공사가 부실하다	아이들에게 제공되는 급식이 부실하다.
부패(corruption)	부패한 정치가	부패한 정부는 사람들에게 비판을 받는다.
시급하다(urgent)	개선이 시급하다	장마철에 대비해 상하수도의 정비가 시급하다.
시사하다(imply)	문제점을 시사하다	그 보도는 우리의 교육 현실을 시사하고 있다.
어수선하다(messy)	분위기가 어수선하다	여러 범죄들로 사회의 분위기가 어수선하다.
열악하다(poor)	환경이 열악하다	일부 노동자들의 노동 환경이 매우 열악하다.
잇따르다(come one after another)	비난이 잇따르다	잇따른 범죄 사건으로 순찰을 강화하였다.
쟁점(issue)	쟁점을 살펴보다	쟁점을 정확하게 파악한 후 발언을 하십시오.
찬반(yes or no)	찬반 투표	새로운 공항 건설에 대해 찬반 논란이 뜨겁다.
추세(trend)	증가 추세	비대면 강의가 점점 일반화되는 추세이다.
침수(flooding)	논밭의 침수	집중 호우로 인해 농작물이 침수되었다.
침해(invasion)	인권 침해	높은 건물이 가까우면 일조권이 침해를 받는다.

문형 연습하기

중요 어휘를 문형별로 공부해 보세요.

단어(기본형)	초급 -길래	중급 -(으)ㄹ 수 있다	고급 -기 마련이다
밝히다	밝히길래	밝힐 수 있다	밝히기 마련이다
무너지다	무너지길래	무너질 수 있다	무너지기 마련이다
시급하다	시급하길래	시급할 수 있다	시급하기 마련이다
시사하다	시사하길래	시사할 수 있다	시사하기 마련이다
열악하다	열악하길래	열악할 수 있다	열악하기 마련이다
잇따르다	잇따르길래	잇따를 수 있다	잇따르기 마련이다

memo

memo

memo

최신판

반복 학습으로 기초 개념 집중 공략

어휘&문장 워크북

에듀윌 사회통합프로그램

사전평가 핵심총정리

모의시험 5회분+무료특강

마무리 모의시험 제4회

| 정답과 해설 37쪽 |

해설 강의

[01~02] 다음 질문에 답하시오.

01 다음 (　　　)에 들어갈 말로 알맞은 것은?

가: 저 남자는 무엇을 하고 있어요?
나: (　　　).

① 우체국에서 소포를 부치고 있어요.
② 우체국에서 통장을 개설하고 있어요.
③ 은행에서 통장에 입금하고 있어요.
④ 은행에서 공과금을 납부하고 있어요.

02 다음 (　　　)에 들어갈 말로 알맞은 것은?

새벽에 공항(　　　) 향하는 길이 꽤 한적했어요.

① 로
② 부터
③ 으로
④ 에서

[03~04] 다음 |보기|를 참고하여 밑줄 친 부분과 의미가 반대인 것을 고르시오.

> **|보기|**
> **가:** 새 사무실은 정말 넓네요.
> **나:** 전에 쓰던 사무실은 (　　　) 답답했는데, 이제는 넓어져서 좋네요.
> ① 가벼워서　② 어두워서　❸ 좁아서　④ 높아서

03 가: 계곡 물은 맑았어요?
나: 아니요, (　　　).

① 탁했어요　② 투명했어요　③ 깨끗했어요　④ 청명했어요

04 가: 상담 서비스는 만족스러웠어요?
나: 아니요, (　　　).

① 조심했어요　② 영리했어요　③ 위험했어요　④ 불만족스러웠어요

[05~06] 다음 (　　　)에 알맞은 것을 고르시오.

05 공과금을 (　　　)하려고 고지서를 가지고 은행에 방문했어요.

① 기부　② 납부　③ 청구　④ 절세

06 병원에도 다녀왔는데 감기가 (　　　) 나아지지 않았어요.

① 꽤　② 제법　③ 전혀　④ 비록

[07~08] 다음 밑줄 친 부분과 의미가 반대인 것을 고르시오.

07 가: 공놀이 할까요? 제가 먼저 던질게요!
나: 좋아요. 그럼 제가 (   ).

① 빠질게요
② 세울게요
③ 받을게요
④ 고를게요

08 가: 어제는 일찍 잤나요?
나: 아니요, (   ) 자서 조금 피곤하네요.

① 늦게
② 길게
③ 자유롭게
④ 쉽게

[09~10] 다음 (   )에 알맞은 것을 고르시오.

09 여기서 일하면서 경력을 쌓은 후에 현장을 감독하는 (   )을 맡고 싶어요.

① 생산직
② 관리직
③ 사무직
④ 판매직

10 과장님께 제출할 보고서를 이번 주 금요일까지 (   ) 해요.

① 접수해야
② 지시해야
③ 결재해야
④ 작성해야

[11~12] 다음 (   )에 알맞은 것을 고르시오.

11 한국의 다양한 지역 행사는 전통과 현대가 조화를 이루어 다채롭고 (   ).

① 흥미로워요 ② 자랑스러워요
③ 반가워요 ④ 통쾌해요

12 필요한 물건을 살 때는 먼저 (   )을 비교해 보는 것이 좋아요.

① 요금 ② 벌금
③ 세금 ④ 금액

[13~14] 다음 |보기|를 참고하여 밑줄 친 부분과 의미가 비슷한 것을 고르시오.

|보기|
가: 물건을 살 때 어떤 방법으로 돈을 아끼나요?
나: 세일 기간을 이용하거나 쿠폰을 사용해서 (   ).
① 구매해요 ② 환불해요 ❸ 절약해요 ④ 판매해요

13 가: 오늘 저녁에 옥상에서 바비큐 파티하는데 무엇을 가져오실래요?
나: 좋은 생각이에요! 바비큐 양념은 제가 (   ).

① 가질게요 ② 남길게요
③ 챙길게요 ④ 놓을게요

14 가: 한식집에서는 보통 어떤 음식을 주문하나요?
나: 한식집에 가면 (   ) 비빔밥이나 냉면을 주문해요.

① 마치 ② 결코
③ 주로 ④ 설마

[15~18] 다음 (   )에 알맞은 것을 고르시오.

15 가: 이 신발은 사이즈가 너무 커요. 작은 사이즈로 (   )?
나: 네, 한 사이즈 작은 신발로 가져다 드릴게요.

① 신었을까요
② 신어 볼 수 있어요
③ 신지 않을까요
④ 신고 있을까요

16 가: 도서관을 이용할 때 좋은 점이 있나요?
나: 도서관이 조용하고 쾌적하니까 독서에 (   ) 좋아요.

① 집중하더니
② 집중할 수 있어서
③ 집중하는 한
④ 집중한 다음에

17 가: 마트와 시장 중에서 어느 곳을 선호해요?
나: 시장에서 파는 채소와 과일이 신선하고 가격도 (   ) 자주 가요.

① 저렴하든지
② 저렴하려고
③ 저렴하지만
④ 저렴해서

18 **가**: 창문을 닫아두었더니 실내 공기가 답답한 것 같아요.
나: 그러면 (   ) 창문을 열까요?

① 환기하기 위해서
② 환기해도
③ 환기하고
④ 환기하는데

[19~20] 다음 (   )에 알맞은 것을 고르시오.

19 **가**: 선풍기가 작동이 안 되었는데, 언제 고쳤어요?
나: 이제 날이 더워져서 제가 빨리 (   ).

① 고치지 못해요
② 안 고쳤어요
③ 고쳐 놨어요
④ 고치지 마세요

20 **가**: TV 소리가 너무 큰데 볼륨 좀 (   )?
나: 네, 불편하게 해 드려서 죄송해요.

① 지켜 주시겠어요
② 줄여 주시겠어요
③ 키워 주시겠어요
④ 채워 주시겠어요

[21~22] 다음 (　　　)에 알맞은 것을 고르시오.

21 **가:** 건강을 위해 어떤 노력을 하고 있나요?
나: 매일 아침 조깅을 하며 건강을 (　　　) 노력해요.

① 유지하기 때문에　　② 유지하려고
③ 유지하러　　④ 유지하니까

22 **가:** 우체국을 이용할 때 주의할 점이 있나요?
나: 네, 우체국 이용 시에는 정확한 주소와 우편 번호를 (　　　).

① 기입해야 해요　　② 기입하면 좋겠어요
③ 기입하거든요　　④ 기입하곤 해요

[23~24] 다음 밑줄 친 부분이 <u>틀린</u> 것을 고르시오.

23 ① 새로 나온 전자 제품을 <u>사기 위해서</u> 전자 상가에 갔어요.
② 저도 같은 문제로 <u>고민해 본 적이 있어서</u> 이해할 수 있습니다.
③ 밀린 일을 <u>끝내면서</u> 점심을 먹을 시간이 없었어요.
④ 준비를 철저히 <u>했는데도 불구하고</u> 실수를 할 뻔했어요.

24 ① 이번 기회는 놓치기 <u>아까울 수 없어요</u>.
② 그 친구는 항상 <u>도움을 주려고 해요</u>.
③ 무슨 일이 있어도 약속을 지키는 것이 <u>중요한 법이에요</u>.
④ 주중에 너무 바빴어서 주말에는 집에서 편하게 <u>쉬려고 해요</u>.

[25~26] 다음 ( )에 알맞은 것을 고르시오.

25 **가**: 우체국에서 우편을 보내 본 적이 있나요?
나: 네, 가족들에게 편지를 ( ) 우체국을 자주 이용해요.

① 부치더니 ② 부치는 데다가
③ 부치도록 ④ 부치기 위해서

26 **가**: 도서관을 자주 이용하나요?
나: 네, 도서관에서 공부를 하거나 책을 읽으면서 시간을 ( ).

① 보내려던 참이에요 ② 보내는지 몰라요
③ 보내는 편이에요 ④ 보내는지 알았어요

[27~28] 다음 밑줄 친 부분이 틀린 것을 고르시오.

27 ① 바쁘려고 운동을 해야 건강을 유지할 수 있어요.
② 대리님은 열심히 일하면서도 항상 웃는 얼굴이에요.
③ 일이 끝나자마자 친구들이랑 저녁을 먹으러 갔어요.
④ 날씨가 추워서 그런지 요즘 감기에 걸린 사람들이 많은 것 같아요.

28 ① 일을 열심히 하면 성과가 나기 마련이에요.
② 비가 많이 와서 길을 걷다가 미끄러질 뻔했어요.
③ 회의가 중요한지 알았으면 일찍 올 걸 그랬어요.
④ 왜 이렇게 늦었냐고 물어봤더니, 길이 너무 막힐 수밖에 없어요.

[29~32] 다음을 읽고 ㉠에 알맞은 것을 고르시오.

29

오늘은 오랜만에 동네 산책을 나갔어요. 요즘 일이 바빠서 산책을 자주 못했는데, 둘러보니 간판이 바뀐 상점도 있었어요. 사진관이 있던 자리에 빵집이 (㉠) 식빵을 하나 사 보았어요. 봄이라 그런지 공원에 꽃도 많이 피어 있었어요. 사람들이 길을 지나가다가 꽃 사진을 찍기도 했어요. 한국에 와서 처음 맞이하는 봄인데, 하늘도 맑고 청량한 날씨에 기분이 좋아졌어요.

① 없어져서 ② 옮겨서
③ 유지되어서 ④ 생겨서

30

연극을 보기 위해서 친구들과 함께 대학로의 한 극장으로 갔습니다. 연극은 가족과의 갈등과 화해를 주제로 한 감동적인 이야기였습니다. 배우들의 연기력과 감정 표현이 정말 (㉠), 특히 주인공의 내면 갈등을 표현한 장면에서는 가슴이 아파질 정도였습니다. 연극이 끝난 후에 다 함께 느낀 감동을 공유하며 이야기를 나누었는데, 그 순간은 정말 소중하고 잊지 못할 추억으로 남았습니다. 대학로는 연극과 문화가 살아 숨 쉬는 곳이라는 생각이 들었고, 앞으로도 자주 찾고 싶은 곳이 되었습니다.

① 부끄러웠고
② 인상적이었고
③ 까다로웠고
④ 사소했고

31

작년에 친구와 등산을 하다가 길을 잃어 119 구조대에 도움을 요청한 적이 있습니다. 우리는 산길을 걷다가 길을 잃었고, 해가 지면서 주변이 어두워졌습니다. 전화를 걸자마자 구조원분께서 저희의 현재 위치를 물어보시며 대처 방법을 (㉠). 잠시 후 구조대가 도착하여 우리를 안전하게 이동할 수 있도록 도와주셨습니다. 구조되고 나니 구조대의 전문성과 신속한 대응이 정말 놀랍고 감사했습니다. 이 경험을 통해 119 구조대의 소중함을 몸소 느낄 수 있었습니다. 앞으로 한국에서 생활하는 동안 119 구조대의 노력과 헌신에 감사하며 안전을 최우선으로 하는 태도로 생활해야겠다고 다짐했습니다.

① 꼼꼼하게 따지셨습니다
② 느긋하게 생각하셨습니다
③ 저렴하게 구매하셨습니다
④ 정확하게 알려 주셨습니다

32

한국에 와서 급여를 모으면서 (㉠) 고민하고 계획을 세웠어요. 첫째, 점심 도시락을 싸서 다니는 거예요. 점심시간마다 밖에서 점심을 사 먹으면 식비가 많이 들어요. 그렇지만 집에서 직접 도시락을 싸서 다니면 식비를 많이 줄일 수 있어요. 다음으로, 출퇴근할 때 걷거나 자전거를 타는 거예요. 아침에 조금만 일찍 일어나서 준비하고 걷거나 자전거를 탄다면 건강도 챙기고 교통비도 아낄 수 있어요. 마지막으로, 가계부 쓰기예요. 가계부를 쓰면 지출 내역을 자세히 기록할 수 있어서 불필요한 소비를 줄일 수 있어요. 특히 작은 지출이 모여서 큰 금액이 되는 경우가 많기 때문에 가계부를 쓰면서 꼼꼼하게 지출 내역을 점검하는 것이 중요해요.

① 돈을 저축하는 방법을
② 가격이 오르는 이유를
③ 생산을 늘리는 방향을
④ 투자를 유치하는 가능성을

[33~34] 다음을 읽고 질문에 답하시오.

33 ㉠이 가리키는 것은?

> 한국에서 5월은 가정의 달로, 어버이날, 어린이날, 스승의 날, 부부의 날 등 가족 관련 기념일이 많습니다. 그중에서 매년 5월 8일은 어버이날로 지금까지 키워 주신 부모님의 은혜와 사랑에 보답하는 날입니다. ㉠이날 부모님의 가슴에 붉은 카네이션을 달아 드리거나 감사의 마음을 담은 편지를 써서 드리기도 합니다. 최근에는 부모님의 모습을 담은 주문 제작 케이크나 용돈 꽃다발 등 재치 있는 선물도 인기입니다. 또한 어버이날과 함께 가정의 달을 기념하며 가족끼리 외식을 하거나 가족여행을 가는 사람들도 많습니다.

① 부부의 날　② 스승의 날
③ 어린이날　④ 어버이날

34 위 글의 내용과 같은 것은?

① 한국에서 5월은 호국 보훈의 달입니다.
② 한국에서 매년 5월 8일은 부부의 날입니다.
③ 선생님의 가슴에 붉은 카네이션을 달아드리기도 합니다.
④ 가정의 달에는 가족끼리 외식을 하거나 여행을 가는 사람들이 많습니다.

[35~36] 다음을 읽고 질문에 답하시오.

35 아래 글의 내용과 같은 것은?

> 겨울이 오고 날이 추워져서 독감 예방 접종을 하러 보건소에 갔어요. 요즘 독감이 유행이라고 하더니, 저처럼 예방 접종을 하러 온 사람들로 보건소가 붐볐어요. 접수처에 가서 독감 예방 접종 신청서를 작성하고 잠시 대기실에서 기다렸어요. 주사실에 들어가니 간호사가 제 체온을 재고 현재 건강 상태를 물어봤어요. 주사는 그리 아프지 않았어요. 주사를 맞은 후에 잠시 회복실에서 대기를 하면서 몸의 이상 반응이 없는지 확인했어요. 귀가 전에 간호사가 오셔서 약간의 감기 몸살 기운이 있을 수 있으니 충분한 휴식을 취하라고 그랬어요. 그리고 가벼운 샤워는 괜찮지만 목욕이나 사우나는 피해야 한다고 했어요. 다음 날 몸이 쑤시고 콧물이 조금 났지만 그래도 예방 접종을 해서 마음이 놓였어요.

① 독감 주사는 더운 계절과 추운 계절에 모두 맞아요.
② 독감 주사를 맞은 후에 감기 몸살 기운이 있을 수 있어요.
③ 독감 주사를 맞기 전에는 별도의 확인 없이 바로 주사를 맞아요.
④ 독감 주사를 맞은 후에는 샤워, 목욕, 사우나가 모두 가능해요.

36 아래 글의 내용과 같은 것은?

> 며칠 전 옷가게에서 청바지를 한 벌 샀습니다. 그런데 집에 와서 보니 밑단의 박음질이 잘못 되어있었습니다. 영수증에 적혀 있는 전화번호로 옷가게에 전화를 걸었습니다. 직원은 저한테 영수증과 구매한 상품을 가격표가 붙어 있는 상태로 가지고 7일 이내에 방문하면 교환이나 환불이 된다고 알려주었습니다. 옷가게에 다시 방문해서 불량이 아닌 새 상품으로 교환을 했습니다. 직원이 새 상품에 문제가 없는지 꼼꼼하게 확인한 후에 포장해 주었습니다. 제가 구매한 영수증과 불량이었던 청바지를 확인하고 새 청바지로 교환을 마쳤습니다. 앞으로는 상품을 구매할 때 자세히 살펴보고 구매해야겠다고 다짐했습니다.

① 구매한 청바지는 여러 벌입니다.
② 구매한 청바지는 불량이 아니었습니다.
③ 상품이 불량일 때는 가격표가 없어도 교환이 됩니다.
④ 상품을 교환할 때는 구매한 상품과 영수증이 필요합니다.

[37~38] 다음을 읽고 질문에 답하시오.

37 아래 글의 중심 내용으로 알맞은 것은?

> 한국의 교통 카드는 편리하게 사용할 수 있는 전자 카드로, 버스, 지하철, 택시 등 다양한 교통수단에서 사용 가능하다. 티머니(T-Money) 카드, 기후동행카드 등이 있으며, 교통 카드는 편의점, 지하철역, 버스 터미널 등에서 쉽게 구입할 수 있다. 선불 충전은 편의점, 지하철역 내 충전기, 은행 ATM, 모바일 어플 등으로 가능하고, 후불 요금은 사용한 다음 달에 이용 금액이 계좌에서 자동 이체 된다. 버스 이용 시 버스 앞쪽 단말기에 태깅하고 하차 시 뒷문 단말기에 태깅하며, 지하철에서는 개찰구에서 태깅하여 요금을 정산한다. 택시 내 카드 리더기에 태깅하여 결제도 가능하다. 충전 잔액이 부족하면 이용이 제한되므로 주기적으로 잔액을 확인해야 하며, 환승 할인 등 다양한 혜택도 받을 수 있다. 교통 카드는 한국 생활을 더욱 편리하게 만들어 주는 필수 아이템이다.

① 교통 카드로 환승 할인을 받을 수 있다.
② 잔액이 부족하면 교통 카드를 계속 이용할 수 없다
③ 교통 카드는 선불 이용과 후불 이용이 모두 가능하다.
④ 한국의 교통 카드는 이용이 편리하고 다양한 혜택드 있다.

38 아래 글의 제목으로 알맞은 것은?

> 한국에서 여름철 가장 더운 시기를 나타내는 절기인 초복, 중복, 말복은 7월 중순부터 8월 중순까지 10일 간격으로 이어지며 삼복이라고도 불린다. 삼복 중 첫 번째 더위가 시작되는 초복은 7월 중순경이고, 이때 사람들은 더위를 이기기 위해 보양식을 먹으며 건강을 챙긴다. 대표적인 보양식인 삼계탕을 먹으면서 뜨거운 음식을 먹고 땀을 흘려 체온을 조절하는 '이열치열'의 지혜를 실천한다. 중복은 초복 후 약 10일 후에 찾아오는데, 초복보다 더 덥고 습한 날씨가 이어지며 무더위에 피로가 쌓이기 쉽다. 그렇기 때문에 역시 보양식을 챙겨 먹고, 더위로부터 몸을 보호한다. 마지막으로 중복 10일 후에 삼복 중 가장 마지막 절기인 말복이 온다. 말복이 지나면 여름의 더위도 점차 누그러지고, 긴 여름을 마무리할 준비를 한다. 초복, 중복, 말복의 삼복은 더의와 싸우면서도 건강을 지키려는 조상들의 지혜와 전통이 담겨 있는 중요한 시기이다.

① 한국의 삼복
② 더위와 보양식
③ 더위를 쫓아내는 방법
④ 여름 더위의 종류

[39~40] 다음 질문에 답하시오.

39 한국의 만 원권 화폐에 그려져 있는 역사적 인물은?

① 이황 ② 이순신
③ 세종대왕 ④ 신사임당

40 한국의 고유한 명절이 아닌 날은?

① 단오 ② 추석
③ 성탄절 ④ 정월 대보름

[41~44] 다음 질문에 답하시오.

41 한국에서 가장 큰 섬으로 한반도의 남쪽에 있는 섬은?

① 진도 ② 독도
③ 거제도 ④ 제주도

42 한국의 가족 형태 중 부부가 모두 일을 하는 가족은?

① 주말부부 ② 다문화 가족
③ 맞벌이 부부 ④ 한 부모 가족

43 한국의 전통 집인 한옥에서 볼 수 <u>없는</u> 것은?

① 온돌
② 기와
③ 대청마루
④ 자동문

44 한국에서 아기의 첫 번째 생일을 축하하는 의례는?

① 돌잔치
② 환갑잔치
③ 칠순잔치
④ 백일잔치

[45~46] 다음 질문에 답하시오.

45 한국의 정치 형태에 대한 설명으로 맞지 <u>않는</u> 것은?

① 정부는 나라의 살림을 이끌어 가는 곳이다.
② 국회에서는 법을 만들거나 고치는 일, 법을 없애는 일을 한다.
③ 법원에서는 법을 해석하고 적용하여 문제를 해결하는 일을 한다.
④ 정부, 국회, 법원, 시민 단체의 4개 기관이 권력을 나누어 가진다.

46 한국의 복지 제도에 대한 설명으로 맞지 <u>않는</u> 것은?

① 고용 보험: 해고되었을 때 일정 기간 동안 금전적 지원을 받을 수 있다.
② 건강 보험: 몸이 아파서 병원에 갈 때 의료비의 일부를 지원받을 수 있다.
③ 산업 재해 보상 보험: 회사에서 일하다가 사고로 다쳤을 때 보상을 받을 수 있다.
④ 국민연금: 임신부의 건강 관리와 출산에 필요한 비용의 일부를 지원받을 수 있다.

[47~48] 다음 질문에 답하시오.

47 아래 글의 내용과 같은 것은?

> 한국의 전통 가치는 오랜 역사와 문화 속에서 형성된 소중한 유산으로, 지금까지도 한국 사회 속에 깊이 자리 잡고 있다. 첫째, 효(孝)는 부모와 어른을 공경하고 섬기는 가치이다. 가정의 화목과 사회적 유대를 강화하며, 오늘날에도 가족 중심의 문화와 경로사상으로 이어지고 있다. 둘째, 예의와 예절을 중시하는 전통은 인간관계에서의 존중과 배려를 바탕으로 한다. 한국 사회에서의 인사법, 대화 방식, 공공 예절 등은 모두 예의와 관련된 전통적 가치에서 비롯되었다. 이러한 예의범절은 사람들 간의 조화를 이루고 사회 질서를 유지하는 데 중요한 역할을 한다. 셋째, 정(情)은 사람들 간의 따뜻한 정서적 유대감을 의미하며, 가족, 친구, 이웃 간의 깊은 관계 형성에 큰 영향을 미친다. 한국인들은 정(情)을 통해 서로 돕고 나누며, 공동체 의식을 강화해 왔다. 이러한 정서적 유대감은 한국 사회를 더욱 따뜻하고 협력적으로 만드는 데 기여한다. 넷째, 인내와 근면이다. 한국은 역사 속에서 인내와 근면의 정신으로 많은 어려움과 역경을 극복해 왔다. 이는 현대 한국인들의 성실함과 노력하는 정신으로 이어져, 경제와 사회 발전의 원동력이 되었다. 이처럼 대한민국의 전통 가치는 현재까지도 개인과 사회의 조화로운 발전을 도모하는 중요한 요소로 작용하고 있다.

① 한국인들은 인내와 근면을 통해 공동체 의식을 강화해 왔다.
② 효(孝)는 사람들 간의 따뜻한 정서적 유대감을 의미한다.
③ 인내와 근면은 한국 경제와 사회 발전의 원동력이 되었다.
④ 한국 사회에서 인사법, 대화 방식 등은 효(孝)와 관련된 전통적 가치에서 비롯되었다.

48 아래 글의 제목으로 알맞은 것은?

한국에서 외국인이 면접을 준비하고 일자리를 구하는 과정은 여러 측면에서 도전적이지만, 동시에 많은 기회도 함께 제공된다. 첫째, 비자 문제는 외국인 취업의 첫 번째 관문이다. 한국에서 취업하려는 외국인은 주로 특정 활동 비자나 기업 투자 비자를 취득해야 한다. 이를 위해 고용주의 계약서, 학력 증명서, 경력 증명서 등 다양한 서류를 준비해야 한다. 둘째, 한국어 능력이다. 많은 한국 기업들이 한국어를 주요 업무 언어로 사용하기 때문에, 한국어 능력이 높을수록 취업 기회가 늘어난다. 외국인의 한국어 실력을 객관적으로 평가할 수 있는 기준으로 한국어능력시험(TOPIK) 성적을 요구하는 회사도 있다. 다만, 일부 다국적 기업에서는 영어 능력만으로도 충분히 취업할 수 있다. 셋째, 면접 준비는 문화적 이해를 바탕으로 해야 한다. 한국 기업들은 팀워크, 성실성, 조직 적응력을 중시하기 때문에, 면접에서는 이러한 역량을 강조하는 것이 중요하다. 또한, 한국의 비즈니스 문화와 예의범절을 숙지하여 인사말, 존댓말 사용, 단정한 복장 등에 신경을 써야 한다. 넷째, 네트워크는 취업 과정에서 큰 역할을 한다. 한국에서는 인맥으로 취업 정보를 얻거나 추천을 받는 경우가 많다. 따라서 외국인 구직자들도 현지 네트워크 행사나 커뮤니티에 적극적으로 참여하여 인맥을 넓히는 것이 좋다. 이처럼 대한민국에서 외국인이 취업하고 면접을 준비하는 과정은 여러 면에서 철저한 준비와 노력이 필요하다.

① 한국에서 인맥을 형성하는 방법

② 외국인이 한국으로 귀화하기 위한 방법

③ 한국어능력시험(TOPIK)을 준비하는 과정

④ 외국인이 한국에서 취업하기 위해 필요한 노력

[49~50] 다음을 읽고 (   )에 알맞은 것을 쓰시오.

49

가: 마트에서 일한 적이 있는데, 비슷한 일을 하면 좋을 것 같아요.
나: 얼마 전에 ○○마트 채용 공고가 올라온 걸 봤어요. 한번 (   ).
가: 그래요? 먼저 지원서 내용을 확인해야겠어요.

50

가: 고속버스 터미널에서 시외버스를 타야 하는데 터미널까지 어떻게 (   )?
나: 지하철을 타고 가실 거예요?
가: 버스보다는 지하철이 나을 것 같아요.
나: 그럼 3, 7, 9호선을 타고 고속터미널역에서 하차하면 돼요.

구술시험 [01~05번]

※ 구술감독관의 지시에 따라 다음 글을 소리 내어 읽으신 후 질문에 답하여 주시기 바랍니다.

2018년 2월 대한민국 강원도 평창에서 제23회 동계 올림픽이 열렸습니다. 이 올림픽은 한국에서 처음으로 열린 동계 올림픽이고, 동계 올림픽 역사상 처음으로 100개가 넘는 금메달이 걸린 대회였습니다. 평창을 중심으로 강릉과 정선에서 경기가 진행되었습니다. 평창에서는 주로 설상 종목이, 강릉에서는 빙상 종목이, 정선에서는 알파인 스키 경기가 열렸습니다. 개막식에서는 대한민국과 북한 선수단이 한반도기를 들고 공동 입장해서 세계의 이목을 끌었고, 남북한이 단일팀으로 여자 아이스하키 종목에 출전하기도 했습니다. 평창 동계 올림픽은 스포츠를 통해 평화와 화합을 기원하는 의미로서 기억되었으며, 한국의 문화와 기술을 세계에 알리는 중요한 기회가 되었습니다.

01 위의 글을 소리 내어 읽어 보세요.

02 평창 동계 올림픽은 어디에서 열렸으며, 특별한 의미를 담은 일들은 무엇이었나요?

03 ○○ 씨 고향에서도 올림픽을 개최한 적이 있나요? 올림픽 개최국의 국민으로서 어떤 것들을 느꼈나요?

04 한국의 국경일을 알고 있나요? 한국의 국경일과 ○○ 씨 고향의 국경일의 차이점이나 공통점은 무엇인가요?

05 한국의 국민 건강 보험 제도에 대해 알고 있나요? ○○ 씨 고향의 외국인을 위한 국민 건강 보험 제도와는 어떠한 차이점이나 공통점이 있나요?

마무리 모의시험 제5회

| 정답과 해설 47쪽 |

해설 강의

[01~02] 다음 질문에 답하시오.

01 다음 ( )에 들어갈 말로 알맞은 것은?

가: 저 사람들은 무엇을 하고 있어요?
나: ( ).

① 카페에서 메뉴를 고르고 있어요
② 식당에서 밥을 먹고 있어요
③ 회의실에서 업무를 하고 있어요
④ 공원에서 산책하고 있어요

02 다음 ( )에 들어갈 말로 알맞은 것은?

개인의 청결 습관은 어릴 때( ) 형성되며, 꾸준한 교육과 실천이 필요합니다.

① 에서
② 부터
③ 까지
④ 에는

[03~04] 다음 |보기|를 참고하여 밑줄 친 부분과 의미가 반대인 것을 고르시오.

> |보기|
> 가: 그 공원은 한적한가요?
> 나: 아니요, (   ).
> ① 고요해요 ② 비싸요 ❸ 붐벼요 ④ 어려워요

03 가: 요즘 회사 일이 많은가요?
나: 아니요, (   ).

① 피곤해요 ② 적어요 ③ 커요 ④ 친절해요

04 가: 방이 조금 좁지는 않아요?
나: 괜찮아요, 이만하면 (   ).

① 넓어요 ② 깜깜해요 ③ 따뜻해요 ④ 비싸요

[05~06] 다음 (   )에 알맞은 것을 고르시오.

05 수업이 끝나고 모두들 (   )을 나섰다.

① 극장 ② 병원 ③ 교실 ④ 사무실

06 주말은 토요일과 일요일을 묶어서 (   )이에요.

① 모레 ② 이틀 ③ 하루 ④ 사흘

[07~08] 다음 밑줄 친 부분과 의미가 반대인 것을 고르시오.

07 가: 오늘은 집에서 조용히 쉬고 싶어요.
나: 그래요, 여기는 너무 (　　　) 얼른 집에 가서 쉬어요.

① 시끄러우니까　② 깔끔하니까
③ 부드러우니까　④ 기쁘니까

08 가: 시험에 합격했어요?
나: 아직 몰라요. (　　　) 걱정이에요.

① 제출할까 봐　② 이수할까 봐
③ 관찰할까 봐　④ 탈락할까 봐

[09~10] 다음 (　　　)에 알맞은 것을 고르시오.

09 병원에서 (　　　)에게 진료를 받아요.

① 교사　② 점원
③ 의사　④ 승무원

10 출근길에 커피를 (　　　).

① 맡겼어요　② 마셨어요
③ 놀았어요　④ 태웠어요

[11~12] 다음 (　　　)에 알맞은 것을 고르시오.

11 그 가게는 (　　　) 고객을 응대합니다.

① 친절하게　　② 사납게
③ 화려하게　　④ 저렴하게

12 그는 (　　　) 거짓말을 하지 않아요.

① 어찌　　② 결코
③ 어째서　　④ 어떻게

[13~14] 다음 |보기|를 참고하여 밑줄 친 부분과 의미가 비슷한 것을 고르시오.

|보기|
가: 이곳은 항상 북적거리네요.
나: 그러게요. 항상 사람이 많네요.
① 청결하네요　② 비싸네요　❸ 붐비네요　④ 화려하네요

13 가: 이번 시험 참 어려웠죠?
나: 네, 난이도가 높아서 (　　　).

① 썼어요　　② 지쳤어요
③ 조잡했어요　　④ 힘들었어요

14 가: 그의 여동생이 정말 귀여웠죠?
나: 네, 특히 환하게 웃는 모습이 정말 (　　　).

① 흥미로웠어요　　② 어리석었어요
③ 사랑스러웠어요　　④ 만족스러웠어요

[15~18] 다음 (　　　)에 알맞은 것을 고르시오.

15 가: 주말에 부산으로 놀러 간다면서요?
나: 네, 당일치기 여행이라 기차를 타려면 아침 일찍 (　　　).

① 일어났을걸요　② 일어나든지요
③ 일어나야 해요　④ 일어나고 싶었어요

16 가: 아침을 왜 못 먹었어요?
나: 아침 운동을 (　　　) 시간이 없었어요.

① 해야　② 하면서
③ 하지만　④ 하느라고

17 가: 에어컨 수리 비용 많이 나왔어요?
나: 네, 말도 마요. 예상보다 (　　　) 나왔어요.

① 꽤　② 설마
③ 만약　④ 부디

18 **가**: 휴일에 등산을 다녀왔다고 했죠? 어땠어요?
나: 즐거웠어요! 공기도 맑고 새소리도 (   ) 피로가 싹 풀렸어요.

① 시끄러워서
② 어두워서
③ 청아해서
④ 귀찮아서

[19~20] 다음 (   )에 알맞은 것을 고르시오.

19 **가**: 얼굴이 왜 이리 창백해요?
나: 너무 놀라서요. 오다가 (   ).

① 넘어질 뻔했어요
② 넘어지곤 했어요
③ 넘어지지 않았어요
④ 넘어지기 마련이에요

20 **가**: 보고서 제출했어요?
나: 아직요. 이것만 마저 (   ) 제출할게요.

① 써야
② 쓰고 나서
③ 쓰기 위해서
④ 쓰기 때문에

[21~22] 다음 (   )에 알맞은 것을 고르시오.

21 **가**: 곧 식당 마감인데 더 주문하시겠어요?
나: 안 그래도 (   ).

① 일어나곤 했어요
② 일어나는 편이에요
③ 일어나고 말았어요
④ 일어나려던 참이었어요

22 **가**: 왜 이리 버스가 안 올까요?
나: 이 앞에 사고가 나서 (   ).

① 늦나 봐요
② 늦지 마세요
③ 늦기로 해요
④ 늦는 척해요

[23~24] 다음 밑줄 친 부분이 틀린 것을 고르시오.

23 ① 카페에서 커피를 마시면서 이야기를 나눴어요.
② 저는 아침 식사를 드시자마자 운동을 시작했어요.
③ 보고서를 제출하기 위해 관련 서류를 정리 중이에요.
④ 백화점에서 물건을 사던 중에 우연히 친구를 만났어요.

24 ① 입술을 자꾸 깨물면 피가 나요.

② 사진을 찍으면서 즐거운 시간을 보냈어요.

③ 주변을 정돈하는 일은 청결의 첫걸음이에요.

④ 연기로 방 안이 꽉 타서 숨이 막혀요.

[25~26] 다음 (　　　)에 알맞은 것을 고르시오.

25 가: 새로 나온 책 어떤 것 같아요?

나: 문장이 쉬워서 아이들도 읽기 (　　　).

① 편해야 돼요　　② 편한 척해요

③ 편할 것 같아요　　④ 편하기 마련이에요

26 가: 오늘 결혼기념일인데 어떤 케이크를 사면 좋을까요?

나: 보통 (　　　) 초코 케이크나 상큼한 딸기 케이크를 선호하는 편이에요.

① 짭짤한　　② 시큼한

③ 달콤한　　④ 씁쓸한

[27~28] 다음 밑줄 친 부분이 틀린 것을 고르시오.

27 ① 배가 아파서 병원에 갔어요.
② 너무 피곤해서 커피를 마셨어요.
③ 바다가 아름다워서 사진을 찍어야만 했어요.
④ 이불이 불안해서 어제 잠을 푹 잤어요.

28 ① 병원에서 진료를 받는데 의사가 친절했어요.
② 친척들과 어울리면서 명절 연휴를 보냈어요.
③ 커피를 마시다가 전화가 와서 벌떡 일어났어요.
④ 출근을 하느라고 넘어졌어요.

[29~32] 다음을 읽고 (㉠)에 알맞은 것을 고르시오.

29

> 된장국은 한국에서 자주 먹는 국의 한 종류입니다. 만드는 법도 쉬워서 곧잘 만들어 먹곤 하는데요. 먼저 멸치육수 700ml를 준비합니다. 멸치육수를 끓이다가 된장 1큰술을 채반을 이용해 살살 풀어주세요. 그리고 알배추 120g을 깨끗하게 (㉠) 먹기 좋은 크기로 잘라줍니다. 자른 배추를 육수에 넣고 적당한 크기로 자른 호박 120g도 함께 넣어서 끓여 주시고, 두부 160g도 깍둑썰기 해서 함께 넣고 끓여주세요. 이제 다진 마늘 1/2큰술과 대파 1/2대를 넣고 한소끔 끓여 주시면 맛있는 된장국 완성입니다.

① 맞춰서　　② 씻어서
③ 녹여서　　④ 태워서

30

지난 주말, 한국 친구의 아이 돌잔치에 초대받아 다녀왔습니다. 돌잔치는 아이의 첫 번째 생일을 축하하는 중요한 행사로, 가족과 친지들이 함께 모입니다. 아이는 한복을 입고 귀엽게 앉아 있었으며, 돌잡이 행사가 가장 인상적이었습니다. 돌잡이는 아이가 여러 물건 중 하나를 집는 행사로, 그 물건이 아이의 미래를 예측한다고 합니다. 가족들이 함께 아이의 미래를 (㉠) 즐거운 시간을 보내는 모습이 매우 인상적이었습니다. 또한, 모든 손님들이 아이에게 축하 인사를 건네고, 따뜻한 분위기 속에서 이야기를 나누는 모습이 매우 인상 깊었습니다.

① 축복해야
② 축복하며
③ 축복하든지
④ 축복하느라고

31

어제 한국의 한 식당을 방문했을 때 매우 친절한 직원을 만났습니다. 그는 우리를 따뜻하게 맞이하며 자리로 안내해 주었습니다. 메뉴를 고르는 동안에 추천 메뉴를 상세하게 알려 주었고, 음식이 나온 후에도 중간중간 우리가 필요한 것이 없는지 물어봐 주었습니다. 특히, 제가 한국어가 서툴러도 인내심을 가지고 (㉠) 매우 감사했습니다. 그의 미소와 세심한 배려 덕분에 식사가 더욱 즐거웠습니다. 식사를 마친 후에도 감사의 인사를 전하며 기분 좋게 식당을 떠날 수 있었습니다. 이러한 친절한 직원 덕분에 한국에서의 식사 경험이 더욱 특별하고 즐거운 기억으로 남았습니다.

① 거칠게 깎아서
② 시원하게 마셔서
③ 놀랍게 감동해서
④ 친절하게 응대해 주어

32

한국 음식 중에서 가장 좋아하는 음식은 김치찌개이다. 처음 먹었을 때부터 그 맛에 반해버렸다. 친구들에게 김치찌개에 대해 설명하며 (㉠) 칭찬했다. 김치의 매콤한 맛과 돼지고기의 깊은 맛이 어우러져 정말 환상적이라고 말했다. 친구들은 나의 설명에 귀를 기울였고, 결국 함께 한국 식당에 가기로 했다. 그곳에서 김치찌개를 주문하고 함께 먹으니 모두들 만족해 했고, 친구들도 김치찌개를 좋아하게 되었다. 친구들에게 한국 문화를 전파해서 뿌듯한 경험이었다.

① 입에 침이 마르도록
② 손에 땀을 쥐도록
③ 귀가 솔깃하도록
④ 발 벗고 나서도록

[33~34] 다음을 읽고 질문에 답하시오.

33 밑줄 친 ㉠과 의미가 비슷한 것은?

> 안녕하세요, 과장님.
> 저는 제이슨입니다. 요즘 날씨가 변덕스러워서 그런지 감기에 걸려 몸 상태가 ㉠<u>좋지 않습니다</u>. 병원에서 진찰을 받았고, 의사 선생님께서 며칠간 푹 쉬면서 치료를 받아야 한다고 하셨습니다.
> 이에 따라, 오늘부터 내일 모레까지 병가를 신청하고자 합니다. 병가 기간 동안 업무에 차질이 생기지 않도록, 필요한 업무는 루이 씨에게 부탁드리겠습니다.
> 업무에 불편을 끼쳐 죄송하며, 빠른 시일 내에 회복하여 다시 업무에 복귀하겠습니다.
> 감사합니다.
>
> 제이슨 드림.

① 아픕니다　　② 슬픕니다
③ 더럽습니다　　④ 캄캄합니다

34 위 글의 내용과 같은 것은?

① 제이슨의 상사는 부장님이다.
② 제이슨은 하루만 병가를 신청했다.
③ 제이슨의 업무 대체자는 루이 씨다.
④ 제이슨은 업무에 복귀할 생각이 없다.

[35~36] 다음을 읽고 질문에 답하시오.

35 아래 글의 내용과 같은 것은?

> 한국에서 집을 구하기 위해 부동산 중개업소를 방문한 경험이 있습니다. 먼저, 원하는 지역의 부동산 중개업소를 찾아가 상담을 받았습니다. 한국에서는 보증금과 월세 또는 전세라는 독특한 주택 임대 방식을 사용합니다. 중개업자는 제게 다양한 옵션을 제시하며 각 집의 장단점을 설명해 주었습니다. 몇몇 집을 직접 방문하여 상태를 확인하고, 주변 환경도 살펴 보았습니다. 특히, 대중교통 접근성과 생활 편의 시설의 유무가 중요한 요소였습니다. 집을 결정한 후에는 계약서 작성을 위해 필요한 서류와 절차를 안내받았습니다. 한국의 부동산 계약은 매우 체계적이며, 계약서 작성 시 주의할 점들을 상세히 설명해 주어 큰 도움이 되었습니다. 이 과정을 통해 한국의 주택 임대 문화를 이해할 수 있었습니다. 친절한 중개업자의 도움 덕분에 원하는 집을 찾을 수 있었고, 한국에서의 생활이 더욱 편안해졌습니다.

① 한국에서는 주택 임대 방식으로 월세만 사용한다.

② 집을 구할 때 방문하지 않고 사진만 보며 정한다.

③ 대중교통 접근성은 집을 구할 때 중요한 요소가 아니다.

④ 한국의 부동산 계약은 체계적이다.

36 아래 글의 내용과 같은 것은?

> 중국에는 55개의 소수 민족이 존재하며, 각각 독특한 문화와 전통을 가지고 있다. 티베트족은 티베트 고원에서 살며, 불교 문화를 중심으로 생활한다. 위구르족은 신장 자치구에 주로 거주하며, 이슬람 문화를 유지하고 있다. 먀오족은 화려한 전통 의상과 독특한 음악으로 유명하다. 다이족은 물 축제인 송크란을 통해 연례적으로 새해를 축하한다. 동족은 아름다운 산악 지역에 거주하며, 전통적인 농업과 수공예를 이어 가고 있다. 하니족은 계단식 논으로 유명하며, 독특한 농업 문화를 가지고 있다. 소수 민족들의 전통 축제와 의식은 중국의 문화적 다양성을 보여 준다. 중국 정부는 소수 민족의 문화와 권리를 보호하기 위한 다양한 정책을 시행하고 있다.

① 중국에는 33개의 소수 민족이 존재한다.

② 위구르족은 힌두 문화를 유지하고 있다.

③ 하니족은 어업 문화가 중요하다.

④ 동족은 산악 지역에 거주한다.

[37~38] 다음을 읽고 질문에 답하시오.

37 아래 글의 중심 내용으로 알맞은 것은?

> 한국에서 대중교통을 이용할 때는 전화 예절을 지키는 것이 매우 중요합니다. 지하철이나 버스 안에서는 조용히 하며 다른 승객들에게 불편을 주지 않도록 주의해야 합니다. 전화 통화는 최대한 짧게 하고, 가능한 한 작은 목소리로 대화하는 것이 좋습니다. 특히, 통화 내용이 중요한 경우에도 주변 사람들을 배려하여 조용한 곳에서 통화하는 것이 바람직합니다. 또한 스피커폰 사용은 피하고 이어폰을 사용하는 것이 예의입니다. 대중교통에서는 조용한 환경을 유지하는 것이 기본적인 예절로 여겨집니다. 이러한 예절을 지키지 않으면 다른 승객들에게 불편과 불쾌감을 줄 수 있습니다. 공공장소에서의 기본적인 예절을 지키면 모든 승객들이 편안하고 쾌적한 여행을 즐길 수 있습니다. 다음에 한국의 대중교통을 이용할 때는 이러한 예절을 꼭 기억하고 실천하시길 바랍니다.

① 대중교통의 불편함
② 대중교통에서의 전화 예절
③ 대중교통에서의 스피커폰 사용법
④ 대중교통 예절의 효율성

38 아래 글의 제목으로 알맞은 것은?

> 안녕하세요! 다가오는 주말에 열리는 한국의 봄꽃 축제에 여러분을 초대합니다. 이 축제는 매년 봄마다 열리며, 아름다운 꽃들이 만개하는 시기에 맞추어 진행됩니다. 축제는 4월 10일부터 4월 12일까지 3일간 열리며, 장소는 서울의 여의도 공원입니다. 다양한 꽃 전시와 함께 음악 공연, 전통 음식 체험, 그리고 다양한 체험 부스가 마련되어 있습니다. 가족, 친구들과 함께 오셔서 봄의 아름다움을 만끽하고 즐거운 시간을 보내시기 바랍니다. 특히, 꽃 사진 콘테스트와 야간 불꽃놀이도 준비되어 있으니 놓치지 마세요. 참가비는 무료이며, 누구나 참여할 수 있습니다. 대중교통을 이용하시면 더욱 편리하게 오실 수 있습니다. 주차 공간이 협소하니 가급적 대중교통을 이용해 주시기 바랍니다. 더 자세한 정보는 공식 웹사이트에서 확인하실 수 있습니다. 많은 관심과 참여 부탁드립니다. 감사합니다!

① 봄꽃 축제 전시법
② 봄꽃 축제 준비물
③ 봄꽃 축제 안내문
④ 봄꽃 축제 금지문

[39~40] 다음 질문에 답하시오.

39 한국의 명절인 정월 대보름에 먹는 음식은?

① 팥죽 ② 송편
③ 떡국 ④ 오곡밥

40 나라를 세운 인물이 잘못 짝 지어진 것은?

① 고려 – 왕건 ② 발해 – 주몽
③ 조선 – 이성계 ④ 고조선 – 단군왕검

[41~44] 다음 질문에 답하시오.

41 한국을 상징하는 꽃은?

① 장미 ② 벚꽃
③ 진달래 ④ 무궁화

42 한국의 기념일이 아닌 것은?

① 어린이날 ② 어버이날
③ 현충일 ④ 추수 감사절

43 **한국에서 조상이 돌아가신 날이나 명절에 조상을 추모하는 의례는?**

① 제사
② 개막식
③ 결혼식
④ 장례식

44 **한국의 전통 가치가 아닌 것은?**

① 효
② 예절
③ 상부상조
④ 개인주의

[45~46] 다음 질문에 답하시오.

45 **한국의 국경일에 대한 설명으로 맞지 않는 것은?**

① 3·1절: 한국인들이 독립운동을 벌인 것을 기념하는 날
② 한글날: 세종대왕이 한글을 만든 것(창제)을 기념하는 날
③ 광복절: 한국이 일본으로부터 독립하고 나라의 주권을 다시 찾은 날
④ 제헌절: 한반도 역사상 최초의 국가인 고조선이 세워진 것을 기념하는 날

46 **한국의 기후에 대한 설명으로 맞지 않는 것은?**

① 봄, 여름, 가을, 겨울의 사계절이 뚜렷하다.
② 겨울에는 태풍이나 집중 호우가 자주 발생한다.
③ 가을에는 산과 들로 단풍 구경을 가는 사람들이 많다.
④ 봄에는 미세 먼지와 황사에 대비하기 위해 마스크를 쓰기도 한다.

[47~48] 다음 질문에 답하시오.

47 아래 글의 내용과 같은 것은?

> 한국은 다문화 가족의 안정적 정착과 사회 통합을 위해 다양한 제도를 운영하고 있다. 전국에 설립된 다문화 가족 지원센터는 다문화 가족에게 언어 교육, 상담, 문화 프로그램 등을 제공한다. 한국어 교육 프로그램은 외국인 배우자와 자녀가 한국 사회에 적응할 수 있도록 돕고 있으며, 자녀의 학습 지원을 위한 방과후 학교, 학습 멘토링, 장학금 제도도 마련되어 있다. 특히, 다문화 가족의 건강 관리를 위해 무료 건강 검진과 의료비 지원이 제공되며, 다문화 가정의 경제적 안정을 위한 취업 지원 프로그램도 운영되고 있다. 이를 통해 외국인 배우자가 안정적으로 취업할 수 있도록 돕고 있다. 또한, 법무부는 다문화 가족의 법적 권리 보호를 위해 결혼 이민자와 그 가족의 비자 발급 절차를 간소화하고, 체류 기간 연장 및 영주권 취득을 지원한다. 정부는 다문화 가족이 겪는 사회적 편견과 차별을 해소하기 위해 다양한 캠페인과 교육 프로그램을 실시하고 있으며, 다문화 가족의 목소리를 정책에 반영하기 위해 지속적으로 노력하고 있다. 이러한 제도들은 다문화 가족의 삶의 질을 향상시키고, 그들이 대한민국 사회에서 평등한 구성원으로 자리 잡을 수 있도록 돕고 있다.

① 다문화 가족은 법적 권리 보호를 받을 수 없다.
② 법무부는 다문화 가족의 영주권 취득을 지원하지 않는다.
③ 다문화 가족 지원센터는 다문화 가족에게 한 가지 혜택만 제공한다.
④ 정부는 다문화 가족이 겪는 차별을 해소하기 위해 캠페인을 실시하고 있다.

48 아래 글의 제목으로 알맞은 것은?

국제화 시대는 국경을 넘어선 교류와 협력이 활발해지는 현대 사회의 특징을 반영한다. 정보 통신 기술의 발달로 전 세계가 실시간으로 연결되면서 사람, 상품, 정보의 이동이 더욱 자유로워졌다. 이는 경제, 문화, 교육 등 다양한 분야에 걸쳐 큰 변화를 가져왔다. 경제적으로는 다국적 기업의 활동이 증가하고, 국제 무역이 활발해지면서 글로벌 시장이 형성되었다. 기업들은 더 넓은 시장을 목표로 경쟁하고 협력하며, 이는 각국의 경제 성장과 일자리 창출에 기여하고 있다. 문화적으로는 다양한 국가의 문화가 상호 작용하면서 새로운 문화적 융합이 일어나고 있다. 영화, 음악, 음식 등 여러 문화 콘텐츠가 국경을 넘어 소비되며, 사람들은 서로의 문화를 배우고 존중하는 기회를 가지게 된다. 이는 문화 다양성을 증진하고, 상호 이해를 높이는 데 기여하고 있다. 교육 분야에서는 국제 교류 프로그램과 유학이 활성화되면서 학생들이 다양한 국가에서 학문을 탐구하고 경험을 쌓을 수 있게 되었다. 이는 글로벌 인재를 양성하는 데 중요한 역할을 하고 있다. 그러나 국제화는 불평등, 문화 충돌, 환경 문제 등의 과제도 함께 가져온다. 이를 해결하기 위해 국제 사회는 협력과 공존을 위한 노력을 지속해야 한다. 국제화 시대는 기회와 도전이 공존하는 복합적인 모습으로, 우리는 이를 통해 더 나은 미래를 만들어 나가야 한다.

① 국제화 시대의 특징
② 다국적 기업의 형성 과정
③ 국제 교류 프로그램의 종류
④ 무역 분쟁이 일어나는 까닭

[49~50] 다음을 읽고 (   )에 알맞은 것을 쓰시오

49

가: 저기, 이 버스 시청까지 가니?
나: 네, 할머니. 시청까지 가요. 저도 그쪽으로 가는데 안내해 드릴까요?
가: 그러면 정말 (   ). 요즘 길이 헷갈려서.
나: 걱정 마세요, 같이 내려서 안내해 드릴게요.

50

가: 선생님, 7시 45분은 어떻게 읽어요?
나: 시침이 7에 있고, 분침이 9에 있으면 7시 45분이야.
가: 아, 이제 알겠어요. 그럼 8시 30분은요?
나: 시침이 8에 있고, (   ) 8시 30분이 되는 거야. 이해했지?

구술시험 [01~05번]

※ 구술감독관의 지시에 따라 다음 글을 소리 내어 읽으신 후 질문에 답하여 주시기 바랍니다.

> 한국의 K-pop 문화는 전 세계적으로 큰 인기를 끌고 있는 현상입니다. K-pop은 한국의 대중음악을 의미하며, 화려한 퍼포먼스와 중독성 있는 멜로디로 유명합니다. BTS, 블랙핑크 등 세계적으로 유명한 K-pop 아이돌 그룹들은 수백만 명의 팬을 보유하고 있습니다. 이들의 음악과 춤은 매우 높은 수준의 연습과 노력을 필요로 하며, 완성도 높은 무대는 팬들에게 큰 감동을 줍니다. 또한, K-pop 문화는 음악을 넘어 패션, 뷰티, 드라마 등 다양한 분야에 영향을 미치고 있습니다. K-pop 팬들은 소셜 미디어를 통해 활발하게 소통하며, 팬미팅, 콘서트 등 다양한 이벤트를 통해 아티스트와 직접 소통하기도 합니다. 한국의 K-pop은 이제 단순한 음악을 넘어 하나의 문화로 자리 잡았으며, 전 세계 사람들에게 한국의 문화를 알리는 중요한 역할을 하고 있습니다. K-pop의 인기는 계속해서 성장하고 있으며, 앞으로도 많은 사람들이 이 문화를 즐기고 사랑할 것입니다. 한국을 방문하는 많은 외국인들이 K-pop을 경험하며 한국 문화에 대한 이해와 관심을 더욱 깊게 가질 수 있기를 바랍니다.

01 위의 글을 소리 내어 읽어 보세요.

02 K-pop이 팬들에게 감동을 주는 이유는 무엇이며, 어떠한 영향을 미치고 있나요?

03 ○○ 씨는 K-pop을 좋아하나요? 혹시 좋아하는 그룹이 있다면 그 그룹의 대표곡을 말해 주세요.

04 한국 생활에 있어서 유용한 공공 전화번호를 알고 있나요? 알고 있는 전화번호 세 개와 그 번호가 어떨 때 사용하는 것인지 설명해 보세요.

05 한국의 법에 대해 알고 있나요? 한국의 헌법에서 보장하는 기본권에 대해 말해 보세요.

사회통합프로그램 기본소양 평가답안지 □ 사전평가 □ 중간평가 □ 종합평가

법무부 출입국 외국인정책 본부

외 국 인 등 록 번 호													
						–							
⓪	⓪	⓪	⓪	⓪	⓪		⓪	⓪	⓪	⓪	⓪	⓪	⓪
①	①	①	①	①	①		①	①	①	①	①	①	①
②	②	②	②	②	②		②	②	②	②	②	②	②
③	③	③	③	③	③		③	③	③	③	③	③	③
④	④	④	④	④	④		④	④	④	④	④	④	④
⑤	⑤	⑤	⑤	⑤	⑤	–	⑤	⑤	⑤	⑤	⑤	⑤	⑤
⑥	⑥	⑥	⑥	⑥	⑥		⑥	⑥	⑥	⑥	⑥	⑥	⑥
⑦	⑦	⑦	⑦	⑦	⑦		⑦	⑦	⑦	⑦	⑦	⑦	⑦
⑧	⑧	⑧	⑧	⑧	⑧		⑧	⑧	⑧	⑧	⑧	⑧	⑧
⑨	⑨	⑨	⑨	⑨	⑨		⑨	⑨	⑨	⑨	⑨	⑨	⑨

시험지 유형	영문 이름				
	객 관 식				
Ⓐ	1 ①②③④	11 ①②③④	21 ①②③④	31 ①②③④	41 ①②③④
	2 ①②③④	12 ①②③④	22 ①②③④	32 ①②③④	42 ①②③④
	3 ①②③④	13 ①②③④	23 ①②③④	33 ①②③④	43 ①②③④
Ⓑ	4 ①②③④	14 ①②③④	24 ①②③④	34 ①②③④	44 ①②③④
	5 ①②③④	15 ①②③④	25 ①②③④	35 ①②③④	45 ①②③④
	6 ①②③④	16 ①②③④	26 ①②③④	36 ①②③④	46 ①②③④
	7 ①②③④	17 ①②③④	27 ①②③④	37 ①②③④	47 ①②③④
	8 ①②③④	18 ①②③④	28 ①②③④	38 ①②③④	48 ①②③④
	9 ①②③④	19 ①②③④	29 ①②③④	39 ①②③④	
	10 ①②③④	20 ①②③④	30 ①②③④	40 ①②③④	

※주관식(단답형) 답은 아래에 기입하십시오.

※감독자만 기입하십시오.

주관식1		주관식2		구술형점수		감독 서명
⓪	⓪	⓪	⓪	⓪	⓪	
①	①	①	①	①	①	
②	②	②	②	②	②	
③	③	③	③	③	③	
④	④	④	④		④	
⑤	⑤	⑤	⑤		⑤	
					⑥	
					⑦	
					⑧	
					⑨	

주 관 식 1	주 관 식 2

절취선

법무부 출입국 외국인정책 본부

사회통합프로그램 기본소양 평가답안지 ☐ 사전평가 ☐ 중간평가 ☐ 종합평가

외 국 인 등 록 번 호													
						–							
⓪	⓪	⓪	⓪	⓪	⓪		⓪	⓪	⓪	⓪	⓪	⓪	⓪
①	①	①	①	①	①		①	①	①	①	①	①	①
②	②	②	②	②	②		②	②	②	②	②	②	②
③	③	③	③	③	③		③	③	③	③	③	③	③
④	④	④	④	④	④	–	④	④	④	④	④	④	④
⑤	⑤	⑤	⑤	⑤	⑤		⑤	⑤	⑤	⑤	⑤	⑤	⑤
⑥	⑥	⑥	⑥	⑥	⑥		⑥	⑥	⑥	⑥	⑥	⑥	⑥
⑦	⑦	⑦	⑦	⑦	⑦		⑦	⑦	⑦	⑦	⑦	⑦	⑦
⑧	⑧	⑧	⑧	⑧	⑧		⑧	⑧	⑧	⑧	⑧	⑧	⑧
⑨	⑨	⑨	⑨	⑨	⑨		⑨	⑨	⑨	⑨	⑨	⑨	⑨

시험지 유형	영문 이름									
	객 관 식									
Ⓐ Ⓑ	1	①②③④	11	①②③④	21	①②③④	31	①②③④	41	①②③④
	2	①②③④	12	①②③④	22	①②③④	32	①②③④	42	①②③④
	3	①②③④	13	①②③④	23	①②③④	33	①②③④	43	①②③④
	4	①②③④	14	①②③④	24	①②③④	34	①②③④	44	①②③④
	5	①②③④	15	①②③④	25	①②③④	35	①②③④	45	①②③④
	6	①②③④	16	①②③④	26	①②③④	36	①②③④	46	①②③④
	7	①②③④	17	①②③④	27	①②③④	37	①②③④	47	①②③④
	8	①②③④	18	①②③④	28	①②③④	38	①②③④	48	①②③④
	9	①②③④	19	①②③④	29	①②③④	39	①②③④		
	10	①②③④	20	①②③④	30	①②③④	40	①②③④		

※주관식(단답형) 답은 아래에 기입하십시오.

※감독자만 기입하십시오.

주관식1		주관식2		구술형점수		감독 서명
⓪	⓪	⓪	⓪	⓪	⓪	
①	①	①	①	①	①	
②	②	②	②	②	②	
③	③	③	③	③	③	
④	④	④	④		④	
⑤	⑤	⑤	⑤		⑤	
					⑥	
					⑦	
					⑧	
					⑨	

주 관 식 1	주 관 식 2

절취선

사회통합프로그램 기본소양 평가답안지 ☐ 사전평가 ☐ 중간평가 ☐ 종합평가

법무부 출입국 외국인정책 본부

외국인등록번호													
							–						
⓪	⓪	⓪	⓪	⓪	⓪			⓪	⓪	⓪	⓪	⓪	⓪	⓪
①	①	①	①	①	①			①	①	①	①	①	①	①
②	②	②	②	②	②			②	②	②	②	②	②	②
③	③	③	③	③	③			③	③	③	③	③	③	③
④	④	④	④	④	④			④	④	④	④	④	④	④
⑤	⑤	⑤	⑤	⑤	⑤	–		⑤	⑤	⑤	⑤	⑤	⑤	⑤
⑥	⑥	⑥	⑥	⑥	⑥			⑥	⑥	⑥	⑥	⑥	⑥	⑥
⑦	⑦	⑦	⑦	⑦	⑦			⑦	⑦	⑦	⑦	⑦	⑦	⑦
⑧	⑧	⑧	⑧	⑧	⑧			⑧	⑧	⑧	⑧	⑧	⑧	⑧
⑨	⑨	⑨	⑨	⑨	⑨			⑨	⑨	⑨	⑨	⑨	⑨	⑨

시험지 유형	영문 이름	
Ⓐ Ⓑ		

※주관식(단답형) 답은 아래에 기입하십시오.

객관식

1	① ② ③ ④	11	① ② ③ ④	21	① ② ③ ④	31	① ② ③ ④	41	① ② ③ ④
2	① ② ③ ④	12	① ② ③ ④	22	① ② ③ ④	32	① ② ③ ④	42	① ② ③ ④
3	① ② ③ ④	13	① ② ③ ④	23	① ② ③ ④	33	① ② ③ ④	43	① ② ③ ④
4	① ② ③ ④	14	① ② ③ ④	24	① ② ③ ④	34	① ② ③ ④	44	① ② ③ ④
5	① ② ③ ④	15	① ② ③ ④	25	① ② ③ ④	35	① ② ③ ④	45	① ② ③ ④
6	① ② ③ ④	16	① ② ③ ④	26	① ② ③ ④	36	① ② ③ ④	46	① ② ③ ④
7	① ② ③ ④	17	① ② ③ ④	27	① ② ③ ④	37	① ② ③ ④	47	① ② ③ ④
8	① ② ③ ④	18	① ② ③ ④	28	① ② ③ ④	38	① ② ③ ④	48	① ② ③ ④
9	① ② ③ ④	19	① ② ③ ④	29	① ② ③ ④	39	① ② ③ ④		
10	① ② ③ ④	20	① ② ③ ④	30	① ② ③ ④	40	① ② ③ ④		

※감독자만 기입하십시오.

주관식1		주관식2		구술형점수		감독 서명
⓪	⓪	⓪	⓪	⓪	⓪	
①	①	①	①	①	①	
②	②	②	②	②	②	
③	③	③	③	③	③	
④	④	④	④		④	
⑤	⑤	⑤	⑤		⑤	
					⑥	
					⑦	
					⑧	
					⑨	

주 관 식 1	주 관 식 2

절취선

법무부 출입국 외국인정책 본부

사회통합프로그램 기본소양 평가답안지 ☐ 사전평가 ☐ 중간평가 ☐ 종합평가

외 국 인 등 록 번 호													
						–							
⓪	⓪	⓪	⓪	⓪	⓪		⓪	⓪	⓪	⓪	⓪	⓪	⓪
①	①	①	①	①	①		①	①	①	①	①	①	①
②	②	②	②	②	②		②	②	②	②	②	②	②
③	③	③	③	③	③		③	③	③	③	③	③	③
④	④	④	④	④	④		④	④	④	④	④	④	④
⑤	⑤	⑤	⑤	⑤	⑤	–	⑤	⑤	⑤	⑤	⑤	⑤	⑤
⑥	⑥	⑥	⑥	⑥	⑥		⑥	⑥	⑥	⑥	⑥	⑥	⑥
⑦	⑦	⑦	⑦	⑦	⑦		⑦	⑦	⑦	⑦	⑦	⑦	⑦
⑧	⑧	⑧	⑧	⑧	⑧		⑧	⑧	⑧	⑧	⑧	⑧	⑧
⑨	⑨	⑨	⑨	⑨	⑨		⑨	⑨	⑨	⑨	⑨	⑨	⑨

시험지 유형	영문 이름								
	객 관 식								
Ⓐ	1	①②③④	11	①②③④	21	①②③④	31	①②③④	41 ①②③④
	2	①②③④	12	①②③④	22	①②③④	32	①②③④	42 ①②③④
	3	①②③④	13	①②③④	23	①②③④	33	①②③④	43 ①②③④
Ⓑ	4	①②③④	14	①②③④	24	①②③④	34	①②③④	44 ①②③④
	5	①②③④	15	①②③④	25	①②③④	35	①②③④	45 ①②③④
	6	①②③④	16	①②③④	26	①②③④	36	①②③④	46 ①②③④
	7	①②③④	17	①②③④	27	①②③④	37	①②③④	47 ①②③④
	8	①②③④	18	①②③④	28	①②③④	38	①②③④	48 ①②③④
	9	①②③④	19	①②③④	29	①②③④	39	①②③④	
	10	①②③④	20	①②③④	30	①②③④	40	①②③④	

※주관식(단답형) 답은 아래에 기입하십시오.

※감독자만 기입하십시오.

주관식1		주관식2		구술형점수		감독 서명
⓪	⓪	⓪	⓪	⓪	⓪	
①	①	①	①	①	①	
②	②	②	②	②	②	
③	③	③	③	③	③	
④	④	④	④		④	
⑤	⑤	⑤	⑤		⑤	
					⑥	
					⑦	
					⑧	
					⑨	

주 관 식 1	주 관 식 2

절취선

사회통합프로그램 기본소양 평가답안지 □ 사전평가 □ 중간평가 □ 종합평가

법무부 출입국 외국인정책 본부

※감독자만 기입하십시오.

외국인등록번호													
							–							
⓪	⓪	⓪	⓪	⓪	⓪		⓪	⓪	⓪	⓪	⓪	⓪	⓪
①	①	①	①	①	①		①	①	①	①	①	①	①
②	②	②	②	②	②		②	②	②	②	②	②	②
③	③	③	③	③	③		③	③	③	③	③	③	③
④	④	④	④	④	④		④	④	④	④	④	④	④
⑤	⑤	⑤	⑤	⑤	⑤	–	⑤	⑤	⑤	⑤	⑤	⑤	⑤
⑥	⑥	⑥	⑥	⑥	⑥		⑥	⑥	⑥	⑥	⑥	⑥	⑥
⑦	⑦	⑦	⑦	⑦	⑦		⑦	⑦	⑦	⑦	⑦	⑦	⑦
⑧	⑧	⑧	⑧	⑧	⑧		⑧	⑧	⑧	⑧	⑧	⑧	⑧
⑨	⑨	⑨	⑨	⑨	⑨		⑨	⑨	⑨	⑨	⑨	⑨	⑨

시험지 유형	영문 이름	
Ⓐ Ⓑ		

※주관식(단답형) 답은 아래에 기입하십시오.

객관식

1 ①②③④	11 ①②③④	21 ①②③④	31 ①②③④	41 ①②③④
2 ①②③④	12 ①②③④	22 ①②③④	32 ①②③④	42 ①②③④
3 ①②③④	13 ①②③④	23 ①②③④	33 ①②③④	43 ①②③④
4 ①②③④	14 ①②③④	24 ①②③④	34 ①②③④	44 ①②③④
5 ①②③④	15 ①②③④	25 ①②③④	35 ①②③④	45 ①②③④
6 ①②③④	16 ①②③④	26 ①②③④	36 ①②③④	46 ①②③④
7 ①②③④	17 ①②③④	27 ①②③④	37 ①②③④	47 ①②③④
8 ①②③④	18 ①②③④	28 ①②③④	38 ①②③④	48 ①②③④
9 ①②③④	19 ①②③④	29 ①②③④	39 ①②③④	
10 ①②③④	20 ①②③④	30 ①②③④	40 ①②③④	

주관식1	주관식2	구술형점수				감독 서명
⓪	⓪	⓪	⓪	⓪	⓪	
①	①	①	①	①	①	
②	②	②	②	②	②	
③	③	③	③	③	③	
④	④	④	④		④	
⑤	⑤	⑤	⑤		⑤	
					⑥	
					⑦	
					⑧	
					⑨	

주관식 1	주관식 2

절취선

사회통합프로그램 기본소양 평가답안지 □ 사전평가 □ 중간평가 □ 종합평가

법무부 출입국 외국인정책 본부

외 국 인 등 록 번 호													
						–							
⓪	⓪	⓪	⓪	⓪	⓪		⓪	⓪	⓪	⓪	⓪	⓪	⓪
①	①	①	①	①	①		①	①	①	①	①	①	①
②	②	②	②	②	②		②	②	②	②	②	②	②
③	③	③	③	③	③		③	③	③	③	③	③	③
④	④	④	④	④	④	–	④	④	④	④	④	④	④
⑤	⑤	⑤	⑤	⑤	⑤		⑤	⑤	⑤	⑤	⑤	⑤	⑤
⑥	⑥	⑥	⑥	⑥	⑥		⑥	⑥	⑥	⑥	⑥	⑥	⑥
⑦	⑦	⑦	⑦	⑦	⑦		⑦	⑦	⑦	⑦	⑦	⑦	⑦
⑧	⑧	⑧	⑧	⑧	⑧		⑧	⑧	⑧	⑧	⑧	⑧	⑧
⑨	⑨	⑨	⑨	⑨	⑨		⑨	⑨	⑨	⑨	⑨	⑨	⑨

시험지 유형	영문 이름	
Ⓐ Ⓑ		

※주관식(단답형) 답은 아래에 기입하십시오.

객 관 식									
1	① ② ③ ④	11	① ② ③ ④	21	① ② ③ ④	31	① ② ③ ④	41	① ② ③ ④
2	① ② ③ ④	12	① ② ③ ④	22	① ② ③ ④	32	① ② ③ ④	42	① ② ③ ④
3	① ② ③ ④	13	① ② ③ ④	23	① ② ③ ④	33	① ② ③ ④	43	① ② ③ ④
4	① ② ③ ④	14	① ② ③ ④	24	① ② ③ ④	34	① ② ③ ④	44	① ② ③ ④
5	① ② ③ ④	15	① ② ③ ④	25	① ② ③ ④	35	① ② ③ ④	45	① ② ③ ④
6	① ② ③ ④	16	① ② ③ ④	26	① ② ③ ④	36	① ② ③ ④	46	① ② ③ ④
7	① ② ③ ④	17	① ② ③ ④	27	① ② ③ ④	37	① ② ③ ④	47	① ② ③ ④
8	① ② ③ ④	18	① ② ③ ④	28	① ② ③ ④	38	① ② ③ ④	48	① ② ③ ④
9	① ② ③ ④	19	① ② ③ ④	29	① ② ③ ④	39	① ② ③ ④		
10	① ② ③ ④	20	① ② ③ ④	30	① ② ③ ④	40	① ② ③ ④		

※감독자만 기입하십시오.

주관식1		주관식2		구술형점수		감독 서명
⓪	⓪	⓪	⓪	⓪	⓪	
①	①	①	①	①	①	
②	②	②	②	②	②	
③	③	③	③	③	③	
④	④	④	④		④	
⑤	⑤	⑤	⑤		⑤	
					⑥	
					⑦	
					⑧	
					⑨	

주 관 식 1	주 관 식 2

절취선

사회통합프로그램 기본소양 평가답안지 ☐ 사전평가 ☐ 중간평가 ☐ 종합평가

법무부 출입국 외국인정책 본부

외 국 인 등 록 번 호													
						–							
⓪~⑨	⓪~⑨	⓪~⑨	⓪~⑨	⓪~⑨	⓪~⑨	–	⓪~⑨	⓪~⑨	⓪~⑨	⓪~⑨	⓪~⑨	⓪~⑨	⓪~⑨

시험지 유형	영문 이름	
Ⓐ Ⓑ		

※주관식(단답형) 답은 아래에 기입하십시오.

객 관 식

1	① ② ③ ④	11	① ② ③ ④	21	① ② ③ ④	31	① ② ③ ④	41	① ② ③ ④
2	① ② ③ ④	12	① ② ③ ④	22	① ② ③ ④	32	① ② ③ ④	42	① ② ③ ④
3	① ② ③ ④	13	① ② ③ ④	23	① ② ③ ④	33	① ② ③ ④	43	① ② ③ ④
4	① ② ③ ④	14	① ② ③ ④	24	① ② ③ ④	34	① ② ③ ④	44	① ② ③ ④
5	① ② ③ ④	15	① ② ③ ④	25	① ② ③ ④	35	① ② ③ ④	45	① ② ③ ④
6	① ② ③ ④	16	① ② ③ ④	26	① ② ③ ④	36	① ② ③ ④	46	① ② ③ ④
7	① ② ③ ④	17	① ② ③ ④	27	① ② ③ ④	37	① ② ③ ④	47	① ② ③ ④
8	① ② ③ ④	18	① ② ③ ④	28	① ② ③ ④	38	① ② ③ ④	48	① ② ③ ④
9	① ② ③ ④	19	① ② ③ ④	29	① ② ③ ④	39	① ② ③ ④		
10	① ② ③ ④	20	① ② ③ ④	30	① ② ③ ④	40	① ② ③ ④		

※감독자만 기입하십시오.

주관식1		주관식2		구술형점수		감독 서명
⓪~⑤	⓪~⑤	⓪~⑤	⓪~⑤	⓪~③	⓪~⑨	

주 관 식 1	주 관 식 2

절취선

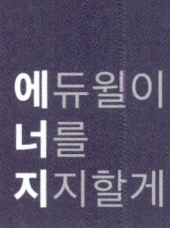

성공은 우리가 생각하는
자신의 모습을 끌어올리는 것에서
시작한다.

– 덱스터 예거(Dexter Yager)

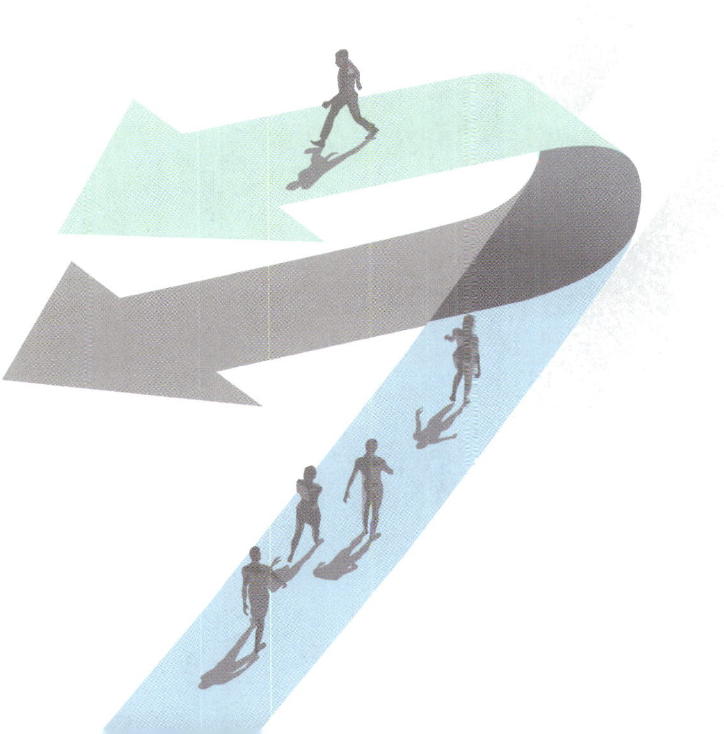

여러분의 작은 소리
에듀윌은 크게 듣겠습니다.

본 교재에 대한 여러분의 목소리를 들려주세요.
공부하시면서 어려웠던 점, 궁금한 점,
칭찬하고 싶은 점, 개선할 점, 어떤 것이라도 좋습니다.

에듀윌은 여러분께서 나누어 주신 의견을
통해 끊임없이 발전하고 있습니다.

에듀윌 도서몰 book.eduwill.net
- 부가학습자료 및 정오표: 에듀윌 도서몰 → 도서자료실
- 교재 문의: 에듀윌 도서몰 → 문의하기 → 교재(내용, 출간) / 주문 및 배송

최신판 에듀윌 사회통합프로그램 사전평가 핵심총정리(모의시험 5회분+무료특강)

발 행 일	2026년 1월 5일 초판
저 자	사회통합프로그램에듀테크
펴 낸 이	양형남
개 발	정상욱, 남궁현
펴 낸 곳	(주)에듀윌
등록번호	제25100-2002-000052호
주 소	08378 서울특별시 구로구 디지털로34길 55 코오롱싸이언스밸리 2차 3층
I S B N	979-11-360-3971-2(13710)

www.eduwill.net
대표전화 1600-6700

최신판

eduwill

에듀윌 사회통합프로그램
사전평가 핵심총정리

모의시험 5회분+무료특강

정답과 해설

핵심이론 실전문제 / 마무리 모의시험

중국어 해설
바로가기

에듀윌에서
공부해듀~

정답과 해설

eduwill

정답과 해설 Ⅰ 한국어

유형 01 | 이름을 나타내는 말

유형 잡는 실전문제

17쪽

01 ④ 02 ② 03 ②

01 ④

시계의 시침은 4와 5 사이를, 분침은 6을 가리키고 있으므로 시계가 나타내는 시각은 4시 30분이다. 4시 30분은 '4시 반'으로도 말할 수 있다.

02 ②

정형외과는 어깨, 팔, 다리, 허리 등이 아플 때 간다.

오답 해설

① 이비인후과는 귀, 코, 목 등이 아플 때 간다.
③ 내과는 소화 기관, 호흡기, 기관지 등이 아플 때 간다.
④ 안과는 눈 등이 아플 때 간다.

03 ②

마실 것을 담는 컵 등을 세는 단위는 '잔', 빵이나 케이크 등의 부분을 세는 단위는 '조각'이다.

오답 해설

'개'는 사물을 세는 단위, '병'은 음료수 등의 액체를 담은 용기를 세는 단위, '대'는 기계 등을 세는 단위이다.

유형 02 | 행동과 상태를 나타내는 말

유형 잡는 실전문제

24쪽

01 ③ 02 ② 03 ④ 04 ② 05 ④
06 ② 07 ② 08 ③

01 ③

약속은 동사 '지키다'와 연결된다. 동사 '만나다'와 '보다'의 목적어가 '약속'이 될 수 없으므로 정답은 ③번이다.

02 ②

회사에서 집중해야 하는 순간은 업무를 할 때이다.

03 ④

한국어를 잘해서 적응을 빨리 한 라흐만을 부러워하고 있다.

04 ②

나머지 선택지들은 부정적 성격을 나타내는 형용사이다. 본문에서 라흐만에 대해 '나'가 긍정적으로 보고 있으므로 정답은 '쾌활하다'이다.

05 ④

'맵다'는 맛에 대한 형용사이므로 사람을 수식할 때는 사용하지 않는다.

06 ②

'예쁘다'는 형용사이므로 '–겠다'라는 의지를 담을 수 없다.

07 ②

다음 일정을 위해 아침 식사를 먹고 나오려면 '부지런하다'의 의미가 가장 잘 어울린다.

08 ③

'맞다'의 두 가지 뜻을 아는지 확인하는 문제이다.

오답 해설

①, ②, ④번의 '맞다'는 '외부로부터 어떤 힘이 가해져 몸에 해를 입는다'는 의미로 사용되었다.

유형 03 | 연결하는 말

유형 잡는 실전문제

30쪽

01 ③	02 ①	03 ③	04 ①	05 ③
06 ①	07 ②			

01 ③

시간이 지남에 따라 비행기를 놓치게 되므로 앞말의 정도가 더해짐이 뒷말의 정도가 더하거나 덜하게 되는 조건을 나타낼 수 있는 '지날수록'이 적절하다.

오답 해설

① '-려고'는 어떤 행동을 할 의도를 가지고 있거나, 곧 일어날 움직임 또는 상태의 변화를 나타낼 때 쓴다.
② '-도록'은 앞말이 뒷말의 목적, 결과, 방식, 정도 등을 나타낼 때 쓴다.
④ '-(으)ㄹ 텐데'는 어떤 상황에 대한 말하는 사람의 추측을 나타낼 때 쓴다.

02 ①

빈칸 뒤에 오빠는 불고기를 싫어한다고 제시되어 있고, 선지에 '좋아하다'라는 동사가 쓰였으므로 앞말을 인정하면서 그에 반대되는 내용이나 조건을 붙여 말할 때 쓰는 '-지만'이 적절하다.

오답 해설

② '-아서/어서/해서'는 앞말이 뒷말의 이유, 근거, 수단, 방법 등을 나타낼 때 쓴다.
③ '-아야/어야/해야'는 앞말이 뒷말의 조건일 때 쓴다.
④ '-기 위해서'는 앞에 오는 일이 뒤에 오는 일의 목적이나 의도일 때 쓴다.

03 ③

선택지의 '공부하다'와 빈칸 뒤의 '배우다'가 동시에 일어나는 동작이므로 '-면서'가 적절하다.

오답 해설

① '-러'는 가거나 오는 동작의 목적을 나타낼 때 쓴다.
② '-아야/어야/해야'는 앞말이 뒷말의 조건일 때 쓴다.
④ '-는데'는 뒷말에서 어떤 일을 설명, 질문, 요구, 제안하기 위해서 그와 관련된 상황을 미리 말할 때 쓴다.

04 ①

빈칸 뒤의 '고향을 방문'하려는 목적을 나타내야 하므로 '-러'가 적절하다.

오답 해설

② '-면서'는 두 가지 이상의 동작이나 상황이 동시에 일어날 때 쓴다.
③ '-는데'는 뒷말에서 어떤 일을 설명, 질문, 요구, 제안하기 위해서 그와 관련된 상황을 미리 말할 때 쓴다.
④ '-지만'은 앞말을 인정하면서 그에 반대되는 내용이나 조건을 붙여 말할 때 쓴다.

05 ③

'-아도/어도/해도'는 앞말이 뒷말의 가정이거나 반대일 때 쓴다. 문장에서는 '메모해 두다'가 '잊지 않다'의 목적이 되므로 앞말이 뒷말의 목적, 결과, 방식, 정도 등을 나타낼 때 쓰는 '잊지 않도록'이 적절하다.

오답 해설

① '-니까'는 앞말이 뒷말의 원인이나 근거, 전제일 때 쓴다.
② '-려면'은 뒤에 오는 조건으로 이루어질 수 있는 일을 말할 때 쓴다.
④ '-기 위해서'는 앞에 오는 일이 뒤에 오는 일의 목적이나 의도일 때 쓴다.

06 ①

'-ㄹ 때'는 어떤 상황 또는 동작이 일어난 순간이나 기간을 말할 때 쓴다. 문장에서는 어떤 상황이라도 '참석해야 하다'라는 의무를 나타내야 하므로 상황의 가정을 나타낼 수 있는 '늦어도'가 적절하다.

오답 해설

② '-자마자'는 앞의 동작이 이루어지고 곧바로 뒤의 동작이 일어날 때 쓴다.
③ '-면서'는 두 가지 이상의 동작이나 상황이 동시에 일어날 때 쓴다.
④ '-려고'는 어떤 행동을 할 의도를 가지고 있거나, 곧 일어날 움직임 또는 상태의 변화를 나타낼 때 쓴다.

07 ②

'–면서'는 두 가지 이상의 동작이나 상황이 동시에 일어날 때 쓴다. 문장에서는 '지루하다'와 '재밌어지다'가 동시에 일어나는 상황이 아니라 시간 순서에 따라 일어나는 상황이므로 시간의 흐름을 나타내면서 '나중에는 재밌어졌다'를 자연스럽게 연결할 수 있는 '지루하더니'가 적절하다.

오답 해설

① '–는데'는 뒷말에서 어떤 일을 설명, 질문, 요구, 제안하기 위해서 그와 관련된 상황을 미리 말할 때 쓴다.

③ '–기 때문에'는 앞에 오는 일이 뒤에 오는 일의 원인일 때 쓴다.

④ '–ㄹ 때'는 어떤 상황 또는 동작이 일어난 순간이나 기간을 말할 때 쓴다.

유형 04 | 활용하는 말

유형 잡는 실전문제 36쪽

01 ②	02 ②	03 ①	04 ④	05 ③
06 ①				

01 ②

높임 표현은 상대에게 사용해야 하는데, ②번의 문장의 경우 높임표현을 화자에게 사용하였으므로 틀린 문장이다.

02 ②

라면을 먹고 가지 않겠냐는 청유문에 명령문으로 답을 하였으므로 어미가 상황에 맞게 쓰이지 않았다.

03 ①

맥주를 같이 마시자고 청유하는 상황이므로 청유문 어미를 사용한 ①번이 정답이다.

04 ④

문맥상 배가 아파서 '먹지 못 한다'는 의미이므로 어울리는 것은 ④번이다.

05 ③

동대문 시장에 간 목적이 나와야 하므로, 어울리는 표현은 ③번이다.

06 ①

'–곤 했다'와 같이 과거의 습관, 과거의 경험을 나타내는 종결표현은 '–는 편이었다'이다.

유형 05 | 읽고 생각하기

유형 잡는 실전문제 40쪽

01 ③	02 ②	03 ②	04 ④	05 ①

01 ③

적금을 든다는 것은 '적금 통장을 만들다'는 의미이다. 통장과 어울리는 동사는 '개설하다'이므로 답은 '통장을 개설하러'이다.

오답 해설

① 계좌를 인출한다는 것은 현금을 찾는다는 의미이므로 문맥상 맞지 않다.

② 대출을 신청하는 것은 저축과 어울리지 않는다.

④ 적금은 카드를 만드는 것이 아니라 통장을 만들어서 돈을 모으는 것이다.

02 ②

많은 사람들이 어떻게 탈 수 있을까 의문이 든다는 것이 해당 문장의 중심내용이므로, 문맥상 '넓은'이 아니라 '좁은'이 어울린다.

오답 해설

①, ③ '번쩍이는'이나 '무서운'은 글의 내용과 어울리지 않는다.

④ '아침 시간 지하철은 꽉 차고 답답하다'라는 내용의 글이므로 문맥상 '넓은'은 어울리지 않는다.

03 ②

한국에 와서 추위에 놀랐다는 문장이 있으므로 정답은 '② 베트남이 한국보다 덜 춥다'이다.

오답 해설

① 후앙은 베트남에서 한국으로 왔다.
③ 후앙은 목도리를 꼭 하고 다닐 만큼 추위에 약하다.
④ 후앙은 이번 주말에 한국의 바다로 처음 놀러간다고 했으므로 좋은지 싫은지 판단하기에는 아직 이르다.

04 ④

아침부터 밤까지 우기 씨의 하루를 다룬 글이므로 정답은 '우기 씨의 일상'이다.

오답 해설

① 우기 씨가 아침과 점심을 먹는다는 내용이 나오지만 글의 일부분일 뿐이다.
② 김치찌개를 좋아한다는 내용은 글 전체에서 한 문장뿐이다.
③ 우기 씨가 운동한다는 내용은 마지막 부분에만 나온다.

05 ①

한국에서 각 계절별로 먹을 수 있는 과일에 대해 설명한 글이므로 정답은 '한국의 사계절 과일'이다.

오답 해설

② 겨울에 사과를 먹는다는 내용은 있지만 품종을 따로 언급하지는 않았다.
③ 한국의 사계절을 담고 있기는 하지만, 과일에 대해 설명한 글이다.
④ 한국인이 과일을 먹는 모습은 나타나 있지만, 과일을 좋아하는 이유에 대해 설명하지는 않았다.

정답과 해설 Ⅱ 한국 문화

유형 01 | 한국의 전통문화

유형 잡는 실전문제 46쪽

01 ② 02 ③ 03 ② 04 ③

01 ②
태극기는 흰 바탕에 빨간색과 파란색으로 구성된 태극 문양, 그리고 검은색의 4괘로 이루어져 있다.

02 ③
현충일(6월 6일)은 한국의 기념일이다. 한국의 5대 국경일은 3·1절, 제헌절, 광복절, 개천절, 한글날이다.

03 ②
판소리는 한국의 무형 유산이다.

04 ③
설날(음력 1월 1일)은 한 해를 시작하는 첫날로, 떡국을 먹고 세배, 차례, 윷놀이, 연날리기 등을 한다.

오답 해설
① 동지는 양력 12월 21일 경이다.
② 추석은 음력 8월 15일이다.
④ 정월 대보름은 음력 1월 15일이다.

유형 02 | 한국의 역사

유형 잡는 실전문제 49쪽

01 ④ 02 ② 03 ③ 04 ④

01 ④
고조선은 기원전 2333년 무렵에 한반도 역사상 처음으로 세워진 국가이다.

02 ②
1871년에 미국이 강화도를 침략한 사건을 '신미양요'라고 한다.

03 ③
이순신은 임진왜란 당시 조선 수군을 이끌고 옥포, 한산도, 명량 등지에서 일본 수군과 싸워 크게 승리하였다.

오답 해설
① 서희는 고려의 관리로, 거란이 고려를 침입하였을 때 전쟁을 하지 않고 대화를 통해 거란을 물러가게 하였다.
② 왕건은 신하들에 의해 왕이 되어 고려를 세운 후 후삼국을 통일하였다.
④ 을지문덕은 고구려의 장수로, 중국의 수나라가 고구려를 침입하였을 때 살수(청천강)에서 수나라의 군대를 무찔렀다.

04 ④
오답 해설
① 이황은 천 원 지폐에 그려져 있다.
② 이순신은 백 원 동전에 그려져 있다.
③ 신사임당은 오만 원 지폐에 그려져 있다.

유형 03 | 한국의 사회 문화

유형 잡는 실전문제 56쪽

01 ① 02 ③ 03 ③ 04 ④ 05 ①
06 ④ 07 ③ 08 ④

01 ①
고마울 때는 '고맙습니다.', '감사합니다.'라고 한다.

02 ③
오답 해설
① 1인 가구는 결혼하지 않고 혼자 사는 가구를 말한다.

② 주말부부는 부부가 생활하는 곳이 달라 주말에만 함께 생활하는 가족을 말한다.
④ 맞벌이 부부는 부부가 모두 일을 하는 가족을 말한다.

03 ③

오늘날에는 대부분의 사람들이 빌라나 아파트와 같은 공동 주택에 산다.

04 ④

병원은 몸이 아플 때 의사에게 진료를 받는 곳이다.

05 ①

오답 해설

② 112는 경찰서 전화번호로, 폭행이나 강도 등 범죄 사건이 발생한 경우 사용한다.
③ 110은 민원 상담 전화번호로, 정부 기관에 질문이 있는 경우 사용한다.
④ 1345는 외국인 종합 안내 센터 전화번호로, 외국인의 출입국 행정 관리, 체류 허가 관련 업무 등을 담당한다.

06 ④

오답 해설

① 유투브는 다양한 동영상을 볼 수 있는 앱이다.
② 명함 앱은 휴대 전화 카메라로 명함을 찍으면 명함의 이름, 이메일 주소, 전화번호가 자동으로 입력되는 앱이다.
③ 배달 앱은 먹고 싶은 음식을 주문하면 주소지로 배달해 주는 앱이다.

07 ③

비행기는 주로 아주 멀리 떨어진 지역이나 다른 나라로 이동할 때 이용한다.

08 ④

오답 해설

① '위험하니까 조심하세요.'라는 의미의 표지판이다.
② '길을 건널 수 있어요.'라는 의미의 표지판이다.
③ '자전거를 타고 가지 마세요.'라는 의미의 표지판이다.

유형 04 | 한국의 지리와 기후

유형 잡는 실전문제 60쪽

01 ②　02 ④　03 ①　04 ②

01 ②

오답 해설

① 봄은 대체로 포근하고 따뜻하며, 꽃구경을 가는 사람들이 많다.
③ 가을은 맑고 화창하며 덥지도 춥지도 않은 선선한 날씨가 이어지며, 단풍 구경을 가는 사람들이 많다.
④ 겨울은 춥고 건조하며, 스키장이나 눈썰매장을 찾는 사람들이 많다.

02 ④

한국은 국토의 많은 부분이 산으로 이루어져 있을 정도로 산이 많다.

03 ①

오답 해설

② 경상 지역의 부산광역시는 한국의 제2의 도시이자 제1의 무역항이 있는 항구 도시이다.
③ 전라 지역의 광주광역시는 자동차, 첨단 산업 등의 공업 단지가 있다.
④ 강원 지역의 평창은 2018년에 동계 올림픽이 개최되기도 하였다.

04 ②

독도는 옛날부터 오늘날까지 한국의 고유 영토이다.

유형 05 | 한국의 법과 제도

유형 잡는 실전문제 63쪽

01 ④ 02 ③ 03 ③ 04 ③

01 ④
사회 보험(4대 보험)은 건강 보험, 고용 보험, 국민연금, 산업 재해 보상 보험으로 이루어져 있으며, 의료 급여 제도는 공공 부조에 속한다.

02 ③
오답 해설
① 교육부는 한국의 교육과 관련된 전반적인 사항을 다루는 기관이다.
② 보건 복지부는 국민들의 건강한 생활 유지와 관련된 업무를 하는 기관이다.
④ 한국 외국인 노동자 지원 센터는 외국인 근로자의 권익 보호를 지원하는 기관이다.

03 ③
고등 교육은 의무교육이 아니다.

04 ③
외국인도 취업한 이후 근로 기준법 등에 의해 적절한 노동 조건을 보장받을 수 있다.

유형 06 | 한국의 정치와 경제

유형 잡는 실전문제 66쪽

01 ② 02 ② 03 ① 04 ②

01 ②
정부(행정부)는 나라의 살림을 이끌어 가는 곳, 국회(입법부)는 법을 만들거나 고치거나 필요 없는 법을 없애는 일을 하는 곳, 법원(사법부)은 법을 해석하고 적용하여 문제를 해결하는 곳이다.

02 ②
한국에서 대통령은 한 사람이 한 번만 할 수 있다.

03 ①
은행에서는 계좌 개설, 입금 · 출금 · 송금, 환전, 공과금 납부뿐만 아니라 신용 카드나 체크 카드를 만들 수도 있다.

04 ②
오답 해설
① 보통 예금은 자유롭게 돈을 넣거나 찾을 수 있는 금융 상품이다.
③ 주식 투자는 증권 거래소에 상장되어 있는 회사에 돈을 투자하는 일이다.
④ 자유 적금은 돈을 넣고 싶을 때 넣고 싶은 금액을 넣는 금융 상품이다.

유형 07 | 구술

유형 잡는 실전문제 69쪽

[01~05]

01
단어의 발음과 띄어쓰기에 유의하여 정확하고 큰 목소리로 읽으세요.

02
모범 답안
한국의 식사 예절에는 태도나 자세에 대한 예절도 있고, 어른을 공경하는 예절도 있습니다. 그릇을 손에 들고 식사하지 않으며 젓가락질을 바로 해야 합니다. 어른과 식사할 때는 먼저 시작하실 때까지 기다려야 합니다.

03

모범 답안

회사에서 사장님과 부장님이 먼저 식사를 시작하시면, 다른 직원들이 따라서 식사를 시작합니다. 고향에서는 그릇을 손에 들고 식사하고, 면 종류는 소리를 내면서 먹습니다. 하지만 한국에서는 식사할 때 그릇을 들지 않고, 소리를 내지 않고 먹어야 한다는 것을 나중에 알게 되었습니다. 나라마다 식사 예절의 차이가 있어서 조금 어려웠습니다.

04

모범 답안

광화문에 있는 경복궁에 가 보았어요. 그곳에는 한국인도 많고, 관광객도 많았어요. 한복을 입은 사람은 무료로 입장할 수 있어요. 경복궁에는 왕이 생활하던 건물도 있고, 연못과 경회루도 있었어요. 야간 개장을 할 때는 멋진 야경도 볼 수 있어요. 서울 한가운데에 조선 시대의 왕이 살았던 궁이 지금까지 있다는 것이 놀라웠고, 한국의 역사와 전통에 대해서 더 알 수 있어서 좋았어요.

05

모범 답안

주말에 직장에서 함께 일하는 직원들과 배달 앱으로 치킨을 주문해서 먹었어요. 나의 위치를 입력하면 배달이 가능한 식당을 볼 수 있어요. 글자와 사진이 함께 있어서 메뉴를 고르기 좋았어요. 한국에서는 오토바이로 배달을 하는데 매우 빠르지만 안전이 걱정될 때도 있어요. 배달 기사가 교통 신호와 속도를 잘 지키고 안전하게 배달했으면 좋겠어요.

[06~10]

06

단어의 발음과 띄어쓰기에 유의하여 정확하고 큰 목소리로 읽으세요.

07

모범 답안

정월 대보름은 음력 1월 15일입니다. 아침에는 부럼 깨기를 하면서 건강을 빌고, 다섯 가지 곡식으로 지은 오곡밥도 먹습니다. 저녁에는 보름달을 보며 소원을 빕니다.

08

모범 답안

외국인 주민 복지 지원 센터에서 정월 대보름 행사를 했었어요. 큰 보름달 현수막에 소원도 적고, 윷놀이도 하면서 한국의 전통 놀이를 체험했어요. 행사에 참여한 사람들한테는 오곡밥 키트와 부럼 세트를 나누어 주었어요. 정월 대보름에 하는 활동들을 다양하게 해 볼 수 있어서 재밌었어요.

09

모범 답안

김장 김치 나눔 봉사 활동에서 김치를 만들어 봤습니다. 김장은 다음 해까지 먹을 김치를 겨울에 미리 만들어서 저장해 두는 것입니다. 옛날에는 김장 김치를 땅에 묻은 장독대에 넣어서 보관했습니다. 지금은 집마다 김치 냉장고가 있어서 옛날보다 김치를 더욱 편리하게 저장해 둘 수 있습니다.

10

모범 답안

수원 화성을 방문한 적이 있어요. 수원 화성은 조선 시대에 정조 임금이 쌓은 성이에요. 동양에서 가장 오래된 성곽인 수원 화성은 외적을 막고 멀리까지 신호를 보낼 수 있는 기능도 있어요. 그리고 저녁이 되면 성곽에 조명이 켜져서 야경이 아주 멋져요. 수원 화성 근처에는 맛있는 음식점들도 많고, 구경할 것들도 많아서 즐거운 경험이었어요.

정답과 해설 마무리 모의시험

제1회 모의시험

74쪽

01	④	02	②	03	④	04	②	05	①
06	③	07	②	08	①	09	④	10	③
11	③	12	②	13	④	14	①	15	③
16	①	17	③	18	④	19	③	20	②
21	③	22	②	23	③	24	①	25	④
26	②	27	④	28	①	29	③	30	③
31	②	32	④	33	③	34	③	35	③
36	④	37	③	38	②	39	②	40	④
41	④	42	①	43	②	44	①	45	②
46	③	47	④	48	①				
49	연기하려고 / 연기해야 / 미루려고 / 미뤄야								
50	없어 / 남아있지 않아								
구술 01~05	해설의 모범 답안 참조								

01 ④

사진 속의 여자와 남자는 덤벨을 들고 팔을 올렸다 내렸다 하고 있으므로 정답은 '운동하고 있어요'이다.

오답 해설

① 공원 등에서 걷는 모습이 나타나야 한다.
② 식탁 앞에서 포크나 나이프 등을 들고 있어야 한다.
③ 돋보기를 들고 사물을 자세히 지켜보아야 한다.

02 ②

장소와 어울리는 조사는 '–으로'다.

오답 해설

① '부터'는 시작을 나타내는 보조사이다.
③ '한테'는 주어가 행동하는 동사의 대상을 나타내는 조사이다.
④ '과'는 둘 이상의 대상을 이어줄 때 사용한다.

03 ④

'시원하다'와 반대되는 형용사는 '덥다'이다.

오답 해설

① '좋다'는 '대상의 성질이나 내용 따위가 보통 이상의 수준이어서 만족할 만하다.'라는 의미이다.
② '지루하다'는 '시간이 오래 걸리거나 같은 상태가 오래 계속되어 따분하고 싫증이 나다.'라는 의미이다.
③ '신나다'는 '어떤 일에 흥미나 열성이 생겨 기분이 매우 좋아지다.'라는 의미이다.

어휘

- 좋아요 ↔ 싫어요
  - 예 우울할 때는 신나는 노래를 듣는 것이 좋아요.
- 지루해요 ↔ 즐거워요
  - 예 할 일이 아무 것도 없어서 너무 지루해요.
- 신나요 ↔ 따분해요
  - 예 놀이공원에 갈 생각을 하니 신나요!

04 ②

'유쾌하고 즐거운 기분'과 반대되는 말은 '따분하고 싫증이 나다.'라는 의미인 '지루했어요'이다.

오답 해설

① '어렵다'는 '하기가 까다로워 힘에 겹다.'라는 의미이다.
③ '가볍다'는 '무게가 일반적이거나 기준이 되는 대상의 것보다 작다.'라는 의미이다.
④ '매콤하다'는 '냄새나 맛이 약간 맵다.'라는 의미이다.

어휘

- 어려운 ↔ 쉬운
  - 예 공부한 범위에서 문제가 나오지 않아서 이번 시험은 어려웠어요.
- 가벼운 ↔ 무거운
  - 예 수박보다는 당연히 사과가 훨씬 가볍지.
- 매콤한 ↔ 달콤한
  - 예 매콤한 양념 치킨과 맥주 한잔은 최고의 조합이야.

05 ①

안과는 눈이 아플 때 가는 병원이다.

오답 해설

② 목이 아플 때 가는 병원은 이비인후과/내과이다.
③ 이가 아플 때 가는 병원은 치과이다.
④ 팔이 아플 때 가는 병원은 정형외과이다.

06 ③

정류장과 어울리는 단어는 '버스'이다.

오답 해설

① 비행기는 공항에서 타고 내린다.
② 자동차는 따로 정류장이 없다.
④ 요트는 항구에 가서 탄다.

07 ②

'취직하다'와 반대되는 단어는 회사를 그만두는 '퇴사하다'이다. 참고로 '취직하다'와 비슷한 단어는 '입사하다'이다.

오답 해설

① '입학하다'는 '학생이 되어 공부하기 위해 학교에 들어가다.'라는 의미이다.
③ '응시하다'는 '시험에 응하다.'라는 의미이다. 동음이의어로 '눈길을 모아 한 곳을 똑바로 바라보다'라는 의미를 나타내기도 한다.
④ '수료하다'는 '일정한 학과를 다 배워 끝내다.'라는 의미이다.

어휘

- 입학하다 ↔ 졸업하다
  예 엊그제 입학한 것 같은데 벌써 3년이 지났다니!
- 응시하다 ↔ 미응시하다
  예 이번 시험에 응시하지 못하면 내년까지 기다려야 해요.
  예 현대인은 모니터를 볼 일이 많아서 눈이 나빠지기 쉬워요. 틈틈이 먼 곳을 응시해 줘야 눈건강에 좋아요.
- 수료하다 ↔ (중도)포기하다
  예 이번 조리 기능사 과정을 무사히 수료할 수 있어서 기뻐요!

08 ①

'조용하다'의 반대말은 '시끄럽다'이다.

오답 해설

② '답답하다'는 '숨이 막힐 듯이 갑갑하다.'라는 의미이다. 정말로 공기가 더러워서 숨 쉬기 힘들 때 사용하기도 하지만, 기분을 묘사할 때도 사용한다.
③ '맑다'는 '잡스럽고 탁한 것이 섞이지 아니하다.'라는 의미이다.
④ '미끄럽다'는 '거침없이 저절로 밀려 나갈 정도로 번드럽다.'라는 의미이다. 주로 물체의 표면에 대한 묘사를 할 때 사용한다.

어휘

- 답답하다 ↔ 여유롭다
  예 얘기가 안 통하니 답답해 죽겠다.
- 맑다 ↔ 탁하다
  예 산 정상에서 마시는 공기는 맑고 청량해서 기분 좋아.
- 미끄럽다 ↔ 끈적하다
  예 빗길은 미끄러우니까 넘어지지 않게 조심해.

09 ④

은행에 가서 만드는 것은 '통장'이다. '계좌를 만든다', '통장을 개설한다'라고도 표현한다.

오답 해설

①, ② 가방, 핸드폰 등은 공장에서 만든다. 핸드폰을 개설하는 일은 통신사 대리점에 가서 한다.
③ 합격증은 시험 등에 합격했을 때 받는 증서이다.

10 ③

영화, 공연, 전시 등을 보는 행위는 '관람하다'라고 표현한다.

오답 해설

① '관찰'은 '사물, 현상을 주의하여 자세히 살펴보는 것'이다.
② '관상'은 '취미에 맞는 동식물 따위를 보며 즐기는 것'이다.
④ '관리'는 '어떤 일의 사무를 맡아 처리하는 것'이다.

11 ③

주문할 때 걸리는 시간을 줄여야 뒷사람이 덜 기다릴 수 있기 때문에 정답은 '빨리'이다.

오답 해설

① '매우'는 '보통 정도보다 훨씬 더'라는 의미이므로 문맥에 맞지 않다.
② '몹시'는 '더할 수 없이 심하게'라는 의미이므로 문맥에 맞지 않다.
④ '느릿느릿'은 '빨리'와 반대되는 부사이다.

12 ②

도서관에서는 소리 없이 책을 읽어야 하므로 어울리는 부사는 '조용히'이다.

오답 해설

① '높이'는 아래에서 위까지 이어지는 상황이 있어야 하므로 적절하지 않다.

③ 잘못이나 실수가 없도록 한다는 의미의 '조심히'는 문맥상 어울리지 않다.

④ '나란히'가 오려면 둘 이상의 물체 혹은 사람이 있는 상황이어야 한다.

13 ④

'저렴하다'의 유의어는 비용이 보통보다 낮다는 의미인 '싸다'이다.

오답 해설

① '비싸다'는 '싸다'의 반대어이다.

② '한가하다'는 '(시간적 · 공간적)여유가 있다.'라는 의미의 형용사이다.

③ '느긋하다'는 '마음에 흡족하여 여유가 있고 넉넉하다.'라는 의미의 형용사이다.

어휘

- 비싸다 ↔ 싸다
  - 예 예전엔 천 원에 붕어빵이 다섯 개였는데 이젠 천 원으로 세 개밖에 못 산다니 비싸다.
- 한가하다 ↔ 분주하다
  - 예 일이 몰리다가 잠시 한가한 시기가 와서 숨을 돌릴 수 있었다.
- 느긋하다 ↔ 다급하다
  - 예 회사에서 집까지 5분밖에 안 걸리니까 느긋하게 걸어가도 충분해요.

14 ①

'아름답다'와 비슷한 의미를 지닌 형용사는 '예쁘다'이다.

오답 해설

② '고요하다'는 '조용하고 잠잠하다.'라는 의미의 형용사이다.

③ '아쉽다'는 '필요할 때 없거나 모자라서 만족스럽지 못하다.'라는 의미의 형용사이다.

④ '시원하다'는 '덥거나 춥지 않고 알맞게 서늘하다.'라는 의미의 형용사이다.

어휘

- 고요하다
  - 예 사람의 발길이 드물어서 고요한 연못가는 내가 좋아하는 장소예요.
- 아쉽다
  - 예 조금만 더 매콤하면 딱 입맛에 맞을 텐데 아쉽다.
- 시원하다
  - 예 더울 땐 창문을 닫고 에어컨을 켜는 게 훨씬 시원해요.

15 ③

아침에 한 행동에 대해 묻는 내용이므로 과거형 어미를 사용한 '마셨어요'가 정답이다.

오답 해설

① '마실까요'의 '-ㄹ까요'는 청유문형 어미이다.

② '마시지 마세요'의 '-지 마세요'는 부정 명령문형 어미이다.

④ '마실 거예요'의 '-ㄹ 거예요'는 미래형 어미이다.

16 ①

버스가 아닌 기차를 타야 하는 이유를 제시해야 하므로 정답은 '이유'를 나타내는 '막히니까'이다.

오답 해설

② '-(하)고'는 두 가지 이상의 동작을 연결할 때 사용한다.

③ '-거나'는 나열된 것들의 선택을 나타내므로 알맞지 않다.

④ '-(하)러'는 가거나 오는 동작의 목적을 나타낸다.

17 ③

신발의 굽에 대한 묘사로 어울리는 형용사는 '높다'이다.

오답 해설

① '시끄럽다'는 소리와 관련된 형용사이다.

② '즐겁다'는 '흐뭇하고 기쁘다.'라는 의미의 형용사이다.

④ '까다롭다'는 '조건 따위가 복잡하거나 엄격해 다루기가 쉽지 않다.'라는 의미의 형용사이다.

18 ④

특정 상황일 경우에 대한 설명이므로 시간, 경우를 나타내는 '갈 때'가 정답이다.

오답 해설

① '-(하)고'는 두 가지 이상의 동작을 연결할 때 사용한다.
② '-는데'는 뒷말에서 어떤 일을 설명, 질문, 요구, 제안하기 위해서 그와 관련된 상황을 미리 말할 때 사용한다.
③ '-(한) 후'는 이미 일이 벌어진 이후의 상황을 얘기할 때 사용한다.

19 ③

어떠한 사실에 대해 전달하는 상황이므로 '-(다)고 해요'가 알맞다.

오답 해설

① '-았/었다고 해요(대요)'는 과거의 일을 전달하는 간접화법이다. 대화문에서 '내일'이라는 미래의 상황을 예측해야 하므로 정답이 될 수 없다.
② '-면 좋겠어요'는 어떤 상황의 희망을 나타낸다.
④ '-는 편이에요'는 대체로 어느 쪽에 가깝다고 평가할 때 사용한다.

20 ②

상황이 있어서 하지 못한다는 의미가 들어가야 하므로 '못 갈 것 같아요'가 정답이다.

오답 해설

① '못 갔어요'는 과거형이므로 부탁에 대한 답으로 어울리지 않는다.
③ '못 간대요'는 타인의 말을 전달하는 표현인데, '가'가 부탁한 대상은 같이 대화하는 중인 '나'이므로 적절하지 않다.
④ '못 가려고 해요'는 의지를 나타내는 종결 표현에 부정형이 붙어서 문맥상 맞지 않다.

21 ③

좋은 성적을 얻어야 시험에 합격할 수 있다는 내용이므로 목적을 나타내는 연결 표현인 '얻으려면'이 정답이다.

오답 해설

① '-을 때'는 어떤 상황 또는 동작이 일어난 순간이나 기간을 말할 때 사용하므로 어울리지 않는다.
② '-지만'은 앞말과 반대되는 내용이 뒤에 와야 한다.
④ '-든지'는 나열된 두 가지 이상의 선택지가 있어야 하므로 알맞지 않다.

22 ②

자전거를 타고 주로 어디를 갔는지 경험이나 습관을 설명해야 할 때 알맞은 표현은 '-는 편이에요'이다. '보통 -하는 편이다'는 자주 쓰는 표현이므로 숙어처럼 외워두는 것이 좋다.

오답 해설

① '-ㄹ 거예요'는 미래형 어미이다.
③ '-ㄹ지도 몰라요'는 추측의 의미가 담긴 어미이다.
④ '-지 마세요'는 명령형 어미이다.

23 ③

③번의 '쓰다'는 '모자 따위를 머리에 얹어 덮다.'라는 의미로 사용되었다.

오답 해설

①, ②, ④번의 '쓰다'는 '종이 따위에 획을 그어 글자 모양을 이루다.'의 의미로 사용되었다.

24 ①

①번의 '타다'는 '불씨나 높은 열로 불이 붙어 번지다.'의 의미로 사용되었다.

오답 해설

②, ③, ④번의 '타다'는 '탈것이나 짐승의 등 따위에 몸을 얹다'의 의미로 사용되었다.

25 ④

문맥상 근거를 나타내는 연결 어미인 '-기에'가 어울리므로 정답은 '구경하기에'이다.

오답 해설

① '-려고'는 어떤 행동을 할 의도를 가지고 있거나, 곧 일어날 움직임이나 상태의 변화를 나타낼 때 사용한다.
② '-했다면'은 과거의 일에 대한 가정이므로 문맥상 어울리지 않다.
③ '-니까'는 앞말이 뒷말의 원인일 때 사용한다.

[원인, 근거를 나타내는 연결 어미 구분]

-니까	-기 때문에(-기에)	-아/어서
감정, 상황 이유 O	감정, 상황 이유 O	-
명령문 · 청유문 O	명령문 · 청유문 X	명령문 · 청유문 X
인사말 X	인사말 X	인사말 O
-았, -겠 뒤에 O	-았, -겠 뒤에 O	-았, -겠 뒤에 X

26 ②

팀장님이 부재중이라서 보고서 제출 기한이 미뤄진 상황이므로 '연차'가 알맞은 단어이다.

오답 해설

① '퇴사'는 회사를 그만두고 물러난다는 의미이다.

③ '문의'는 물어서 의논한다는 의미이며, 주로 고객 센터나 기관 등에 의견을 물을 때 사용한다.

④ '이수'는 해당 학과를 순서대로 공부하여 마친다는 의미이다.

어휘

• 퇴사

예 회사를 퇴사하고 새로운 회사로 이직 준비를 해야죠.

• 문의

예 서비스 관련해서 궁금한 점이 있어서 문의를 드리려고 하는데요.

• 이수

예 독학사 준비를 하려면 몇 학점을 이수해야 하나요?

27 ④

'-지만'은 앞과 뒤에 상반되는 상황이 와야 하는데 화자는 살을 빼기 위해 다이어트 도시락을 주문하는 것이므로 옳은 연결 표현이 아니다.

오답 해설

① '-해서'는 앞말이 뒷말의 이유, 근거, 수단, 방법 등을 나타낼 때 사용한다.

② '-면'은 불확실하거나 아직 이루어지지 않은 일을 가정하거나, 어떤 일에 대한 조건을 말할 때 사용한다.

③ '-더니'는 과거의 어떤 일에 뒤이어 일어난 상황을 이어서 말할 때 사용한다.

28 ①

'-니까'는 앞말이 뒷말의 원인이나 근거, 전제일 때 사용하는 연결 표현이다. 문맥상 어느 시점으로부터 시간이 경과함을 나타내는 '-(한) 지'가 어울린다.

오답 해설

② '-으면'은 일어나지 않은 일을 가정하여 어떤 일의 조건으로 사용한다.

③ '-다가'는 어떤 동작이나 상태 따위가 중단되고 다른 동작이나 상태로 바뀔 때 사용한다.

④ '-어서'는 뒤에 이어지는 내용의 이유나 근거가 될 때 사용한다.

어휘

• 쉬다[1]: 음식 따위가 상하여 맛이 시금하게 변하다.

예 날이 더워서 그런지 식탁 위에 있던 국이 금방 쉬었어.

• 쉬다[2]: 목청에 탈이 나서 목소리가 거칠고 맑지 않게 되다.

예 노래를 두 시간 넘게 불렀더니 목이 쉬었네.

• 쉬다[3]: 피로를 풀려고 몸을 편안히 두다.

예 주말에는 일하지 말고 편히 쉬어야 다음 주를 힘차게 시작할 수 있어요.

• 쉬다[4]: 입이나 코로 공기를 들이마셨다 내보냈다 하다.

예 한숨을 자꾸 쉬면 복이 달아나요.

29 ③

문맥상 어떻게 할지 방법을 생각하다가 전화를 했다는 상황이 자연스러우므로, 생각과 의미가 비슷한 '고민하다가'가 정답이다.

오답 해설

① '먹다'는 '음식 따위를 입을 통하여 배 속에 들여보내다.'라는 의미이다.

② '운동하다'는 '몸을 단련하거나 건강을 위해 몸을 움직이다.'라는 의미이다.

④ '관찰하다'는 '사물이나 현상 등을 주의하여 자세히 살펴보다.'라는 의미이다.

어휘

• 운동하다

예 밥 먹고 산책하는 등 가볍게 운동해 줘야 건강에 좋아요.

• 먹다

예 어제는 저녁식사로 김치찌개를 먹었어요.

• 관찰하다

예 초등학교 방학 숙제에는 곤충을 채집해 관찰하는 숙제가 있어요.

30 ③

여행을 앞두고 기대하다는 의미가 담겨야 하므로 정답은 '설레고'이다.

오답 해설

① '무섭다'는 '어떤 대상에 대하여 꺼려지거나 겁나는 데가

있다.'라는 의미이다.
② 'ㄱ 대다'는 '몸이나 물건을 무엇에 의지하며 비스듬히 대다.'라는 의미이다.
④ '반짝이다'는 '작은 빛이 잠깐 나타났다가 사라지다.'라는 의미이다.

어휘

- 무섭다
  예 높은 곳에서 아래를 내려 보는 것은 아찔하고 무서워요.
- 기대다
  예 어지러워서 잠시 옆 사람에게 기댔어요.
- 반짝이다
  예 밤하늘에 별이 반짝이는 것처럼.

31 ②

카메라를 빤히 쳐다보는 것은 '눈'으로 하는 일이므로 정답은 '초롱초롱한 두 눈으로'이다.

오답 해설

①, ③, ④ 셋 다 문맥상 적절하지 않다. 다만 선지에 쓰인 대로 어울리는 형용사와 명사의 조합에 대해 익히도록 한다.

32 ④

오래 보고 싶은데 자주 보지 못 한다는 안타까운 마음이 드러나야 하므로 정답은 '정말 아쉬워요'이다.

오답 해설

③ 부사 '별로'는 주로 '안-'과 같이 부정표현과 함께 사용한다.

33 ③

고향에 가는 행위를 일반적으로 '고향에 내려가다'라고 표현한다.

오답 해설

①, ②, ④ 문맥에 안 맞을 뿐만 아니라 주어와 서술어의 연결도 어색하다.

어휘

- 장식하다: 액세서리 따위로 치장하다.
  예 한 쪽 벽면을 액자로 장식했더니 손님들이 아주 좋아해요.
- 기원하다: 바라는 일이 이루어지기를 빌다.
  예 올 한 해도 무사히 지나가길 기원합니다.
- 상징하다: 추상적인 개념이나 사물을 구체적인 사물로 나타내다.
  예 보통 서양에서 초록색은 독을 상징하곤 해요.
- 선호하다: 여럿 가운데서 특별히 가려서 좋아하다.
  예 커피와 초콜릿 중에 저는 초콜릿을 더 선호하는 편이에요.

34 ③

글의 내용을 맞게 이해하고 있는지 확인하는 문제이다. '장식하다'와 '꾸미다'는 같은 의미이므로 정답은 ③번이다.

오답 해설

① 베트남도 설 연휴에는 일주일 정도 쉰다.
② 건강과 돈을 의미하는 것은 복숭아나무이다.
④ 설빔 아오자이의 색깔은 주로 빨강, 노랑, 파랑이다.

35 ③

글의 내용을 맞게 이해하고 있는지 확인하는 문제이다. 글의 내용과 일치하는 것은 '아주머니께서 길 찾는 법을 도와주셨어요.'이다.

오답 해설

① 길을 잘 찾지 못 해서 친구와 우왕좌왕했다.
② 친구와 놀러 간 곳은 서울이다.
④ 명동까지 잘 찾아가서 길거리 음식도 먹었다.

어휘

- 갈아타다: 타고 가던 것에서 내려 다른 것으로 바꾸어 타다.
  예 지하철에서 버스로 갈아탈 때는 꼭 하차할 때 카드를 찍어서 환승 혜택을 받으세요.
- 잊다: 한번 알았던 것을 기억하지 못하거나 기억해 내지 못하다.
  예 오늘이 제이슨의 생일인 걸 깜빡 잊었어요.
- 우왕좌왕하다: 이리저리 왔다 갔다 하며 일이나 나아가는 방향을 종잡지 못하다.
  예 갑자기 화재 경보기가 울려서 사람들이 우왕좌왕했다.

36 ④

글의 내용과 일치하는 선지를 찾는 문제이다. 정답은 마지막 문장과 같은 ④번이다.

오답 해설

① 다양한 편의시설이 있어 효율성이 좋다.

② 보안 시스템이 잘 갖추어져 있어 안전하게 거주할 수 있다.
③ 아파트 생활은 도시 생활을 중심으로 이루어진다.

어휘

- 거주하다: 일정한 곳에 머물러 살다.
  예 서울에 거주하는 동안 한 번도 남산을 못 간 게 아쉬워!
- 활발하다: 생기 있고 힘차며 시원스럽다.
  예 놀이터에서 아이들이 활발하게 뛰어노는 모습을 보니 저도 즐겁습니다.
- 반영하다: 다른 것에 영향을 받아 어떤 현상을 나타내다.
  예 유행어는 요즘 사람들이 어떤 생각을 하는지 고스란히 반영하고 있어.

37 ③

글에서 마늘의 효능에 대해 나열하고 있으므로 정답은 ③번이다.

오답 해설

① 마늘의 성분에 대해서 언급하지 않았다.
②, ④ 마늘과 한국 요리, 향신료로서의 마늘의 역할에 대한 내용은 일부분일 뿐이다.

어휘

- 강화하다: 세력이나 힘을 더 강하고 튼튼하게 하다.
  예 치안을 강화해야 더 안전하고 살기 좋은 마을이 돼요.
- 효과적: 어떤 목적을 지닌 행위에 의하여 보람이나 좋은 결과가 드러나는 것.
  예 모기를 쫓는 데는 박하잎이 효과적이에요.
- 개선하다: 잘못된 것이나 부족한 것, 나쁜 것 따위를 고쳐 더 좋게 만들다.
  예 비만을 이겨 내려면 생활 습관부터 건강하게 개선해야 해요.
- 기여하다: 도움이 되도록 이바지하다.
  예 제가 동 대표로 뽑힐 수 있었던 것은 여러 주민분께서 기여해 주신 덕분이에요.
- 돋우다: 위로 끌어 올려 도드라지거나 높아지게 하다.
  예 봄철 입맛을 돋우는 데는 씁쓸한 나물이 최고야.

38 ②

직장에서 인정받을 수 있는 법에 대해 적은 글이므로 정답은 '직장 생활을 잘하는 법'이다.

오답 해설

①, ③, ④ 모두 글의 일부에만 언급된 내용이므로 글의 제목으로 어울리지 않는다.

어휘

- 준수하다: 전례나 규칙, 명령 따위를 그대로 좇아서 지키다.
  예 모든 국민은 그 나라의 법을 준수해야 할 의무가 있어요.
- 명확하다: 명백하고 확실하다.
  예 모든 증거가 명확한데 아직도 범인이 아니라고 잡아뗄 거야?
- 수용하다: 어떠한 것을 받아들이다.
  예 다른 나라의 문화를 수용하는 일은, 국제화 시대에 있어서 꼭 필요한 자세예요.

39 ②

한국은 부산광역시, 대구광역시, 인천광역시, 광주광역시, 대전광역시, 울산광역시의 총 6개의 광역시가 있다.

오답 해설

② 한국은 제주특별자치도, 강원특별자치도, 전북특별자치도의 총 3개의 특별자치도가 있다.

40 ④

"안녕히 주무셨어요?"에 대한 알맞은 인사말은 "네. 안녕히 주무셨어요?"이다.

41 ④

한국인들은 집들이에 갈 때 주로 휴지, 세제 같은 생활용품을 선물한다.

42 ①

한국의 전통 집은 한옥으로, 한옥의 형태에는 초가집, 기와집 등이 있다.

43 ②

에펠탑은 프랑스에 있는 철탑이다.

44 ①

피자는 외국 음식이다.

45 ②

송편은 추석(한가위)에 먹는 음식으로, 한 해 농사가 잘 된 것에 대해 감사하는 마음을 담아 만들어 먹는다.

46 ③

한국에서 국회의원 선거는 4년에 한 번씩 실시하며, 한 사람이 여러 번 뽑힐 수 있다.

47 ④

글에서 핵가족이 보편화되고 있다고 하였으므로 정답은 ④번이다.

오답 해설

① 최근 한국 사회의 결혼 연령은 늦어지고 있다.
② 외국인 배우자와의 결혼이 늘어나면서 다문화 가정이 증가하고 있다.
③ 전통적으로 한국 사회는 유교 사상을 기반으로 가족을 사회의 기본 단위로 여겼다.

어휘

- 밀접하다: 아주 가깝게 맞닿아 있다. 또는 그런 관계에 있다.
  - 예 책을 많이 읽는 것과 글을 잘 쓰는 것은 밀접한 관련이 있다.
- 보편화: 널리 일반인에게 퍼짐. 또는 그렇게 되게 함.
  - 예 요즘은 스마트폰이 보편화되어서 언제 어디서든 인터넷에 접속할 수 있다.
- 기피하다: 꺼리거나 싫어하여 피하다.
  - 예 술자리에서 실수한 뒤로 사람들이 날 기피하는 느낌이에요.
- 대두되다: 어떤 세력이나 현상이 새롭게 나타나게 되다.
  - 예 남녀 갈등 문제가 사회적 이슈로 대두되고 있다.

48 ①

시대의 흐름에 따라 한국의 경제가 어떻게 발전해 왔는지 설명하는 글이므로 정답은 '한국의 경제 발전 과정'이다.

오답 해설

② 경제 개발 5개년 계획은 1960~1970년대에 시작된 경제 발전 계획을 말하는데 글 전체를 아우르는 제목으로 적절하지 않다.
③ 글에 급속한 경제 발전에 따른 문제점이 구체적으로 나와 있지 않다.
④ 글에 중화학 공업의 발전은 나와 있지만, 발전시키기 위한 방법은 나타나 있지 않다.

어휘

- 마련하다: 헤아려서 갖추다.
  - 예 여행을 가려면 충분한 돈을 마련해야 해.
- 자리매김하다: 사회나 사람들의 인식 따위에 어느 정도의 고정된 위치를 차지하다.
  - 예 입사 1년 만에 우수한 성적으로 동료들에게 믿을 수 있는 사람으로 자리매김하였다.
- 확산하다: 흩어져 널리 퍼지다.
  - 예 바이러스가 확산될수록 진압하기 어려워집니다.
- 초래하다: 일의 결과로서 어떤 현상을 생겨나게 하다.
  - 예 잦은 지각은 회사 측으로부터 자진퇴사 권유를 초래할 수 있어요.

49 연기하려고 / 연기해야 / 미루려고 / 미뤄야

빈칸 다음 문장에서 팀장님이 외근을 나가셔야 한다는 이유가 언급되고 다음 대답에서 오늘이 아닌 내일 9시로 회의 시간을 다시 얘기하고 있다. 어떤 일을 할 마음이 있음을 나타낼 때 쓰는 '-려고 하다', 또는 의무를 나타내는 '-해야 하다'와 정해진 기한을 뒤로 넘겨서 늘릴 때 쓸 수 있는 동사인 '미루다', '연기하다' 등을 활용한 '미루려고 해요, 연기하려고 해요' 등이 적절하다.

50 없어 / 남아있지 않아

대화의 앞에서 비행기 표를 언급하였는데, 그 다음말에서 '미리 -했으면 좋았을걸'하고 아쉬워 하는 표현이 나오므로, 비행기 표를 구하지 못한 상황임을 알 수 있다.

구술시험 [01~05번]

01

단어의 발음과 띄어쓰기에 유의하여 정확하고 큰 목소리로 읽으세요.

02

모범 답안

한복은 저고리(상의)와 치마나 바지 등의 하의로 구성됩니다. 한복의 특징은 고급스러운 자수로 장식한다는 것입니다. 특히 자연을 모티브로 나비나 구름 등을 수놓아서 아름답습니다.

03

모범 답안

전주에 놀러갔을 때 한복을 입어보았습니다. 노란색 저고리에 빨간색 치마를 입었는데, 새색시마냥 곱다고 칭찬을 받았습니다. 머리도 곱게 땋아 댕기로 묶고 나비 모양의 뒤꽂이도 꽂았습니다. 예쁘게 꾸미고 전주 한옥마을을 돌아다니며 사진도 여러 장 찍었습니다. 지금도 그 사진을 보면 그때 생각이 나서 즐겁습니다.

04

모범 답안

홍익인간은 고조선의 건국신화인 단군신화에서 나온 말로, '인간 세상을 널리 이롭게 하라'는 뜻입니다. 오래 전, 하늘에는 상제 환인과 그의 아들 환웅이 있었는데, 환웅이 인간 세상을 내려다 보며 뜻을 품자 아버지 환인이 땅을 굽어 살피고 했던 말에서 유래되었습니다. 인간을 널리 이롭게 한다는 것은 곧 인간의 삶을 좋은 방향으로 이끌어 간다는 의미입니다. 즉, 현실적인 삶의 개선과 향상을 지향하는 것입니다. 이러한 홍익인간에는 인류를 이롭게 하는 민주주의 정신과 대한민국의 민족정신이 담겨 있습니다.

05

모범 답안

제일 많이 도움을 받았던 복지 서비스는 외국인 종합 지원센터입니다. 한국에 온 지 얼마 안 됐을 때 모든 게 다 낯설어서 힘들었는데, 그때마다 외국인 종합 지원센터의 직원분들께서 친절하게 필요한 정보들을 알려주셨습니다. 특히 배가 너무 아파서 병원에 입원해야 했을 때, 제가 받을 수 있는 복지혜택에 대해 자세히 알려주셔서 큰 도움을 받았던 기억이 있습니다. 병원비가 제일 걱정이었는데 덕분에 해결할 수 있었습니다. 베트남의 의료 서비스와 한국의 의료 서비스를 비교해 보았을 때, 큰 차이는 없었지만 조금 더 최신식 설비가 갖춰져 있고, 시골에서도 비교적 편하게 이용할 수 있다는 점이 좋았습니다.

제2회 모의시험

93쪽

01	②	02	③	03	②	04	③	05	④
06	③	07	①	08	③	09	②	10	①
11	④	12	②	13	④	14	③	15	①
16	②	17	③	18	③	19	④	20	①
21	④	22	②	23	②	24	③	25	②
26	③	27	①	28	①	29	①	30	④
31	②	32	③	33	②	34	④	35	③
36	②	37	③	38	④	39	②	40	②
41	④	42	①	43	②	44	②	45	③
46	③	47	④	48	①				
49	발급까지 / 발급에								
50	우체국에서								
구술 01~05	해설의 모범 답안 참조								

01 ②

여자가 가방을 메고 산으로 추정되는 곳으로 걸어가고 있는 그림이므로 정답은 '등산하다'이다.

오답 해설

① 걷고 있지만 배경이 길거리가 아닌 점에 주목해야 한다.
③ 관찰하는 행동이 정답이 되려면, 무엇인가를 응시하거나 돋보기, 현미경 등의 소품이 있어야 한다.
④ 그림 속에 음식이 없으므로 알맞지 않다.

02 ③

장소, 목적 등을 나타내는 조사 '-에'가 문맥상 어울린다.

오답 해설

① '만'은 다른 것은 제외하고 어느 특정한 것을 나타낼 때 사용한다.
② '와'는 둘 이상의 대상을 이어 줄 때 사용한다.
④ '마저'는 이미 어떤 것이 있으면서 다른 것이 더해지거나, 마지막 것까지 모두 포함될 때 사용한다.

어휘

- 만
  예 이 보고서만 제출하면 되어요.
- 와
  예 친구와 함께 쇼핑하러 가요.
- 마저
  예 너마저 날 떠나는구나.

03 ②

'크다'의 반대말은 '작다'이다.

오답 해설

① '좁다'는 '면이나 바닥 따위의 면적이 작다.'라는 의미이다.
③ '높다'는 '아래에서 위까지의 길이가 길다.'라는 의미이다.
④ '딱딱하다'는 '몹시 굳고 단단하다.'라는 의미이다.

어휘

- 좁다 ↔ 넓다
  예 네 명이 앉기에는 테이블이 너무 좁지 않니?
- 높다 ↔ 낮다
  예 건물이 높아서 경치가 좋을 것 같아요.
- 딱딱하다 ↔ 부드럽다, 물렁하다
  예 의자가 너무 딱딱해서 엉덩이가 아파요.

04 ③

'시원하다'의 반대말은 '덥다'이다.

오답 해설

① '불편하다'는 '어떤 것을 사용하거나 이용하는 것이 거북하거나 괴롭다.'라는 의미이다.
② '어둡다'는 '빛이 없어 밝지 아니하다.'라는 의미이다.
④ '슬프다'는 '원통한 일을 겪거나 불쌍한 일을 보고 마음이 아프고 괴롭다.'라는 의미이다.

어휘

- 불편하다 ↔ 편안하다
  예 지하철을 두 번 갈아타고 가야 하니까 가는 길이 불편해요.
- 어둡다 ↔ 밝다
  예 정전이 되어서 사방이 어두워요.
- 슬프다 ↔ 기쁘다
  예 강아지와 헤어질 생각을 하니까 너무 슬퍼.

05 ④

문맥상 추석 명절이라서 쉬는 동안에 고향에 내려갈 것이라고 말하고 있으므로 휴일의 연속인 '연휴'가 정답이다.

오답 해설

① '연말'은 한 해의 마지막 무렵을 의미한다. 추석은 9월이므로 연말이 아니다.
② '주말'은 한 주의 끝 무렵이며, 보통 토요일과 일요일을 묶어서 주말이라고 표현한다.
③ '연초'는 새해의 첫 머리이며, 보통 1월을 연초라 부른다.

06 ③

통장을 만들 수 있는 곳은 '은행'이다.

오답 해설

① 백화점은 물건들을 사는 곳으로, 마트나 시장과 비슷하다.
② 카페는 커피나 차 등을 마시는 곳이다.
④ 병원은 몸이 아플 때 진료를 받으러 가는 곳이다.

07 ①

'거칠다'의 반대말은 '매끄럽다'이다.

오답 해설

② '적다'는 '수효나 분량, 정도가 일정한 기준에 미치지 못하다.'라는 의미이다.
③ '맵다'는 '고추나 겨자와 같이 맛이 알알하다.'라는 의미이다.
④ '더럽다'는 '때나 찌꺼기 따위가 있어 지저분하다.'라는 의미이다.

어휘

- 적다 ↔ 많다
  예 커피 정량은 300ml인데 260ml밖에 안 되다니 너무 적어요.
- 맵다 ↔ 안 맵다, 달다
  예 떡볶이나 김치처럼 매운 음식은 잘 못 먹는 편이에요.
- 더럽다 ↔ 깨끗하다
  예 진흙을 밟아서 신발이 더러워졌어요.

08 ③

'잡다'의 반대말은 '놓다'이다.

오답 해설

① '들다'는 '아래에 있는 것을 위로 올리다.'라는 의미이다.
② '움직이다'는 '멈추어 있던 자세나 자리가 바뀌다.'라는 의미이다.
④ '돕다'는 '남이 하는 일이 잘되도록 거들거나 힘을 보태다.'라는 의미이다.

어휘

- 들다 ↔ 내리다
  예 짐을 들어서 저 선반 위에 올려 줄래?
- 움직이다 ↔ 멈추다
  예 자꾸 움직이면 정신 사나워.
- 돕다 ↔ 방해하다
  예 어른들을 돕는 일은 당연한 예절이에요.

09 ②

방 청소를 할 때는 먼저 창문을 열어서 환기를 시켜야 한다.

오답 해설

① 가방은 소지품을 담는 도구이므로 청소와 관련이 없다.
③, ④ 부엌과 옥상은 각각 방보다 큰 면적의 장소이므로 적절하지 않다.

10 ①

백화점에 옷을 사러 간다는 내용이므로 정답은 '구매하러'이다.

오답 해설

② '결재하다'는 '결정할 권한이 있는 상관이 부하가 제출한 안건을 검토하여 허가하거나 승인하다.'라는 의미이다.
③ '이수하다'는 '해당 학과를 순서대로 공부하여 마치다.'라는 의미이다.
④ '진찰하다'는 '의사가 여러 가지 방법으로 환자의 병이나 증상을 살피다.'라는 의미이다.

어휘

- 결재하다
  예 팀장님께 품의서 결재해 달라고 요청드렸어요.
- 이수하다
  예 한국어 중급 과정을 이수해야 고급 과정으로 넘어갈 수 있어요.
- 진찰하다
  예 의사선생님께서 청진기를 든 채 진찰해 주세요.

11 ④

문맥상 '새로운 식당이 생겼다'와 가장 잘 어울리는 부사는 기간을 나타내는 부사인 '최근에'이다.

오답 해설

① '결코' 뒤에는 '–하지 않는다'와 같은 부정형이 어울린다.

② '조용히' 뒤에는 소리나 장소와 관련된 표현이 있어야 한다.
③ '어찌' 뒤에는 의문형이 와야 한다.

12 ②

문맥상 카페에 가는 횟수가 많아서 사장님이 날 알아보신다는 내용이 자연스러우므로 어울리는 부사는 '자주'이다.

오답 해설

① '마저'는 '남김없이 모두'라는 의미의 부사이다.
③ '몹시'는 '더할 수 없이 심하게'란 의미의 부사이다.
④ '드문드문'은 '시간적으로 잦지 않고 드문 모양'이라는 의미의 부사이다.

어휘

- 마저
  예 컵에 남은 물을 마저 따르렴.
- 몹시
  예 몹시 추워서 견딜 수가 없다.
- 드문드문
  예 출석을 드문드문하면 출석 일수가 모자라서 수료할 수 없다.

13 ④

'깔끔하다'의 유의어는 '깨끗하다'이다.

오답 해설

① '부드럽다'는 '닿거나 스치는 느낌이 거칠거나 뻣뻣하지 않다'라는 의미의 형용사이다. 성격 등을 묘사할 때는 '마음이 따뜻하다'와 유의어로 쓰이기도 한다.
② '수상하다'의 유의어는 '의심스럽다'이다.
③ '지저분하다'는 '깔끔하다'의 반의어이다.

어휘

- 부드럽다
  예 강아지의 털이 부드러워서 자꾸 쓰다듬게 돼요.
- 수상하다
  예 범행이 일어난 현장에서 나타나다니 수상해.
- 지저분하다
  예 요리하고 뒷정리를 안 하면 당연히 지저분하지.

14 ③

'유명하다'의 유의어는 '인기 있다'이다.

오답 해설

① '화려하다'의 유의어는 '아름답다'이다.
② '시끄럽다'는 '조용하다'의 반대말이다.
④ '재미있다'의 유의어는 '즐겁다'이다.

어휘

- 화려하다
  예 드레스에 온갖 보석들을 붙여 놓으니 정말 화려하다.
- 시끄럽다
  예 좁은 카페 안에 사람들의 목소리가 가득 차니까 너무 시끄럽다.
- 재미있다
  예 친구와 노는 일은 언제나 재미 있어요.

15 ①

문맥상 힘들어서 퇴사를 고려하고 있다고 말하는 것이 자연스러우므로 정답은 '퇴사하고 싶어요.'이다.

오답 해설

② '-을까요?'는 의문형 어미이다.
③ '-러'는 목적을 가지고 행동할 때 사용하는 연결표현이다.
④ '-곤 하다'는 같은 상황이나 행위가 반복될 때 사용한다.

16 ②

부동산에 가는 행위의 목적이 '새 집을 알아보는' 것이므로 목적을 나타내는 연결표현을 사용한 '알아보러'가 알맞다.

오답 해설

① '-면서'는 두 가지 이상의 동작이나 상황이 동시에 일어날 때 사용한다.
③ '-든지'는 어느 것을 선택해도 차이가 없는 둘 이상의 일을 나열할 때 사용한다.
④ '-것 같아서'는 어떤 일에 대한 추측을 할 때 사용한다.

17 ③

평소보다 시간이 걸린다는 것은, 지하철이 천천히 간다는 의미이므로 정답은 '느리게'이다.

오답 해설

① '시끄럽다'는 '듣기 싫게 떠들썩하다.'라는 의미이다.
② '으스스하다'는 '차거나 싫은 것이 몸에 닿아 소름이 돋는다.'라는 의미이다.
④ '급하다'는 '시간의 여유가 없어 빠르게 다그치다.'라는 의미이다.

18 ③

뒤 행동에 대한 원인이 앞의 행동이 되어야 하므로 어울리는 연결표현은 '공부하느라고'이다.

오답 해설

① '-면 좋아서'는 앞의 행동을 할 경우 뒤의 행동 또는 결과에 이로움이 있을 때 사용한다.

② '-(하)더니'는 과거의 어떤 일에 뒤이어 일어난 상황을 이어서 말할 때 사용한다.

④ '-할수록'은 앞말의 정도가 더해짐이 뒷말의 정도가 더하거나 덜하게 되는 조건일 때 사용한다.

19 ④

'주말에 사람이 많아서'라는 이유를 근거로 뒤의 행동을 하는 상황이 나오므로 문맥상 '예매해 두어야 해요'라는 강조형 어미가 나와야 어울린다.

오답 해설

① '-할까요?'는 청유문형 어미이다.

② '-뻔하다'는 거의 일어날 것 같은 상황까지 갔을 때 사용한다.

③ '-지 않다'는 부정문형 어미이다.

20 ①

'-면 되다'는 앞의 내용이 뒤의 상황을 충족시키는 조건일 때 사용하므로 문맥상 어울린다.

오답 해설

② '-니까'는 앞말이 뒷말의 원인이나 근거, 전제가 될 때 사용한다.

③ '-지만'은 앞말을 인정하면서 그에 반대되는 내용이나 조건을 붙여 말할 때 사용한다.

④ '-고 나서'는 두 행동이 연속적으로 이루어져야 할 때 사용한다.

21 ④

규칙적인 생활을 하는 본인의 경험을 말하는 상황이므로 어울리는 종결 표현은 '걷는 편이에요'이다.

오답 해설

① '-잖아요'는 듣는 사람도 알고 있는 사실에 대해 확인할 때 사용한다.

② '-어 보다'는 어떤 행동을 시도한다는 의미이다.

③ '-지 마세요'는 명령형 어미이다.

22 ②

떡볶이가 매웠다는 이유가 제시되었으므로, 앞의 이유로 인해 뒤 행동을 할 지경까지 갔다는 의미의 종결 표현인 '울 뻔했어요'가 정답이다.

오답 해설

① '-면 되다'는 어떤 상태나 행위를 허락할 때 사용한다.

③ '-지도 모른다'는 확실하지 않은 내용을 추측하거나 짐작할 때 사용한다.

④ '-지 않았다'는 과거 부정형 어미이다.

23 ②

'실수하다'는 조심하지 아니해 잘못하다는 의미이므로 신체기관인 다리와 연결해서 사용하기에는 어색하다. 그러므로 정답은 '다리가 실수하면'이며, 바르게 고치면 '다리가 부러지면'이다.

24 ③

'여기서 서울까지'처럼 지점과 지점을 묶어서 이야기할 때에는 거리, 혹은 시간에 관련된 동사가 나오는 것이 어울린다. 바르게 고치면 '걸릴 수 있어요' 혹은 '갈 수 있어요'이다.

25 ②

앞에 '낮아서'라는 이유가 나왔기 때문에 뒤에는 추측형 종결표현인 '쉬울 거예요'가 어울린다.

오답 해설

① '-든지'는 어느 것을 선택해도 차이가 없는 둘 이상의 일을 나열할 때 사용한다.

③ '-었으니까요'는 앞말이 결과의 원인이나 근거, 전제일 때 사용한다.

④ '-기 위해서예요'는 앞에 오는 일이 뒤에 오는 일의 목적이나 의도일 때 사용한다.

26 ③

숨쉬기 힘들 조건이 되려면 공기가 더러워야 하므로 정답은 '탁해서'이다.

오답 해설

① '밝다'는 '불빛 따위가 환하다.'라는 의미이다.
② '낮다'는 '아래에서 위까지의 높이가 기준이 되는 대상이나 보통 정도에 미치지 못한다.'라는 의미이다.
④ '가깝다'는 '어느 한 곳에서 다른 곳까지의 거리가 짧다.'라는 의미이다.

어휘

- 밝다
  예 조명이 밝으면 그만큼 독서하기 좋다.
- 낮다
  예 새가 낮게 날아서 부딪칠 뻔했다.
- 가깝다
  예 회사까지 5분 거리면 가까운 편이네.

27 ①

'쉬다'라는 동사와 '나란히'라는 부사가 어울리지 않으므로 정답은 '나란히'이다.

28 ①

집에 돌아온 행동을 샤워하는 이유로 보기에 어색하다. 바르게 고치면 '집에 돌아와서 샤워를 했어요'가 된다.

29 ①

시장, 상품, 장바구니와 어울리는 동사는 '구입하여'이다.

오답 해설

③ 결재하다 vs 결제하다
– 결재하다: 결정할 권한이 있는 상관이 부하가 제출한 안건을 검토하여 허가하거나 승인하다. 비슷한 의미의 동사로는 '재가하다'가 있다.
– 결제하다: 증권 또는 대금을 주고받아 매매 당사자 사이의 거래 관계를 끝맺다.

어휘

- 결재
  예 그 기안을 팀장님께 결재는 받았나요?
- 결제
  예 구입하신 가방의 결제는 카드로 하시겠어요?

30 ④

신입 사원으로 입사했을 때 동료들이 따뜻하게 대해 줘서 업무에 빨리 적응할 수 있었다는 내용이므로, 동료들을 수식하기에 어울리는 형용사는 '친절해서'이다.

오답 해설

① '불안하다'는 '마음이 편하지 아니하다.'라는 의미이다.
② '어렵다'는 '하기가 까다로워 힘에 겹다.'라는 의미이다.
③ '시원하다'는 '덥거나 춥지 아니하고 알맞게 서늘하다.'라는 의미이다.

어휘

- 불안하다
  예 실수를 들킬까 봐 불안해요.
- 어렵다
  예 한자를 많이 알아야 해서 한국어는 어려워요.
- 시원하다
  예 카페에서 에어컨 바람을 쐬니 시원해요.

31 ②

빈칸 뒤에 나오는 동사와 어울리는 형용사, 명사를 알고 있는지 묻는 문제이다. 따라서 정답은 '보내다'와 어울리는 명사 '시간'이 들어간 '즐거운 시간을'이다.

오답 해설

① 신나는 노래를 + 부르다
③ 밝은 분위기를 + 즐기다
④ 따뜻한 마음을 + 나누다

이와 같이 어떤 동사에는 어떤 형용사와 명사가 어울리는지 익혀 두면 좋다.

32 ③

상황과 어울리는 숙어를 찾는 문제이다. 헤어질 때는 보통 다음 약속을 잡는 편이므로 어울리는 숙어는 '다음을 기약하며'이다.

오답 해설

① '귀가 솔깃하다'는 다른 사람의 말이나 이야기가 무척 그럴듯해서 선뜻 마음이 끌릴 때 사용하는 숙어이다.
② '손에 땀을 쥐다'는 아슬아슬하여 마음이 조마조마하도록 몹시 애달다는 의미로, 경기 등을 관람할 때 많이 사용하는 숙어다.
④ '눈살을 찌푸리다'는 마음에 못마땅한 뜻을 나타내어 양미간을 찡그리다는 의미로, 무엇인가 불만스러운 상황에 주로 사용한다.

어휘

• 귀가 솔깃하다

예 30% 할인 소식에 귀가 솔깃했다.

• 손에 땀을 쥐다

예 손에 땀을 쥘 만큼 아슬아슬한 경기.

• 눈살을 찌푸리다

예 담배꽁초를 함부로 버리는 모습을 보고는 눈살을 찌푸렸다.

33 ②

㉠에서 '끝나다'는 '어떤 일이나 과정, 절차 따위가 끝나다.'라는 의미인 '마치다'와 같은 의미이다.

오답 해설

①, ④ 회의를 열다, 회의를 시작하다는 동의어이다.

③ '회의가 막히다'는 회의가 더 진행되지 않고 풀리지 않는 상황일 때 사용한다.

어휘

• 막히다

예 수학 문제가 너무 어려워서 문제 풀이가 막혔어.

• 열다

예 반상회를 열어서 소음 공해에 대한 잘잘못을 따져 보자.

• 시작하다

예 오늘부터 전시회를 시작합니다.

34 ④

회의에서 중요한 결정을 내리고 만족스러워 했으므로 '회의가 끝나고 기분이 좋았다'가 정답이다.

오답 해설

① 회의는 오랜 시간 이어졌다.

② 회의가 끝났으니 각자 돌아가 업무를 시작할 시간이라고 하였다.

③ 팀원들은 모두 피곤해 보였다.

35 ③

청결한 환경은 심리적인 안정감을 제공하며, 스트레스를 줄여 준다.

오답 해설

① 개인의 청결 습관은 어릴 때부터 형성되며, 꾸준한 교육과 실천이 필요하다.

② 정기적인 청소와 소독은 전염병 확산을 막을 수 있다.

④ 손을 자주 씻는 것은 세균과 바이러스 감염을 예방하는 데 도움을 준다.

어휘

• 청결하다: 맑고 깨끗하다.

예 요리를 하기 전에는 청결한 복장을 갖추는 게 중요해요.

• 꾸준하다: 한결같이 부지런하고 끈기가 있다.

예 귀화 시험에 합격하기 위해 매일 퇴근 후 꾸준히 공부하는 중이에요.

• 감염: 병원체인 미생물이 동물이나 식물의 몸 안에 들어가 증식하는 일.

예 코로나에 감염되고 격리되었던 시절이 엊그제같은데.

• 예방: 질병이나 재해 따위가 일어나기 전에 미리 대처하여 막는 일.

예 독감을 예방하려면 겨울로 접어들기 전에 독감 백신 주사를 맞는 게 좋습니다.

36 ②

우기 씨는 다음 학기에 수업을 못 듣고 고향에 간다고 했으므로 정답은 '우기 씨는 다음 학기에 볼 수 없다'이다.

오답 해설

① 듣고 있던 수업이 끝났다.

③ 선생님은 시험 성적보다 앞으로의 노력이 더 중요하다고 말씀하셨다.

④ 나는 마지막 시험에서 89점을 받아 기분이 좋았다.

어휘

• 고생하다: 어렵고 고된 일을 겪다.

예 아픈 부모님 대신 어린 나이에 일하며 가족을 챙기느라 고생하는구나.

• 칭찬하다: 좋은 점이나 착하고 훌륭한 일을 높이 평가하다.

예 무거운 짐을 든 할머니를 도와드리자 할머니께서 고맙다며 칭찬해 주셨어요.

37 ③

대중교통이 도시 생활에서 필수적이며 편리한 이유에 대해 설명하고 있으므로 글의 중심 내용으로 알맞은 것은 '대중교통의 편리성'이다.

오답 해설

① 대중교통의 발전 과정에 대한 내용이 없다.

② 버스나 지하철 외 대중교통의 종류에 대해 설명한 내용이 없다.

④ 대중교통이 위험하다는 내용은 글에 없다.

어휘

- 필수적: 꼭 있어야 하거나 하여야 하는 것.
  - 예 설날에 떡국을 먹는 건 필수적인 관습이지!
- 방지하다: 어떤 일이나 현상이 일어나지 못하게 막다.
  - 예 교통사고가 일어나지 않도록 방지하려면 주변을 잘 살펴볼 줄 알아야 해요.

38 ④

최초의 달력부터 현대 사회에서의 달력의 모습까지 설명하고 있으므로 정답은 '달력의 유래와 발전'이다.

오답 해설

① 달력과 시간 관리는 마지막 문장에만 언급되었다.

② 과거 뿐만 아니라 현대 사회에서도 달력이 일정 관리와 계획 수립에 필수적이라고 설명했으므로, 달력의 필요성에 대해 쓴 글이다.

③ 그레고리력의 한계에 대해 나온 내용은 없다.

어휘

- 체계적: 일정한 원리에 따라서 낱낱의 부분이 짜임새 있게 조직되어 통일된 전체를 이루는 것.
  - 예 체계적으로 데이터를 정리하면 실험 결과를 분석하기에 좋다.
- 고안하다: 연구하여 새로운 안을 생각해 내다.
  - 예 지금의 불편함을 해결할 수 있도록 새로운 방법을 고안해 봐.
- 도입하다: 기술, 방법, 물자 따위를 끌어 들이다.
  - 예 고객의 편의성을 위해 스마트 앱 활용 기술을 도입하기로 했다.
- 수립: 국가나 정부, 제도, 계획 따위를 이룩하여 세움.
  - 예 대통령의 역할 중 하나는 정책을 수립하는 것입니다.

39 ②

수도권은 서울과 인천광역시, 경기도를 포함한 대도시권을 말한다.

오답 해설

② 평창은 한반도 동쪽에 있는 강원 지역의 도시이다.

40 ②

결혼식에 초대받은 사람들이 축하하는 의미로 내는 돈은 축의금이다.

오답 해설

① 성과금은 조직에서 큰 성과를 달성하였을 때 받는 돈을 말한다.

③ 조의금(부의금)은 장례식에서 죽음을 슬퍼하는 뜻으로 내는 돈을 말한다.

④ 국민연금은 나이가 들고 몸이 아파서 소득을 얻기 어려울 때 나라에서 일정 금액을 생활비로 주는 돈을 말한다.

41 ④

상급 종합 병원은 몸이 아플 때 의사에게 진료 및 치료를 받을 수 있는 장소이다.

42 ①

한복은 한국의 기후와 생활 양식에 알맞게 만들어진 한국의 고유한 옷이다.

43 ②

부럼 깨기, 오곡밥 먹기는 정월 대보름의 풍속이다.

44 ②

한국은 된장, 간장, 고추장 등을 사용한 음식이 많고 김치 등의 발효 음식이 발달하였다.

45 ③

이순신은 조선 시대 임진왜란 당시 조선 수군을 이끌고 거북선과 뛰어난 전략 등을 통해 일본 수군을 무찔렀다.

46 ③

북쪽을 제외한 동쪽, 서쪽, 남쪽의 삼면이 바다로 둘러싸여 있다.

47 ④

지문 두 번째 문장에 '언제 어디서나 인터넷에 접속할 수 있다'고 스마트폰에 대한 설명이 나와 있다.

오답 해설

① 스마트폰으로 목적에 맞는 다양한 앱을 사용할 수 있다.
② 스마트폰을 통한 소셜 미디어의 과도한 이용은 개인 정보 유출 문제를 야기할 수 있다.
③ 스마트폰의 과도한 사용은 집중력 저하, 수면 장애, 눈의 피로, 목과 손목의 통증 등 신체적 문제를 초래할 수 있다.

어휘

- 접근하다: 가까이 다가가다.
  예 그 개는 사나우니까 접근하지 않는 게 좋아.
- 과도하다: 정도에 지나치다.
  예 샤워할 때 물을 과도하게 쓰는 것은 수도세 폭탄 맞는 일이야.
- 형성하다: 어떤 형상을 이루다.
  예 자녀가 어린 나이에 가치관을 형성할 수 있도록 돕는 것이 현명한 육아예요.

48 ①

글에서 절약의 이점과 우리가 절약해야 하는 이유에 대해 말하고 있으므로 적절한 답은 '절약의 중요성'이다.

오답 해설

② 저축을 하는 까닭은 글의 일부 내용일 뿐이다.
③ 절약을 통해 자원을 아끼고 환경 보호에도 기여할 수 있지만, 환경 파괴의 심각성에 대해 다루지는 않았다.
④ 과도한 스트레스에 대한 내용은 나타나 있지 않다.

어휘

- 대비하다[1]: 앞으로 일어날지도 모르는 어떠한 일에 대응하기 위하여 미리 준비하다.
  예 지진을 대비하기 위해 건물에 내진 시공을 해요.
- 대비하다[2]: 두 가지의 차이를 밝히기 위하여 서로 맞대어 비교하다.
  예 이 티셔츠와 저 티셔츠 색깔을 서로 대비해 보면 이 티셔츠가 조금 더 밝아.
- 달성하다: 목적한 것을 이루다.
  예 이번 시험에서 1등을 하다니 목표를 달성했구나!
- 절약하다: 함부로 쓰지 아니하고 꼭 필요한 데에만 써서 아끼다.
  예 월급을 절약해서 목돈을 만들 거예요.

49 발급까지 / 발급에

은행에서 카드를 신청하고, 카드를 발급받는 내용이므로, '발급까지' 혹은 '발급에'가 정답이다.

50 우체국에서

고향으로 소포를 보낸다고 했으므로, 국제 소포나 택배를 부칠 수 있는 장소인 '우체국에서'가 정답이다.

구술시험 [01~05번]

01

단어의 발음과 띄어쓰기에 유의하여 정확하고 큰 목소리로 읽으세요.

02

모범 답안

수제 어묵 가게에서 갓 튀긴 어묵도 먹고 시장 구경을 했습니다. 시장 구석구석을 돌면서 현지 주민들의 일상 생활도 엿보고, 보물찾기처럼 신기한 물건들도 찾았습니다. 화자는 전통 시장에서 슈퍼마켓과는 또 다른 매력과 따뜻함을 느꼈습니다.

03

모범 답안

저는 서울의 광장 시장에 가 본 경험이 있습니다. 광장시장은 특히 먹거리가 유명한데, 빈대떡도 먹고 처음으로 육회도 먹어 보았습니다. 그리고 마약 김밥도 먹었는데, 겨자의 매운 맛에 코가 찡했습니다. 광장 시장은 무척 북적거렸지만 재밌었고, 한국 사람들이 좋아하는 음식에 대해 알 수 있었던 시간이었습니다.

04

모범 답안

한국의 가족 문화는 유교의 영향을 받아 전통적으로 가족 간의 존경과 예의를 강조합니다. 특히 이름을 부르지 않고 가족 호칭을 부르는 게 큰 특징입니다. 아버지의 부모님은 할머니, 할아버지, 어머니의 부모님은 외할머니, 외할아버지라고 부릅니다. 형제자매 간에는 나이와 성별에 따라 호칭이 달라지는데, 형, 오빠, 누나, 언니, 동생 등으로 부르며, 부모님의 형제 관계의 경우 아버지 쪽 형제인지, 어머니 쪽 형제인지에 따라 호칭이 달라집니다. 아버지 쪽 여자 형제는 고모, 남자 형제는 큰아버지 혹은 작은아버지라 부르며, 어머니 쪽 여자 형제는 이모, 남자 형제는 삼촌이라 부릅니다. 이러한 호칭은 가족 간의 친밀감과 존중을 나타내는 중요한 요소입니다.

05

모범 답안

지난 4월 치러진 총선을 통해 한국의 민주주의와 선거 제도를 경험했습니다. 모든 시민들이 각자의 소중한 권리 행사를 위해 신분증을 챙겨 투표소로 향하고, 자신의 손으로 후보에게 투표를 하는 모습이 인상 깊었습니다. 대통령과 국회 의원, 지방자치 위원들을 모두 국민이 직접 투표해서 뽑는 한국과 달리, 중국은 인민 대표 단계에 따라 직접 선거와 간접 선거로 나뉩니다. 농촌의 향진, 도시의 구, 진 등의 기층의 인민 대표는 지역 주민이 직접 선거로 뽑지만, 시나 현급의 인민 대표부터는 간접 선거로 이루어집니다. 그래서 국민이 원하는 바가 반영되기 어려운데, 그에 반해 한국은 모두 국민의 힘으로 뽑기 때문에 국민이 원하는 바가 정책에 반영될 수 있어서 더 효율적이고 국민이 나라를 만들어 가는 느낌입니다.

제3회 모의시험

112쪽

01	③	02	①	03	③	04	①	05	②
06	①	07	③	08	①	09	④	10	②
11	④	12	①	13	①	14	②	15	③
16	④	17	②	18	③	19	①	20	①
21	③	22	②	23	①	24	④	25	④
26	③	27	④	28	③	29	③	30	④
31	①	32	②	33	③	34	②	35	③
36	③	37	③	38	④	39	①	40	④
41	①	42	①	43	③	44	①	45	②
46	②	47	④	48	②				
49	감기에 걸렸나 봐요 / 감기에 걸린 것 같아요								
50	어려운 줄 몰랐어요 / 힘든 줄 몰랐어요								
구술 01~05	해설의 모범 답안 참조								

01 ③

시계의 시침은 8과 9 사이를, 분침은 10을 가리키고 있으므로 시계가 나타내는 시각은 8시 50분이다. 또한, '9시 10분 전'은 9시가 되기 10분 전이라는 뜻으로, 8시 50분을 가리킬 수 있는 다른 표현이다. 보통 다가오는 정각 시의 '10분 전, 5분 전, 1분 전' 등으로 정각까지의 시간이 얼마 남지 않았을 때 주로 쓴다.

02 ①

빈칸 뒤의 '끝내야 하다'에서 의무와 기한을 나타내고 있으므로 함께 쓰일 수 있는 표현으로는 어떤 일이 마무리되거나 범위나 기간의 끝을 말할 때 쓰는 '까지'가 적절하다.

오답 해설

② '(이)라도'는 만족하지는 않지만 아쉽게 선택할 때 쓴다.

③ '부터'는 어떤 일이 처음 시작되는 시점이나, 범위와 기간의 시작을 나타낼 때 쓴다.

④ '조차'는 이미 어떤 것이 있는데 다른 것이 심하게 더해질 때 쓴다.

03 ③

'끝나다'의 반대말은 '어떤 일이나 행동의 처음 단계를 이루거나 그렇게 하다.'라는 의미의 '시작하다'가 적절하다.

오답 해설

① '알다'는 '교육, 경험, 사고를 통하여 사물이나 상황에 대한 정보나 지식을 갖추다.'라는 의미이다.

② '걸리다'는 '어떤 일을 하다가 도중에 들키다, 시간이 들다, 어떤 상태에 빠지게 되다.'라는 의미이다.

④ '맞다'는 '틀리지 아니하다, 어떤 행위나 내용이 일정한 기준이나 정도에 어긋나거나 벗어나지 아니하다.'라는 의미이다.

어휘

- 알다
  - 예 단어의 뜻을 알아야 문장을 이해할 수 있다.
- 걸리다
  - 예 길이 막혀서 퇴근길이 한 시간이나 걸렸다.
- 맞다
  - 예 음식 맛이 내 입에 맞는다.

04 ①

'충분하다'의 반대말은 '필요한 양이나 기준에 미치지 못해 충분하지 아니하다.'라는 의미의 '부족하다'가 적절하다.

오답 해설

② '덥다'는 '대기의 온도가 높다.'라는 의미이다.

③ '불편하다'는 '어떤 것을 사용하거나 이용하는 것이 거북하거나 괴롭다, 몸이나 마음이 편하지 아니하고 괴롭다.'라는 의미이다.

④ '탁하다'는 '액체나 공기 따위에 다른 물질이 섞여 흐리다.'라는 의미이다.

어휘

- 덥다 ↔ 춥다
  - 예 오늘은 유난히 더운 날이다.
- 불편하다 ↔ 편리하다
  - 예 이 의자는 앉기가 불편하다.
- 탁하다 ↔ 맑다
  - 예 출근길의 지하철 안은 공기가 무척 탁하다.

05 ②

해외로 소포를 보내는 상황에 어울리는 장소로는 '우체국'이 적절하다.

오답 해설

① 은행은 현금 인출, 송금, 입금이나 적금, 예금 등의 금융 서비스를 이용할 수 있는 곳이다.

③ 마트는 식재료, 생필품 등을 구매할 수 있는 곳이다.

④ 병원은 몸이 아플 때 진료나 치료를 받을 수 있는 곳이다.

06 ①

문장에서 '고쳐주셔서 감사했어요'라고 했으므로 주어진 상황에 어울리는 표현으로는 '일이나 움직임이 매우 날쌔고 빠르게'라는 의미의 '신속하게'가 적절하다.

오답 해설

② '어렵게'는 '하기가 까다롭고 힘이 들게'라는 의미이다.

③ '고요하게'는 '조용하고 잠잠하게'라는 의미이다.

④ '짧게'는 '잇닿아 있는 공간이나 물체의 두 끝 사이가 가깝게, 생각이나 실력 따위가 어느 정도나 수준에 미치지 못하게'라는 의미이다.

07 ③

'멀다'의 반대말은 '장소와 기준점 사이의 거리가 짧다.'라는 의미의 '가깝다'가 적절하다.

오답 해설

① '높다'는 '아래에서 위까지의 길이가 길다.'라는 의미이다.

② '밝다'는 '불빛 따위가 환하다, 감각이나 지각의 능력이 뛰어나다, 생각이나 태도가 분명하고 바르다.'라는 의미이다.

④ '낮다'는 아래에서 위까지의 높이가 기준이 되는 대상이나 보통 정도에 미치지 못하는 상태에 있다.'라는 의미이다.

어휘

- 높다 ↔ 낮다
  - 예 서울에는 높은 고층 빌딩들이 많다.
- 밝다 ↔ 어둡다
  - 예 그는 인사성과 예의가 밝다.
- 낮다 ↔ 높다
  - 예 하늘에 낮게 깔린 먹구름을 보니 비가 올 것 같다.

08 ①

'서두르다'의 반대말은 '마음에 흡족하여 여유가 있고 넉넉하게'라는 의미의 '느긋하게'가 적절하다.

오답 해설

② '바쁘다'는 '일이 많거나 또는 서둘러서 해야 할 일로 딴 겨를이 없다.'라는 의미이다.
③ '어둡다'는 '빛이 없어서 밝지 아니하다.'라는 의미이다.
④ '까다롭다'는 '조건 따위가 복잡하거나 엄격하여 다루기에 순탄하지 않다.'라는 의미이다.

어휘

- 바쁘다 ↔ 한가하다
  예 그는 밀린 일을 하느라 정신없이 바쁘다.
- 어둡다 ↔ 밝다
  예 불빛이 어두워 글을 읽지 못했다.
- 까다롭다 ↔ 무던하다
  예 이 생선은 손질하기가 까다롭다.

09 ④

빈칸 앞의 '장바구니'와 어울리는 동사로는 '담다'가 적절하다.

오답 해설

① '보내다'는 '어떤 장소로 물건이나 사람을 가도록 하다.'라는 의미이다.
② '마무리하다'는 '어떤 일을 끝맺다.'라는 의미이다.
③ '마시다'는 '액체류나 공기 등을 목이나 코로 넘기다.'라는 의미이다.

10 ②

문장에서 '회사에 도착했어요'라고 했으므로 빈칸에 들어갈 말로는 회사에 간다는 의미의 '출근'이 적절하다.

오답 해설

① '야근'은 기준 근무 시간을 초과하여 하는 근무를 말한다.
③ '퇴근'은 근무 시간을 마치고 회사를 나서는 것을 말한다.
④ '연차'는 회사를 출근해야 하는 날에 쉬는 날 또는 기간을 말한다.

11 ④

문장에 제시된 교통수단은 '버스'이므로 타고 내리는 장소는 '정류장'이 적절하다.

오답 해설

① '역'은 기차나 지하철을 타고 내리는 장소이다.
② '승강장'은 택시 등을 타고 내리는 장소이다.
③ '공항'은 비행기를 타고 내리는 장소이다.

12 ①

'-고'는 두 가지 이상의 동작을 연결할 때 쓰는 표현이며, 빈칸 앞의 '날씨'와 어울리는 어휘는 '맑다'이므로 '맑고'가 적절하다.

오답 해설

② '단정하다'는 '옷차림새나 몸가짐 따위가 얌전하고 바르다.'라는 의미이다.
③ '무던하다'는 '정도가 어지간하다, 성질이 너그럽고 수더분하다.'라는 의미이다.
④ '차갑다'는 '촉감이 서늘하고 찬 느낌이 있다, 인정이 없이 매정하거나 쌀쌀하다.'라는 의미이다.

13 ①

'-(다)고 하다'는 다른 사람에게서 들은 내용을 전달하는 표현이며, '(비가) 오다'와 비슷한 의미로 쓰일 수 있는 어휘는 '내리다'이므로 '내린다고'가 적절하다.

오답 해설

② '가다'는 '자리를 옮겨 이동하다.'라는 의미이다.
③ '타다'는 '탈 것 등에 몸을 얹다.'라는 의미이다.
④ '주다'는 '물건 따위를 남에게 건네어 가지거나 누리게 하다.'라는 의미이다.

어휘

- 가다 ↔ 오다
  예 어머니는 저녁거리를 사러 시장에 가셨다.
- 타다 ↔ 내리다
  예 출근할 때는 버스보다 지하철을 탄다.
- 주다 ↔ 받다
  예 오랜만에 본 조카한테 용돈을 주었다.

14 ②

대화의 '간단하게'와 비슷하게 쓸 수 있는 표현으로는 '간단하고 편리하게'라는 의미의 '간편하게'가 적절하다.

오답 해설

① '자세하게'는 '사소한 부분까지 아주 구체적이고 분명하게'라는 의미이다.
③ '북적북적하게'는 '많은 사람이 한곳에 모여 매우 수선

스럽게 잇따라 들끓게'라는 의미이다.
④ '느리게'는 '어떤 동작을 하는 데 걸리는 시간이 길게'라는 의미이다.

어휘
• 자세하게
예 약도가 자세하게 나와 있다.
• 북적북적하다
예 광장에는 놀러 나온 시민들이 북적북적했다.
• 느리게
예 그 환자는 회복이 느린 편이다.

15 ③
'–ㄹ 것이다'는 동사의 미래를 나타낼 수 있는 표현으로, 주말 계획을 나타낼 때 쓴다. 따라서 '갈 거예요'가 적절하다.

오답 해설
① '–지 않다'는 동사의 부정을 나타낼 때 쓴다.
② '못–'은 어떠한 행위를 할 수 없을 때 쓴다.
④ '하세요'는 다른 대상에게 어떤 행동을 지시할 때 쓴다.

16 ④
질문에서 '취미를 (   ) 하는데'하고 물어보고, 그에 대해 제안해주는 대답을 하고 있다. '–려고'는 어떤 행동을 할 의도를 가지고 있거나, 곧 일어날 움직임 또는 상태의 변화를 나타낼 때 쓰므로 '가지려고'가 적절하다.

오답 해설
① '–지만'은 앞의 내용과 반대되는 뒤의 내용을 연결할 때 쓴다.
② '–기 때문에'는 앞에 오는 내용이 뒤의 내용의 이유일 때 쓴다.
③ '–아서/어서/해서'는 앞 내용이 뒤 내용의 이유일 때 쓴다.

17 ②
감기에 걸렸기 때문에 내과에 간 것이므로 앞 내용이 뒤 내용의 이유일 때 쓰는 '걸려서'가 적절하다.

오답 해설
① '–려면'은 뒤에 오는 조건으로 이루어질 수 있는 일을 말할 때 쓴다.
③ '–는데'는 뒷말에서 어떤 일을 설명, 질문, 요구, 제안하기 위해서 그와 관련된 상황을 미리 말할 때 쓴다.
④ '–아야/어야/해야'는 앞말이 뒷말의 조건일 때 쓴다.

18 ③
빈칸의 행동과 빈칸 뒤에 오는 '실력을 키우고 있다'의 두 가지 행동이 동시에 일어나는 일이므로 '시도해 보면서'가 적절하다.

오답 해설
① '–니까'는 어떤 일의 이유나 원인을 말할 때 쓴다.
② '–ㄹ 때'는 어떤 행위나 상황이 일어난 순간이나 기간을 말할 때 쓴다.
④ '–려면'은 어떤 일을 이루기 위한 조건을 말할 때 쓴다.

19 ①
대화에서는 친구들과 통화를 길게 하냐는 질문에 전화는 어떻게 하는지를 대답해야 하므로, 대체로 어느 쪽에 가깝다고 평가할 때 쓰는 '–는 편이다'가 적절하다.

오답 해설
② '–는 법이다'는 당연하거나 이미 그렇게 정해진 것을 말할 때 쓴다.
③ '–을 만하다'는 어떤 행동을 하는 것이 가치 있을 때 쓴다.
④ '–ㄹ 뻔하다'는 거의 일어날 것 같은 정도까지 갔을 때 쓴다.

20 ①
다친 다리의 회복 정도를 물어보는 질문에 대답해야 하므로 동작의 진행을 말할 때 쓰는 '–고 있다'가 적절하다.

오답 해설
② '–는 척하다'는 행동이나 상태를 거짓으로 그럴듯하게 꾸밀 때 쓴다.
③ '–어도 되다'는 어떤 행위나 상태를 허락하거나 허용할 때 쓴다.
④ '–곤 하다'는 같은 상황이나 행위가 반복될 때 쓴다.

21 ③
'–면서'는 두 가지 이상의 동작이나 상황이 동시에 일어날 때 쓰므로 적절하다.

오답 해설
① '–려고'는 어떤 행동을 할 의도를 가지고 있거나, 곧 일어날

움직임 또는 상태의 변화를 나타낼 때 쓴다.

② '–자마자'는 앞의 동작이 이루어지고 곧바로 뒤의 동작이 일어날 때 쓴다.

④ '–다도/어도/해도'는 앞말이 뒷말의 가정이거나 반대일 때 쓴다.

22 ②

평소에 늘 실천하는 공공 예절이 있냐는 물음에 대한 대답을 이야기할 때는 동작이나 상황의 진행을 나타낼 수 있는 '–고 있다'를 활용한 '양보하고 있어요'가 적절하다.

오답 해설

① '못–'은 어떠한 행위를 할 수 없을 때 쓴다.

③ '–을 것 같다'는 추측이나 불확실한 단정을 나타낼 때 쓴다.

④ '안 하다'는 어떠한 행위를 의지로 하지 않을 때 쓴다.

23 ①

'–지만'은 앞말을 인정하면서 그에 반대되는 내용이나 조건을 붙여 말할 때 쓴다. 문장에서는 앞말이 뒷말의 목적, 결과, 방식, 정도 등을 나타낼 때 쓰는 '–도록'이 적절하다.

오답 해설

② '–아서/어서/해서'는 앞말이 뒷말의 이유, 근거, 수단, 방법 등을 나타낼 때 쓴다.

③ '–ㄹ 때'는 어떤 상황 또는 동작이 일어난 순간이나 기간을 말할 때 쓴다.

④ '–지만'은 앞말을 인정하면서 그에 반대되는 내용이나 조건을 붙여 말할 때 쓴다.

24 ④

'되다'는 어떤 동작이 다른 사람이나 외부 환경에 의해서 이루어질 때 쓴다. 문장에서 매일 조깅을 하는 것이 본인이 직접 하는 행동이므로 '노력하다'를 써야 하며, 동작이 진행 중임을 나타내려면 '–고 있다'를 쓰는 것이 적절하다.

오답 해설

① '익숙하다+어지다'의 형태로, '익숙하다'는 '어떤 일을 여러 번 하여 서투르지 않은 상태에 있다.'라는 의미이며, '–어지다'는 상태의 변화를 나타낼 때 쓴다.

② '이해하다+되다'의 형태로, '이해하다'는 '깨달아 알다'의 의미이며, '–게 되다'는 외부의 영향으로 어떤 결과가 생기거나 변화할 때 쓴다.

③ '해 보다'는 어떤 것을 시험 삼아 시도할 때 쓴다.

25 ④

새로운 직장의 동료들과는 잘 지내고 있냐는 물음에 현재까지는 친해지지 못한 상황과 함께 앞으로의 희망을 나타내야 하므로 '–으면 좋겠다'를 활용한 '가까워지면 좋겠어요'가 적절하다.

오답 해설

① '–하려던 참이다'는 어떤 동작을 막 하려는 생각이 있었음을 나타낼 때 쓴다.

② '–(다)고 하다'는 다른 사람에게서 들은 내용을 전달할 때 쓴다.

③ '–는 적이 있다'는 과거의 경험을 말할 때 쓴다.

26 ③

'–는 적이 있다'는 과거의 경험을 말할 때 쓰므로 적절한 표현이다.

오답 해설

① '–는 척하다'는 행동이나 상태를 거짓으로 그럴듯하게 꾸밀 때 쓴다.

② '–나/은가 보다'는 말하는 사람의 추측일 때 쓴다.

④ '–했더라'는 직접 행동을 한 것이 아닌 알고 있는 사실을 제3자에게 전달할 때 쓰는 과거 표현이다.

27 ④

문장의 동사 '감동받았어요'의 시제가 과거이므로 과거의 어느 때를 나타내는 '갔을 때'가 적절한 표현이다. '하려고 할 때'는 어떤 행동을 하기 직전의 상태를 나타낼 때 쓸 수 있는 표현이다.

오답 해설

①, ③ '–아서/어서/해서'는 앞말이 뒷말의 이유, 근거, 수단, 방법 등을 나타낼 때 쓴다.

② '–기 위해서'는 앞에 오는 일이 뒤에 오는 일의 목적이나 의도일 때 쓴다.

어휘

• 해결하다

예 이 문제를 해결하기에는 시간이 부족하다.

• 흠뻑

예 달리고 나니 옷이 땀에 흠뻑 젖었다.
• 취득하다
예 그는 운전 면허증을 취득하고 바로 차를 샀다.

28 ③

'-ㄹ 뻔하다'는 거의 일어날 것 같은 정도까지 갔을 때 쓰는 표현이다. 문장에서는 같은 상황이나 행위가 반복될 때 쓰는 '-곤 해요'가 적절하다.

오답 해설

① '-나 보다'는 말하는 사람의 추측일 때 쓴다.
② '-러 가다'는 어떤 행위를 할 목적으로 이동할 때 쓴다.
④ '-해야 하다'는 따라야 하는 규칙이나 의무를 나타낼 때 쓴다.

29 ③

빈칸 바로 앞의 '명소'와 어울리는 동사는 '둘러보다'이며, 빈칸 뒤와 동작을 연결해야 하므로 '둘러보고'가 적절한 표현이다.

오답 해설

① '들어 보다'는 어떤 이야기나 말 등을 듣는 것을 시도할 때 쓸 수 있다.
② '쉬다'는 휴식을 취할 때 쓰며, '-어 보다'는 어떤 것을 시험 삼아 시도할 때 쓸 수 있다.
④ '출발하다'는 '목적지를 향하여 나아가다.'라는 의미이다.

어휘

• 명소
예 경복궁은 대한민국의 대표적인 관광 명소이다.
• 둘러보다
예 공장을 한 바퀴 둘러보았다.

30 ④

빈칸에 들어갈 동사와 어울리는 말은 '시장'이므로 '들릅니다'가 적절한 표현이다.

오답 해설

① '내리다'는 '탈것에서 밖이나 땅으로 이동하다. 위에 있는 것이 낮은 곳이나 아래로 옮겨지다. 판단 혹은 결정을 하거나 결말을 짓다.'라는 의미이다.
② '제공하다'는 '무엇을 내주거나 갖다 바치다.'라는 의미이다.
③ '지불하다'는 '돈을 내어주거나 값을 치르다.'라는 의미이다.

어휘

• 내리다
예 밖에는 가을비가 부슬부슬 내리고 있었다.
• 제공하다
예 목격자가 수사에 중요한 단서를 제공했다.
• 지불하다
예 매달 은행에 대출 이자를 지불해야 한다.

31 ①

'둘러보다'는 어떤 장소를 시간적인 여유를 가지고 살펴볼 때 쓰는 표현이다. '찬찬히'는 '둘러보다'와 자주 쓰이는 부사이다.

오답 해설

② '자세히 관찰하다'는 어떤 대상을 꼼꼼하게 시각적으로 살펴볼 때 쓸 수 있다.
③ '철저히 감시하다'는 어떤 대상을 빠짐없이 주의하여 지켜볼 때 쓸 수 있다.
④ '일찍이 준비하다'는 정해진 시간보다 여유를 가지고 준비할 때 쓸 수 있다.

어휘

• 고즈넉하다: 고요하고 아늑하다.
예 고즈넉한 산길을 걸으며 숲 내음을 맡았다.
• 인상적: 인상이 강하게 남는 것.
예 그 배우의 연기가 매우 인상적이었다.
• 웅장하다: 규모 따위가 거대하고 성대하다.
예 궁궐이 매우 화려하고 웅장하다.

32 ②

한국의 재활용 분리배출 방법에 대한 글이다. 빈칸 다음 문장에서부터 종이류, 플라스틱, 비닐류 등 재활용이 가능한 종류마다 분리배출 방법에 대해 설명하고 있으므로 '종류별로 구분'한다는 표현이 적절하다.

오답 해설

③ '색상별로 구별한다'는 내용은 플라스틱에만 해당하므로 전체 분리배출방법을 설명하는 표현으로는 적절하지 않다.

어휘

• 오염: 더럽게 물듦. 더럽게 물들게 함.
예 이 지역은 지하수 오염이 심각한 상태다.
• 기여: 도움이 되도록 이바지함.
예 그 선수는 승리에 결정적으로 기여했다.
• 활성화: 사회나 조직 등의 기능이 활발함. 또는 그러한 기능을 활발하게 함.
예 신도시 개발로 지역 경제가 활성화될 전망이다.

33 ③

글 전체에서 집들이의 의미 등을 설명하고 있으며, 세 번째 문장에서 '한국의 집들이 문화'라고 제시되어 있으므로 '이런 문화'가 가리키는 것은 '집들이'이다.

오답 해설

① '집안'은 글에 제시되어 있지 않으므로 '이런 문화'가 가리키는 말로 보기 어렵다.
② '선물'은 집들이 선물로 제시되는 어휘지만, '이런 문화'를 가리키는 말로 보기 어렵다.
④ 이사를 하고 초대하는 것을 집들이 문화라고 하고 있으며, '이사' 자체를 '이런 문화'가 가리키는 말로 보기는 어렵다.

어휘

• 대접: 마땅한 예로서 대함.
예 손님에게 식사 대접은 당연한 일이다.
• 돈독하다: 도탑고 성실하다.
예 두 집안은 오래 전부터 돈독하게 지내왔다.

34 ②

네 번째 문장에서 친구들이 집들이 선물로 휴지와 세제를 가져왔다고 했으므로 옳은 내용이다.

오답 해설

① 첫 번째 문장에서 집들이를 할 때는 가족이나 친구들을 초대한다고 했으므로 옳지 않다.
③ 네 번째 문장에서 집들이 선물에는 '새로 이사한 집에서 잘 되어라'는 의미가 담겨 있으므로 옳지 않다.
④ 마지막 문장에서 집들이로 친구들의 정을 느낄 수 있다고 했으므로 옳지 않다.

35 ③

한국의 가을에는 단풍이 물들어서 풍경을 아름답게 만든다.

오답 해설

① 한국은 사계절이 뚜렷하게 나뉘어서 계절마다 날씨가 다르다.
② 여름은 습도가 높고 더운 날씨가 이어진다.
④ 기온이 낮아서 추운 계절은 봄이 아닌 겨울이다.

어휘

• 무더위: 습도와 온도가 매우 높아 찌는 듯 견디기 어려운 더위.
예 장마가 끝나자 본격적인 무더위가 시작되었다.
• 쾌적하다: 기분이 상쾌하고 즐겁다.
예 요즘 날씨가 정말 쾌적하다.
• 물들다: 빛깔이 스미거나 옮아서 묻다.
예 구름이 석양빛을 받아 붉게 물들었다.

36 ③

지역에 따라 정선, 밀양, 진도의 3대 아리랑이 대표적이라고 했으므로 옳은 내용이다.

오답 해설

① 첫 번째 문장에서 아리랑은 기록이 아닌 구전(입에서 입으로)으로 전해졌다고 했으므로 옳지 않다.
② 세 번째 문장에서 지역마다 박자, 음정, 가사가 다른 다양한 아리랑이 있다고 했으므로 옳지 않다.
④ 마지막 문장에서 아리랑에는 서러움, 그리움, 기쁨, 사랑 등 다양한 감정이 들어있다고 했으므로 옳지 않다.

어휘

• 구전: 말로 전하여 내려옴. 또는 말로 전함.
예 이 마을에는 구전으로 내려오는 이야기가 있다.
• 정체성: 변하지 아니하는 존재의 본질을 깨닫는 성질.
예 청소년기는 자신의 정체성을 확립하는 시기다.

37 ③

첫 번째 문장에서 한국의 독립운동이 한국 역사에서 매우 중요한 활동이라고 하고 있으므로 매우 중요한 민족운동이라고 보는 것은 적절하다.

오답 해설

① 네 번째 문장에서 여러 독립운동 단체들이 독립선언문을 발표하였다는 내용이 제시되어 있지만, 이는 글의 세부 내용에 해당한다.
② 다섯 번째 문장에서 많은 독립운동가가 희생되었다는 내용이 제시되어 있지만, 이는 글의 세부 내용에 해당한다.

④ 세 번째 문장에서 여러 전투, 시위, 교육, 문화 활동 등을 통해 독립운동을 하였음을 알 수 있다.

어휘

- 쟁취: 힘들게 싸워서 바라던 바를 얻음.
  예 그 선수는 꾸준한 노력으로 금메달을 쟁취했다.
- 민중: 국가나 사회를 구성하는 일반 국민.
  예 경찰은 민중의 지팡이로 불린다.
- 결성하다: 조직이나 단체 따위를 짜서 만들다.
  예 근로자들이 노동조합을 결성했다.
- 외교적: 다른 나라와 정치적, 경제적, 문화적 관계를 맺는 일에 관한 것.
  예 두 나라는 외교적 협력관계이다.

38 ④

첫 번째 문장에서 일을 처리하는 속도의 중요성을 말하고, 일을 빨리 처리할 수 있는 방법들을 이어서 나열하고 있으므로 글의 제목으로는 '직장에서 업무를 신속하게 처리하는 방법'이 적절하다.

오답 해설

① 두 번째 문장에서 일을 빨리 처리하려면 적극적으로 질문하라고 제시되어 있지만, 이를 글의 제목으로 보기는 어렵다.
② 세 번째 문장에서 관련 자료 찾아보기에 대한 내용이 제시되어 있지만, 이를 글의 제목으로 보기는 어렵다.
③ 업무를 빨리 처리하는 것이 곧 회사 문화라고 보기는 어려우므로 적절하지 않다.

어휘

- 적극적: 대상에 대한 태도가 긍정적이고 능동적인 것.
  예 거래처에서 계약을 적극적으로 추진했다.
- 절차: 일을 치르는 데 거쳐야 하는 순서나 방법.
  예 모든 절차가 순조롭게 진행되었다.

39 ①

한국의 상징에는 애국가(국가), 무궁화(국화), 태극기(국기), 한글 등이 있으며, 장미는 한국의 상징과는 무관하다.

40 ④

"버스 정류장이 어디인가요?"라는 질문에는 "○○ 쪽으로 가세요." 또는 "미안해요. 저도 잘 모르겠어요." 등의 대답이 적절하다.

41 ①

한국인이 주로 이용하는 교통수단에는 시내버스, 지하철, 택시, 광역 버스, 시외버스, 고속버스, 기차 등이 있다.

42 ①

국회는 입법부로서 국민들의 생활에 필요한 법을 만들거나 고치는 일, 필요 없는 법을 없애는 일 등을 한다.

43 ③

가족이나 지인의 사망으로 장례를 치르는 장소는 장례식장이며, 장례식장에 방문한 조문객은 조의금으로 애도를 표한다.

오답 해설

① 수영장은 수영을 하는 곳이다.
② 공연장은 뮤지컬, 오페라, 콘서트 등을 관람하는 곳이다.
④ 결혼식장은 결혼식을 올리는 곳으로, 초대를 받은 사람들은 축하의 의미로 축의금을 낸다.

44 ①

한국의 소방서 전화번호는 119이며, 위급 상황에서 구조를 요청하거나 응급환자 등이 발생한 경우 사용한다.

오답 해설

② 110은 민원 상담 전화번호로, 정부 기관에 질문이 있는 경우 사용한다.
③ 112는 경찰서 전화번호로, 폭행이나 강도 등 범죄 사건이 발생한 경우 사용한다.
④ 1345는 외국인 종합 안내 센터 전화번호로, 외국인의 출입국 행정 관리, 신분증 관련 업무, 체류 허가 관련 업무, 국적 관련 업무 등을 담당한다.

45 ②

한 부모 가족은 부모 1명과 자녀로 구성된 가족을 말한다.

46 ②

한국의 초등 교육은 6년, 중등 교육과 고등 교육은 각각 3년

씩이다.

오답 해설

① 고등 교육은 의무 교육이 아니다. 초등 교육과 중등 교육은 의무 교육이다.

③ 고등학교는 일반계, 특수 목적, 특성화, 자율형 고등학교로 구분한다.

④ 대학교는 학문 분야와 특성에 따라 2·3·4년제가 있으며, 방송이나 인터넷을 통해 공부하는 대학도 있다.

47 ④

스마트폰 중독의 원인과 영향, 중독을 완화하는 방법에 대해서 설명하는 글이다. 여덟 번째 문장에서 스마트폰 중독의 사회적인 측면의 악영향에 대해서 대면 소통 능력 감소와 인간관계 질이 낮아짐에 대해 말하고 있으므로 적절하다.

오답 해설

① 아홉 번째 문장에서 불안과 우울증 등을 악화시킬 수 있다고 했으므로 옳지 않다.

② 여섯 번째 문장에서 눈의 피로와 수면 장애를 유발할 수 있다고 했으므로 옳지 않다.

③ 열 번째 문장과 열한 번째 문장에서 스마트폰 중독 해결에 휴대폰 잠금 앱이 도움이 된다고 했으므로 옳지 않다.

어휘

- 몰입: 깊이 파고들거나 빠짐.
  예 그 배우의 감정 몰입 연기가 볼 만하다.
- 부추기다: 남을 이리저리 들쑤셔서 어떤 일을 하게 만들다.
  예 시험이 학생들의 경쟁심을 부추긴다.
- 저하: 정도, 수준, 능률 따위가 떨어져 낮아짐.
  예 그런 습관은 시력 저하를 가져올 수 있다.
- 악화하다: 일의 형세가 나쁜 쪽으로 바뀌다.
  예 양국 관계가 다시 악화할 조짐을 보이고 있다.

48 ②

첫 번째 문장에서 한류 열풍과 한국의 문화적 콘텐츠가 전 세계적인 인기를 끌게 된 요인들이 다양하게 작용하고 있다고 하였다. 그리고 이어서 시각적 매력, 매력적인 스토리텔링과 감동적인 캐릭터, 한국 음악과 춤, 디지털 기술의 발전 등 한류열풍의 여러 가지 요인을 나열하고 있으므로 글의 주제로는 '한류열풍이 일어난 까닭'이 적절하다.

오답 해설

① 한류 콘텐츠가 한류열풍의 요인이라고 언급되어 있으나, 제목으로는 적절하지 않다.

③ 디지털 기술의 발전 과정은 한류 열풍의 요인 중 하나로 제시된 세부 내용으로, 제목으로는 적절하지 않다.

④ 둘째 요인으로 한국 드라마와 영화에 대한 내용이 제시되기는 했지만, 제목으로는 적절하지 않다.

어휘

- 부각하다: 어떤 사물을 특징지어 두드러지게 하다.
  예 서울은 이미 아시아의 중심지로 부각하고 있다.
- 자아내다: 어떤 감정이나 생각, 웃음, 눈물 따위가 저절로 생기거나 나오도록 일으켜 내다.
  예 그 추리소설이 흥미를 자아낸다.
- 독창적: 다른 것을 모방함 없이 새로운 것을 처음으로 만들어 내거나 생각해 내는 것.
  예 훈민정음은 독창적이고 과학적이다.
- 차별화: 둘 이상의 대상을 각각 등급이나 수준 따위의 차이를 두어 구별된 상태가 되게 함.
  예 이번 신제품은 기존 제품과 차별화를 시도한다.

49 감기에 걸렸나 봐요 / 감기에 걸린 것 같아요

아파 보인다는 '가'의 말에 '나'가 자신의 증상에 대해서 이야기하고, 그다음 '가'의 말에서 병원을 다녀오라고 했으므로 감기인 것을 추측할 수 있는 '감기에 걸렸나 봐요, 감기에 걸린 것 같아요' 등이 적절한 표현이다

50 어려운 줄 몰랐어요 / 힘든 줄 몰랐어요

'가'의 '돈은 잘 모으고 있어요?'라는 물음에 '나'가 '아니요.'라고 이야기하면서 '가계부를 써도 정리가 잘 안 된다'고 했으므로 '나'는 현재 돈을 못 모으고 있는 상황이다. 미리 세운 계획이 예정대로 흘러가지 않음을 나타낼 수 있는 종결 표현은 '-줄 몰랐다'가 적당하므로, '어려운/힘든 줄 몰랐어요' 등이 적절한 표현이다.

구술시험 [01~05번]

01

단어의 발음과 띄어쓰기에 유의하여 정확하고 큰 목소리로 읽으세요.

02

모범 답안

우체국에 가서 고향으로 국제 특급 우편을 보냈습니다. 물건을 넣을 상자를 크기에 맞게 고르고, 받는 곳의 주소와 연락처를 썼습니다. 직원이 소포 무게를 재고 정보를 확인한 후 소포를 발송해 주었습니다.

03

모범 답안

저도 국제 특급 우편을 보내러 우체국을 방문해 본 적이 있습니다. 고향에 계신 부모님께 한국에서 산 옷을 보내 드리려고 소포를 부쳤습니다. 그러다가 우체국에서 지역 특산물을 판매하고 있다는 것을 알게 되었습니다. 나중에는 한국의 특산품도 고향에 계신 부모님께 보내 드리면 좋겠다고 생각했습니다.

04

모범 답안

광화문은 경복궁으로 들어가는 문이며, 광화문 광장이 바로 이어져 있습니다. 광장에는 세종대왕 동상과 이순신 동상이 있습니다. 한국인뿐만 아니라 많은 관광객들도 이 광장을 방문합니다. 광화문 한쪽에는 높은 빌딩들이 있고, 한쪽에는 조선의 왕이 살던 궁이 있어서 과거와 현대를 동시에 느낄 수 있는 매력을 가진 장소라고 생각합니다.

05

모범 답안

한국에는 여러 가지 대중교통 공공 예절이 있습니다. 지하철과 버스에는 노란색과 분홍색으로 표시된 노약자석과 임산부석이 있습니다. 노약자석은 자리를 양보하고, 임산부석은 비워 둡니다. 그리고 도움이 필요한 사람들한테 자리를 양보하는 문화가 있습니다. 뚜껑이 없거나 포장용 음료는 버스에 가지고 탈 수 없습니다. 고향에서 택시를 탈 때는 승객은 뒷좌석에만 탑승합니다. 앞좌석은 기사님의 개인 용도로 사용되기 때문에 승객이 타지 않습니다. 한국에 와서 택시를 타보니 승객이 앞좌석에 타는 경우도 많아서 신기했습니다.

제4회 모의시험

131쪽

01	①	02	③	03	①	04	④	05	②
06	③	07	③	08	①	09	②	10	④
11	①	12	④	13	③	14	③	15	②
16	②	17	④	18	①	19	③	20	②
21	②	22	①	23	③	24	①	25	④
26	③	27	①	28	④	29	④	30	②
31	④	32	①	33	④	34	④	35	②
36	④	37	④	38	②	39	③	40	③
41	④	42	③	43	④	44	①	45	④
46	④	47	③	48	④				
49	지원해 보세요 / 지원해 보는 것이 어때요								
50	가는지 아세요 / 가는지 아십니까								
구술 01~05	해설의 모범 답안 참조								

01 ①

남자가 손에 상자를 들고 있고, 앉아 있는 여자 뒤에 우체국 표시가 있는 것으로 보아 남자는 우체국에 소포를 부치러 온 상황임을 알 수 있다.

02 ③

움직임의 방향이나 목표점을 나타낼 때 쓰는 조사는 '(으)로'이며, 빈칸 앞의 '공항'에 받침글자가 있으므로 '으로'가 적절하다.

오답 해설

① '로'는 '으로'와 같이 움직임의 방향이나 목표점을 나타낼 때 쓰지만, 앞 글자에 받침이 없는 경우에 사용한다.

② '부터'는 어떤 일이 처음 시작되거나 범위나 기간의 시작일 때 쓴다.

④ '에서'는 어떤 일이나 행동이 일어나는 장소를 말하거나, 출발점을 나타낼 때 쓴다.

03 ①

밑줄 친 '맑다'의 반대말로는 '탁하다'가 적절하다. 나머지 선택지는 모두 맑고 깨끗한 상태를 나타내는 말이다.

오답 해설

② '투명하다'는 '물 따위가 속까지 환히 비치도록 맑다.'라는 의미이다.

③ '깨끗하다'는 '때나 찌꺼기 따위가 없다.'라는 의미이다.

④ '청명하다'는 '날씨가 맑고 밝다.'라는 의미이다.

어휘

- 투명하다
  - 예 투명한 유리창으로 바깥이 내다보였다.
- 깨끗하다
  - 예 바닥을 깨끗하게 닦아야 한다.
- 청명하다
  - 예 오늘은 하늘이 푸르고 구름 한 점 없는 청명한 날씨다.

04 ④

밑줄 친 '만족스럽다'의 반대말로는 '마음에 들지 않고 언짢은 느낌이 있다.'라는 의미의 '불만족스럽다'가 적절하다.

오답 해설

① '조심하다'는 '잘못이나 실수가 없도록 말이나 행동에 마음을 쓰다.'라는 의미이다.

② '영리하다'는 '눈치가 빠르고 똑똑하다.'라는 의미이다.

③ '위험하다'는 '해로움이나 손실이 생길 우려가 있다.'라는 의미이다.

어휘

- 조심하다
  - 예 빗길 운전은 항상 조심해야 한다.
- 영리하다
  - 예 영리한 아이가 문제를 금방 풀었다.
- 위험하다
  - 예 어두워질 때 등산을 가는 것은 위험하다.

05 ②

'납부'는 국가 기관이나 공공 단체에 세금이나 공과금 등을 낼 때 쓴다. 따라서 빈칸에 들어갈 말로는 '납부'가 적절하다.

오답 해설

① '기부'는 자선 사업이나 공공사업 등을 돕는 목적으로 돈이나 물건 등을 대가 없이 내는 것을 의미한다.

③ '청구'는 상대에게 대가로서 어떤 행위나 물품을 요구하는 것으로, 주로 '금액을 청구하다' 등의 표현으로 쓰

인다.

④ '결제'는 현금이나 그 밖의 수단을 주고받아 거래를 맺는 것으로, '카드로 결제하다', '결제 수단' 등의 표현으로 쓰인다.

06 ③

'전혀'는 부정어와 함께 쓰이면서 상황이나 상태에 차도가 없고 나아지지 않았을 때 '도무지, 완전히'의 뜻으로 쓴다. 문장 뒤의 '나아지지 않았어요'에 부정의 의미가 포함되어 있으므로 감기 기운에 차도가 없다는 뜻을 전달하기에는 '전혀'가 적절하다.

오답 해설

① '꽤'는 '보통보다 조금 더'라는 의미이다.

② '제법'은 '수준이나 솜씨가 어느 정도에 이르는'이라는 의미이다.

④ '비록'은 '-ㄹ지라도' 등의 표현과 함께 쓰이면서 '아무리 그러하더라도'라는 의미로 쓴다.

07 ③

공놀이를 할 때 한 사람이 공을 던지면 다른 한 사람은 받아야 한다. '받을게요'는 동사 '받다'에 자신의 의사를 표현하는 종결 표현인 '-(으)ㄹ게요'를 붙인 형태이다.

오답 해설

① '빠지다'는 '박힌 물건이 제자리에서 나오다. 물이나 구덩이 따위 속으로 떨어져 잠기다. 무엇에 정신이 쏠리어 헤어나지 못하다.'라는 의미이다.

② '세우다'는 '쳐져 있던 것을 똑바로 위를 향하여 곧게 하다. 계획이나 방안 따위를 정하거나 짜다.'라는 의미이다.

④ '고르다'는 '가려내어 뽑다. 들쭉날쭉한 것을 가지런하게 하다.'라는 의미이다.

어휘

- 빠지다
  - 예 아버지는 그 사고로 깊은 슬픔에 빠졌다.
- 세우다
  - 예 여행 계획을 세우느라 매우 들떠 있다.
- 고르다
  - 예 어느 것을 고를지 아직 결정을 내리지 못했다.

08 ①

'일정한 시간보다 이르게'라는 의미를 가진 '일찍'의 반대말로는 '늦게'가 적절하다.

오답 해설

② '길게'는 '길이나 기간 등이 상당하게, 오래 계속되게'라는 의미이다.

③ '자유롭게'는 '구속이나 속박 따위가 없이 제 마음대로'라는 의미이다.

④ '쉽게'는 '하기가 까다롭거나 힘들지 않게, 예사롭거나 흔하게'라는 의미이다.

어휘

- 길다
  - 예 길게 한숨을 내쉬었다.
- 자유롭다
  - 예 회의에서는 의견을 자유롭게 발표한다.
- 쉽다
  - 예 유리그릇은 깨지기 쉽다.

09 ②

빈칸 앞의 '현장을 감독하는'이라는 내용이 제시되어있으므로 기업이나 관공서 등에서 관리나 감독을 하는 지위에 있는 직종을 뜻하는 '관리직'이 적절하다.

오답 해설

① '생산직'은 산업 현장에서 상품을 직접 만들어 내는 직종이다.

③ '사무직'은 어떤 일에 관련된 문서 따위를 처리하는 직종이다.

④ '판매직'은 상품 등을 판매하는 직종이다.

10 ④

문장에 제시된 '보고서'와 어울리는 동사는 '작성하다'이며, 이에 의무를 나타내는 '해야 하다'의 종결표현을 붙인 '작성해야'가 적절하다.

오답 해설

① '접수하다'는 '신청이나 신고 따위를 구두(口頭)나 문서로 받다.'라는 의미이다.

② '지시하다'는 '가리켜 보게 하다.'라는 의미이다.

③ '결재하다'는 '결정할 권한이 있는 상관이 부하가 제출한 안건을 검토하여 허가하거나 승인하다.'라는 의미로,

주로 회사에서 업무 서류 등을 '상급자에게 결재를 받다', '상급자가 결재를 하다' 등의 형태로 쓰인다.

11 ①

'흥미롭다'는 '흥을 느끼는 재미가 있다.'라는 의미이므로 다양한 지역 행사에 대해 특별한 관심을 표현하는 '흥미로워요'가 적절하다.

오답 해설

② '자랑스럽다'는 '남에게 드러내어 뽐낼 만한 데가 있다.'라는 의미이다.

③ '반갑다'는 '그리워하던 사람을 만나거나 원하는 일이 이루어져 마음이 즐겁고 기쁘다.'라는 의미이다.

④ '통쾌하다'는 '아주 즐겁고 시원하여 유쾌하다.'라는 의미이다.

12 ④

문장에서 '필요한 물건을 살 때'라고 했으므로 구매의 상황에서 비교할 수 있는 것으로는 '금액'이 적절하다. 나머지 선택지도 모두 돈에 관련된 표현이지만, 상황에 맞는 쓰임이 다르므로 정답으로는 적절하지 않다.

오답 해설

① '요금'은 '대가로 치르는 돈'을 의미한다.

② '벌금'은 '규칙을 위반하거나 잘못했을 때, 그에 대한 징계로 물리는 돈'을 의미한다.

③ '세금'은 '국가나 지방 단체가 필요한 경비를 충당하기 위해서 국민으로부터 거두어들이는 돈'을 의미한다.

13 ③

대화의 '가져오다'는 '무엇을 한 지점에서 다른 지점으로 옮겨 오다.'라는 의미이며, 이와 비슷하게 '필요한 물건을 찾아서 갖추어 놓거나 무엇을 빠뜨리지 않았는지 살피다.'라는 의미를 가진 '챙기다'가 적절하다.

오답 해설

① '가지다'는 '자기 것으로 하거나 지니다.'라는 의미이다.

② '남기다'는 '다 없애거나 처리하지 않고 나머지가 있게 하다.'라는 의미이다.

④ '놓다'는 '손으로 잡거나 누르고 있는 상태에서 손을 펴거나 힘을 빼서 잡고 있던 것을 손 밖으로 빠져나가게 하다, 계속해 오던 일을 그만두다, 걱정이나 근심, 긴장 따위를 잊거나 풀다.'라는 의미이다.

어휘

- 가지다
  - 예 면접을 통과하면 대한민국 국적을 가질 수 있다.
- 남기다
  - 예 입맛이 없어서 급식을 남겼다.
- 놓다
  - 예 그들은 잡고 있던 손을 놓았다.

14 ③

'주로'는 '기본으로 삼거나 중심이 되게'라는 의미로, 대화의 '보통'과 비슷한 의미로 쓰기에 적절하다.

오답 해설

① '마치'는 '거의 비슷하게'라는 의미이다.

② '결코'는 '어떤 경우에도 절대로'라는 의미이다.

④ '설마'는 '아무리 그러하다 하더라도', '그럴 리는 없겠지만'이라는 의미로 부정적인 추측을 강조할 때 쓴다.

어휘

- 마치
  - 예 그녀의 목소리는 마치 천상의 음악 소리 같았다.
- 결코
  - 예 그것은 결코 우연이 아니었다.
- 설마
  - 예 설마 일이 잘못될 까봐 자꾸 마음이 불안해졌다.

15 ②

'신어 볼 수 있어요'는 '신다+-어 보다+-수 있다'의 형태이다. '신다'는 신발이나 양말을 발에 꿸 때 쓰며, '-어 보다'는 어떤 것을 시도할 때 쓰고, '-수 있다'는 가능하거나 할 수 있는 능력이 있을 때 쓴다. 대화 상황에서 신발을 다른 사이즈로 신고 싶어 하므로, 그것을 물어볼 수 있는 '신어 볼 수 있어요'가 적절하다.

오답 해설

① '-ㄹ까요'는 상대방의 생각이나 의견을 묻거나 제안할 때 쓴다.

③ '-지 않을까요'는 '-ㄹ까요'에 부정의 의미를 더할 때 쓴다.

④ '-고 있을까요'는 '-고 있다+-ㄹ까요'의 형태로, 어떤 동작을 진행하고 있을지를 물을 때 쓴다.

16 ②

'–아서/어서/해서'는 앞말이 뒷말의 이유, 근거, 수단, 방법 등일 때 사용하며, '–수 있다'는 가능성을 나타낼 수 있는 연결 표현이다. 문장에서 도서관이 조용하고 쾌적한 것이 공부에 집중하는 전제가 되므로, 연결 표현과 '집중하다' 동사를 활용한 '집중할 수 있어서'가 적절하다.

오답 해설

① '–더니'는 과거의 어떤 일에 뒤이어 일어난 상황을 이어서 말할 때 쓴다.

③ '–는 한'은 뒤에 오는 동작이나 상태에 대한 조건을 한정적으로 나타낼 때 쓴다.

④ '–ㄴ 다음에'는 앞의 동작을 한 후에 뒤의 동작을 이어서 하는 순서를 나타낼 때 쓴다.

17 ④

대화에서 마트와 시장 중 어느 곳을 선호하냐는 물음에 시장을 자주 가는 이유를 답하는 내용이므로, '저렴해서'가 적절하다.

오답 해설

① '–든지'는 어느 것을 선택해도 차이가 없는 둘 이상의 일을 나열할 때 쓴다.

② '–려고'는 어떤 행동을 할 의도를 가지고 있거나, 곧 일어날 움직임 또는 상태의 변화를 나타낼 때 쓴다.

③ '–지만'는 앞말을 인정하면서 그에 반대되는 내용이나 조건을 붙여 말할 때 쓴다.

18 ①

대화에서 창문을 닫아뒀더니 실내 공기가 답답한 것 같다고 하고 그 상황에 대한 대책으로 창문을 여는 것을 제안하고 있으므로, 상황 해결의 목적을 제시할 수 있는 '환기하기 위해서'가 적절하다.

오답 해설

② '–아도/어도/해도'는 앞말이 뒷말의 가정이거나 반대일 때 쓴다.

③ '–고'는 두 가지 이상의 동작을 연결할 때 쓴다.

④ '–는데'는 뒷말에서 어떤 일을 설명, 질문, 요구, 제안하기 위해서 그와 관련된 상황을 미리 말할 때 쓴다.

19 ③

'–어 놓다'는 앞말이 뜻하는 행동을 끝내고 그 결과를 유지함을 나타낼 때 쓴다. 대화에서 선풍기가 작동이 안 되었는데 언제 고쳤냐는 물음에 과거에 이미 고쳤다고 대답해야 하므로 '고쳐 놨어요'가 적절하다.

오답 해설

① '못하다'는 앞의 동작을 할 수 없을 때 쓴다.

② '안 하다'는 어떤 동작을 본인의 의지로 하지 않을 때 쓴다.

④ '–지 말다'는 앞말이 뜻하는 행동을 하지 못하게 함을 나타낼 때 쓴다.

20 ②

빈칸의 요청 표현에는 '해 주시겠어요'의 종결 표현을 사용해야 한다. 빈칸 앞에서 '소리가 너무 크다'고 했으므로 동사 '줄이다'를 활용한 '줄여 주시겠어요'가 적절하다.

오답 해설

① '지키다'는 '잃거나 침해당하지 않도록 보호하거나 감시하여 막다, 주의를 기울여 살피다, 규정, 약속, 법, 예의 따위를 어기지 않고 그대로 실행하다.'라는 의미이다.

③ '키우다'는 '돌보아 몸과 마음을 자라게 하다, 수준이나 능력 따위를 높이다, 규모나 범위 따위를 늘리다.'라는 의미이다.

④ '채우다'는 '잠가서 열지 못하게 하다, 일정한 공간에 사람, 사물, 냄새 따위를 가득하게 하다.'라는 의미이다.

21 ②

'유지하다'는 '어떤 상태나 상황을 그대로 보존하거나 변함없이 계속하여 지탱하다.'라는 의미이며, '–려고'는 어떤 행동을 가지고 있거나, 곧 일어날 움직임이나 상태의 변화를 나타낼 때 사용하므로 '유지하려고'가 적절하다.

오답 해설

① '–기 때문에'는 앞에 오는 일이 뒤에 오는 일의 원인일 때 쓴다.

③ '–러'는 가거나 오는 이동의 목적을 나타낼 때 쓴다.

④ '–니까'는 앞말이 뒷말의 원인이나 근거, 전제일 때 쓴다.

22 ①
대화에서 우체국 이용 시 주의할 점에 대해서 말하고 있으므로 구엇을 적는 의미를 가진 동사 '기입하다'와의 의무를 나타낼 수 있는 표현인 '–해야 한다'를 활용한 '기입해야 해요'가 적절하다.

오답 해설
② '–면 좋겠다'는 어떤 일에 대해 희망을 말할 때 쓴다.
③ '–거든요'는 구어체로 이유나 사실을 간단히 말할 때 쓴다.
④ '–곤 하다'는 같은 상황이나 행위가 반복될 때 쓴다.

23 ③
'–면서'는 두 가지 이상의 동작이나 상황이 동시에 일어날 때 쓴다. 문장에서는 점심 먹을 시간이 없었던 이유가 밀린 일을 끝내는 것 때문이므로 앞의 동작이 뒤에 오는 동작의 목적이나 원인이 됨을 나타내는 '–느라고'를 활용한 '끝내느라고' 등이 적절하다.

오답 해설
① '–기 위해서'는 뒤에 오는 말이 앞에 오는 말의 조건이 될 때 쓴다.
② '–ㄴ 적이 있다'는 과거 시간이나 경험을 이야기할 때 쓴다.
④ '불구하다'는 '얽매여 구애되지 않다.'라는 의미로, '–임에도 불구하고, 그럼에도 불구하고' 등의 형태로 쓰인다.

24 ①
'–ㄹ 수 없다'는 가능하거나 할 수 있는 능력이 없을 때 쓴다. '놓치기 아까운 기회'라는 가능성을 추측하는 표현으로는 '–ㄹ 것 같다'를 활용한 '아까울 것 같아요'가 적절하다.

오답 해설
②, ④ '–려고 하다'는 어떤 일을 할 마음이 있을 때 쓴다.
③ '–ㄴ 법이다'는 당연하거나 이미 그렇게 정해진 것을 말할 때 쓴다.

25 ④
빈칸 앞의 '편지'를 보내는 동작에 쓰일 수 있는 동사는 '부치다'이며, 우체국을 이용하는 목적에 대해서 말해야 하므로 '–기 위해서'를 활용한 '부치기 위해서'가 적절하다.

오답 해설
① '–더니'는 과거의 어떤 일에 뒤이어 일어난 상황을 이어서 말할 때 쓴다.
② '–는 데다가'는 앞의 동작이나 상태와 비슷하게 다른 동작이나 상태가 더해질 때 쓴다.
③ '–도록'은 앞말이 뒷말의 목적, 결과, 방식, 정도 등을 나타낼 때 쓴다.

26 ③
'–는 편이다'는 대체로 어느 쪽에 가깝다고 평가할 때 쓴다. 빈칸 앞에서 주로 무엇을 하며 시간을 보내는지 이야기하고 있으므로 '보내는 편이다'가 적절하다.

오답 해설
① '–려던 참이다'는 어떤 동작을 막 하려는 생각이 있었음을 나타낼 때 쓴다.
② '–는지 모르다'는 어떠한 정보에 대해 모르고 있음을 말할 때 쓴다.
④ '–는 줄 알다'는 어떤 사실을 그러한 것으로 알고 있을 때 쓴다.

27 ①
'–려고'는 어떤 행동을 할 의도를 가지고 있거나, 곧 일어날 움직임 또는 상태의 변화를 나타낼 때 쓴다. '–아도/어도/해도'는 앞말이 뒷말의 가정이거나 반대일 때 쓰는 표현이므로 이를 활용한 '바빠도'가 적절하다.

오답 해설
② '–면서도'는 '–면서+도'의 형태로, 두 가지 이상의 동작이나 상황이 동시에 일어날 때 쓴다.
③ '–자마자'는 앞의 동작이 이루어지고 곧바로 뒤의 동작이 일어날 때 쓴다.
④ '–어서 그런지'는 어떤 일의 정확하지 않은 이유를 추측할 때 쓴다.

28 ④
'–ㄹ 수밖에 없다'는 다른 방법이나 가능성이 없을 때 쓴다. 상대방에게 물어본 질문에 대한 답을 이야기하고 있으므로 '–(다)고 하다'를 활용한 '막혀서 늦었다고 했어요'가 적절하다.

오답 해설
① '–기 마련이다'는 그런 일이 있는 것이 당연함을 나타낼 때 쓴다.

② '-을 뻔하다'는 거의 일어날 것 같은 정도까지 갔을 때 쓴다.
③ '-걸 그랬다'는 하지 못한 동작에 대한 후회를 나타낼 때 쓴다.

어휘

• 성과
예 이번 협상은 별다른 성과 없이 끝났다.

29 ④

'생기다'는 없던 것이 새로 있게 될 때 쓴다. 빈칸 앞의 '사진관이 있던 자리에 빵집'에서 사진관이 없어지고 그 자리에 빵집이 생겼음을 유추할 수 있으므로, '생겨서'가 적절하다.

오답 해설

① '없어지다'는 '어떤 일, 현상, 증상 따위가 나타나지 않게 되다.'라는 의미이다.
② '옮기다'는 어떤 대상을 다른 곳으로 가져다 놓거나 자리를 바꿀 때 쓰는데, 여기서는 사진관의 자리가 옮겨진 것이 아니라, 사진관 자리였던 상점이 빵집으로 바뀌었음을 나타내야 하므로 적절하지 않다.
③ '유지되다'는 어떤 것이나 상태가 지탱이 되어 이어질 때 쓴다.

어휘

• 청량하다
예 가을에는 밤낮으로 청량한 바람이 분다.
• 없어지다
예 일이 해결되어 고민할 필요가 없어졌다.
• 옮기다
예 우리는 자리를 옮겨서 이야기를 이어 나갔다.
• 유지되다
예 질서가 유지되는 사회가 건강한 사회다.

30 ②

'인상적이다'는 어떤 대상이 마음에 뚜렷하고 강한 감정이 들게 할 때 쓰므로, 배우들의 연기력과 감정 표현에 함께 쓰기에 적절한 표현이다.

오답 해설

① '부끄럽다'는 '일을 잘 못하거나 양심에 거리끼어 떳떳하지 못하다. 매우 수줍다.'라는 의미이다.
③ '까다롭다'는 '조건 따위가 복잡하거나 엄격하여 다루기에 순탄하지 않다.'라는 의미이다.
④ '사소하다'는 '보잘것없이 작거나 적다.'라는 의미이다.

어휘

• 갈등
예 세대 간의 갈등을 해소하는 것은 중요하다.
• 화해
예 형이 동생한테 화해를 청했다.
• 부끄럽다
예 남의 것을 욕심내는 것은 부끄러운 일이다.
• 까다롭다
예 이 채소는 손질이 까다롭다.
• 사소하다
예 사소한 시비도 큰 싸움이 될 수 있다.

31 ④

119 구조대에 구조를 요청한 상황에서 조난자에게 대처 방법을 어떻게 해 주었는지를 가장 잘 나타낼 수 있는 표현으로는 '정확하게 알려 주셨습니다'가 적절하다.

오답 해설

① '꼼꼼하게 따지다'는 어떤 것을 자세하게 하나하나 살펴본다는 의미이다.
② '느긋하게 생각하다'는 여유를 가지고 차근차근 고려해 본다는 의미이다.
③ '저렴하게 구매하다'는 상품을 정가보다 낮은 금액으로 구매한다는 의미이다.

어휘

• 대처: 어떤 정세나 사건에 대하여 알맞은 조치를 취함.
예 이번 항의에는 강력하게 대처해야 한다.
• 전문성: 전문적인 성질.
예 이 기술은 전문성을 요구한다.
• 대응: 어떤 일이나 사태에 맞추어 태도나 행동을 취함.
예 신속한 대응으로 문제를 해결할 수 있었다.
• 몸소: 직접 몸으로.
예 봉사 활동으로 이웃 사랑을 몸소 실천하고 있다.
• 헌신: 몸과 마음을 바쳐 있는 힘을 다함.
예 남편의 헌신적인 노력으로 마침내 아내가 회복했다.

32 ①

㉠ 뒤에 제시된 '점심 도시락을 싸서 다닌다', '출퇴근할

때 걷거나 자전거를 탄다', '가계부를 쓴다' 등을 보아 '돈을 저축하는 방법'에 대해 고민하고 계획을 세웠음을 알 수 있다.

어휘
- 급여: 돈이나 물품 따위를 줌. 또는 그 돈이나 물품.
  예 매월 10일에 급여가 지급된다.
- 내역: 물품이나 금액 따위의 내용.
  예 영수증에서 상세 내역을 확인할 수 있다.
- 지출: 어떤 목적을 위하여 돈을 지급하는 일.
  예 지출을 줄여서 저금하기로 결심했다.

33 ④
㉠ 바로 앞 문장에 어버이날이 매년 5월 8일임이 제시되어 있다.

어휘
- 보답: 남의 호의나 은혜를 갚음.
  예 사람이라면 은혜에 보답할 줄 알아야 한다.
- 주문 제작: 고객의 주문을 받은 뒤, 그 주문의 요구 사항에 따라 물건을 만드는 일.
  예 이 구두는 직접 주문 제작해서 잘 맞는다.
- 재치: 눈치 빠른 재주. 또는 능란한 솜씨나 말씨.
  예 재치 있는 유머에 저절로 웃음이 난다.

34 ④
마지막 문장에서 어버이날과 함께 가정의 달을 맞아 외식을 하거나 가족 여행 등을 가는 사람도 많다고 했으므로 옳은 설명이다.

오답 해설
① 첫 번째 문장에서 한국에서 5월은 가정의 달임을 알 수 있다.
② 두 번째 문장에서 한국에서는 매년 5월 8일이 어버이날임을 알 수 있다.
③ 세 번째 문장에서 부모님의 가슴에 카네이션을 달아 드리거나 편지를 써드림을 알 수 있다.

35 ②
일곱 번째 문장에서 약간의 감기 몸살 기운이 있을 수 있으니 충분히 휴식해야 한다는 것을 알 수 있다.

오답 해설
① 첫 번째 문장에서 겨울이 오고 날이 추워져서 독감 예방 접종을 하러 보건소에 갔다고 했으므로 더운 계절과 추운 계절에 모두 접종을 한다는 내용은 옳지 않다.
③ 네 번째 문장에서 독감 주사를 맞기 전에는 체온을 재고 건강 상태 등을 확인함을 알 수 있다.
④ 여덟 번째 문장에서 독감 주사를 맞은 후에 가벼운 샤워는 괜찮지만 목욕이나 사우나는 피해야 함을 알 수 있다.

어휘
- 붐비다: 좁은 공간에 많은 사람이나 자동차 따위가 들끓다.
  예 시장 골목에 사람들이 붐빈다.
- 작성하다:
  예 신청서를 빠짐없이 작성한 후에 제출했다.

36 ④
네 번째 문장에서 영수증과 가격표가 붙어 있는 상태의 구매 상품을 가지고 7일 이내에 방문하면 교환이나 환불이 가능하다고 했으므로 적절하다.

오답 해설
① 구매한 청바지는 한 벌이다.
② 구매한 청바지는 박음질이 잘못 되어 있었으므로 불량으로 볼 수 있다.
③ 네 번째 문장에서 상품이 불량이어도 교환이나 환불을 하려면 가격표가 있는 상태로 구매한 상품을 가지고 방문해야 함을 알 수 있다.

어휘
- 교환: 서로 바꿈.
  예 서로 의견을 교환하고 결론을 냈다.
- 환불: 이미 지불한 돈을 되돌려줌.
  예 영수증 없이는 환불이 어렵다.
- 불량: 행실이나 성품이 나쁨. 물건 따위의 품질이나 상태가 나쁨.
  예 기계 고장으로 불량 상품이 많이 나왔다.

37 ④
지문에서 한국의 교통카드를 사용할 수 있는 교통수단으로, 카드의 종류와 구매처, 이용 방법, 혜택 등이 제시되어 있으므로 한국의 교통카드는 이용이 편리하고 다양한 혜택이 있다는 것이 글의 중심내용으로 적절하다.

오답 해설

① 교통카드로 환승할인을 받을 수 있는 것은 세부 내용에 해당한다.

② 잔액이 부족하면 교통카드를 계속 이용할 수 없는 것은 세부 내용에 해당한다.

③ 교통카드는 선불 이용과 후불 이용이 모두 가능한 것은 세부 내용에 해당한다.

어휘

- 단말기: 중앙 컴퓨터와 통신망으로 연결되어 데이터를 입력하거나 처리 결과를 출력하는 장치.
  예 카드 단말기로 결제를 진행하면 된다.
- 개찰구: 차표 또는 입장권 따위를 들어가는 입구에서 검사하고 사람들을 안으로 받아들이는 곳.
  예 퇴근하는 사람들로 개찰구가 북적인다.
- 주기적: 일정한 간격을 두고 되풀이하여 진행하거나 나타나는 것.
  예 바깥에서 주기적인 소음이 반복됐다.

38 ②

글에서 초복, 중복, 말복을 하나로 모아 삼복이라고 부르며, 한국의 여름 중 가장 더운 시기라고 하였다. 또한, 삼복의 각 시기와 더위의 정도를 설명하면서 이때 한국인들이 보양식을 먹는다고 했으므로 이 설명을 모두 포함할 수 있는 제목은 '한국의 삼복'이 적절하다.

오답 해설

① '더위와 보양식'은 글에 제시되는 어휘지만, 글의 전체 내용을 포함할 수 없으므로 적절하지 않다.

③ '더위를 쫓아내는 방법'으로 뜨거운 음식을 먹고 땀을 흘려 체온을 조절하는 이열치열에 대하여 언급하기는 했지만, 이는 글의 세부적인 내용이므로 제목으로 적절하지 않다.

④ 한국에서 여름철 가장 더운 시기를 초복, 중복, 말복으로 구분하고 있을 뿐, 이를 여름 더위의 종류로 보기는 어렵다.

어휘

- 누그러지다: 딱딱한 성질이 부드러워지거나 약하여지다.
  예 며칠 동안 춥더니 날이 많이 누그러졌다.
- 마무리하다: 일을 끝맺다.
  예 한 해를 마무리하는 시간이 필요하다.

39 ③

만 원권 지폐에 그려져 있는 세종대왕은 조선의 제4대 왕으로, 한글을 창제하였으며 해시계, 물시계 등 여러 가지 과학 기구를 발명하였다.

오답 해설

① 이황은 천 원권 지폐에 그려져 있다.

② 이순신은 백 원 동전에 그려져 있다.

④ 신사임당은 오만 원권 지폐에 그려져 있다.

40 ③

성탄절은 예수가 탄생한 날로, 한국의 고유한 명절이 아니다.

41 ④

제주도는 한반도의 남쪽에 위치한 섬으로, 한국에서 가장 큰 섬이다.

오답 해설

①, ③ 진도와 거제도는 한국의 남쪽에 있는 섬이다.

② 독도는 한국의 가장 동쪽에 있는 섬이다.

42 ③

오답 해설

① 주말부부는 직장, 자녀 등의 이유로 부부가 생활하는 곳이 달라 주말에만 함께 생활하는 가족을 말한다.

② 다문화 가족은 서로 다른 국적 · 인종 · 문화를 가진 사람들로 이루어진 가족을 말한다.

④ 한 부모 가족은 부모 1명과 자녀로 구성된 가족을 말한다.

43 ④

자동문은 오늘날의 집에서 볼 수 있으며, 온돌, 기와, 대청마루 등은 모두 전통 한옥에서 볼 수 있다.

44 ①

돌잔치는 아기의 첫 번째 생일을 축하하는 행사로, '돌잡이'를 하여 아기의 장래를 추측한다.

오답 해설

② 환갑잔치(회갑연)은 태어난 지 60년이 되는 날을 축하하는 행사로, 건강과 장수를 기원한다.

③ 칠순잔치(고희연)은 태어난 지 70년이 되는 날을 축하하는 행사로, 건강과 장수를 기원한다.
④ 백일잔치는 아기가 태어난 지 100일 째 되는 날을 축하하는 행사로, 아기의 건강과 복을 기원한다.

45 ④

한국은 정부, 국회, 법원의 3개 기관이 권력을 나누어 가지는 삼권 분립(권력분립)의 원칙에 따라 정치가 이루어진다.

46 ④

국민연금은 나이가 들거나 몸이 아파서 소득을 얻기 어려울 때 나라에서 일정 금액을 생활비로 지급받는 돈이며, 임신부의 건강 관리와 출산에 필요한 비용의 일부를 지원해주는 제도는 국민 행복 카드이다.

47 ③

열두 번째 문장에서 인내와 근면이 경제와 사회 발전의 원동력이 되었다고 하였다.

오답 해설

① 여덟 번째 문장에 한국인들은 '정(情)'을 통해 공동체 의식을 강화했다고 제시되어 있다.
② 아홉 번째 문장에서 '정(情)'이라는 정서적 유대감이 한국 사회를 더욱 따뜻하고 협력적으로 만든다고 하고 있다.
④ 다섯 번째 문장에서 한국 사회의 인사법, 대화 방식, 공공 예절 등은 모두 예의와 관련되어 있다고 하였다.

어휘

- 공경: 공손히 받들어 모심.
  예 어른을 공경하는 마음으로 자리를 양보합시다.
- 섬기다: 신(神)이나 윗사람을 잘 모시어 받들다.
  예 신하는 임금을 섬기고 충성을 다해야 한다.
- 근면: 부지런히 일하며 힘씀.
  예 아버지는 항상 근면 성실을 강조하셨다.
- 역경: 일이 순조롭지 않아 매우 어렵게 된 처지나 환경.
  예 그는 역경을 딛고 일어나 마침내 성공하게 되었다.
- 도모하다: 어떤 일을 이루기 위하여 대책과 방법을 세우다.
  예 회사는 위기를 피할 방법을 도모했다.

48 ④

이 글에서는 한국에서 외국인이 면접을 준비하고 일자리를 구하는 과정이 도전적이라고 하면서 비자 관련 문제, 한국어 능력, 면접 준비, 인맥 등과 관련하여 노력을 해야 한다고 말하고 있다. 따라서 '외국인이 한국에서 취업하기 위해 필요한 노력'이 글의 제목으로 적절하다.

오답 해설

① 취업 과정에 인맥을 넓히는 것이 취업에 도움이 된다고 했으나 인맥을 형성하는 방법에 대해서는 제시되어 있지 않으며, 글의 제목으로도 적절하지 않다.
② 제시된 글은 한국에서 외국인이 취업을 준비하는 과정에 관한 글이며, 한국으로의 귀화에 대해서는 언급하고 있지 않다.
③ 취업을 위해 필요한 노력 중 하나로 한국어 능력을 제시하기는 했지만, 이는 세부내용이므로 글의 제목으로는 적절하지 않다.

어휘

- 다국적: 여러 나라가 참여하거나 여러 나라의 것이 섞여 있는 것.
  예 세계화의 흐름으로 다국적 기업이 점점 늘고 있다.
- 역량: 어떤 일을 해낼 수 있는 힘.
  예 그는 한 부서를 책임지기에는 역량이 부족하다.
- 구직자: 일자리를 구하는 사람.
  예 우리 회사는 근로 조건이 좋아 구직자가 선호한다.
- 철저하다: 속속들이 꿰뚫어 미치어 밑바닥까지 빈틈이나 부족함이 없다.
  예 자신이 맡은 일에는 철저하게 책임을 져야 한다.

49 지원해 보세요 / 지원해 보는 것이 어때요

'–어 보다'는 경험을 말할 때나 권유할 때 쓰는 표현이다. 빈칸 앞의 '한번'과 더해지면 '시험 삼아 시도를 권유하다'의 의미가 된다. 대화에서는 마트 채용 공고에 지원해 보라고 권유하고 있으므로 '지원해 보세요', '지원해 보는 것이 어때요' 등의 표현이 적절하다.

50 가는지 아세요 / 가는지 아십니까

무엇을 어떻게 하는지 순서나 방법 등을 물어볼 때는 '–는지 알다'의 의문형인 '–는지 아세요?, –는지 아십니까?' 등의 표현으로 질문할 수 있으므로, '가는지 아세요', '가는지 아십니까' 등이 적절하다.

구술시험 [01~05번]

01

단어의 발음과 띄어쓰기에 유의하여 정확하고 큰 목소리로 읽으세요.

02

모범 답안

평창 올림픽은 한국에서 처음 열린 동계 올림픽이며 강원도 평창에서 열렸습니다. 대한민국과 북한 선수단이 개막식에서 한반도기를 함께 들고 공동 입장하고, 남북한 단일팀으로 여자 아이스하키에 출전한 것이 남북한 국민과 전세계인에게 큰 의미였다고 생각합니다.

03

모범 답안

2008년 8월 베이징 하계 올림픽이 열렸습니다. 이 올림픽은 중국의 첫 올림픽으로, 중국의 국가적 자부심과 기술적 진보를 세계에 알리는 중요한 행사였습니다. 개막식과 폐막식은 중국의 전통 문화와 현대 기술이 조화를 이룬 화려한 공연으로 큰 주목을 받았습니다. 국제적인 큰 스포츠 행사인 올림픽이 제 고향에서 개최된 것이 정말 자랑스러웠고, 중국이 세계적인 경제 성장을 이루었다는 것을 실감할 수 있었습니다.

04

모범 답안

한국의 대표 국경일로는 광복절과 한글날 등이 있습니다. 광복절은 1945년 8월 15일 한국이 일본의 식민지 지배로부터 해방되었음을 기념하는 날입니다. 정부의 공식 기념식으로 독립운동가와 애국지사들을 기리고, 태극기를 게양합니다. 한글날은 세종대왕의 훈민정음 반포를 기념하는 날입니다. 이날은 한글 창제를 기념하는 다양한 행사가 열립니다. 미국의 국경일 중 하나로는 1776년 영국으로부터의 독립 선언을 기념하는 독립 기념일이 있습니다. 이날은 성조기를 게양하고, 독립 선언서를 낭독합니다. 추수 감사절은 한 해의 수확을 초기 정착민과 원주민이 함께 축하한 것을 기념하는 날입니다. 한국의 국경일은 주로 국가의 독립과 문화적 정체성을 강조하고, 미국의 국경일은 독립과 감사의 의미를 강조합니다.

05

모범 답안

한국에 합법적인 체류 자격으로 6개월 이상 거주하는 외국인은 국민 건강 보험에 가입되며, 혜택을 받을 수 있습니다. 직장 가입자는 소득의 일정 비율을 회사와 근로자가 분담합니다. 감기, 위염 등의 일반 내과 진료에서부터 골절, 당뇨, 고혈압 등의 질병까지 보장합니다.

독일에 합법적으로 6개월 이상 체류할 예정인 외국인은 법정 건강 보험에 가입이 가능합니다. 직장 가입자는 월 소득의 일정 비율을 건강 보험료로 납부하고, 고용주와 근로자가 절반씩 부담합니다. 내과, 외과, 소아과 등의 일반 진료부터 정신과, 산부인과 등의 진료까지 보장합니다.

한국과 독일의 국민 건강 보험 제도는 기본 진료와 전문 진료를 포함하며, 외국인도 안정적으로 의료 서비스를 받을 수 있도록 지원하고 있습니다.

제5회 모의시험

150쪽

01	③	02	②	03	②	04	①	05	③
06	②	07	①	08	④	09	③	10	②
11	①	12	②	13	④	14	③	15	③
16	④	17	①	18	③	19	[illegible]	20	②
21	④	22	①	23	②	24	②	25	③
26	③	27	④	28	④	29	②	30	②
31	④	32	①	33	①	34	③	35	④
36	④	37	②	38	③	39	④	40	②
41	④	42	④	43	①	44	④	45	④
46	②	47	④	48	①				
49	고맙겠구나								
50	분침이 6에 있으면								
구술 01~05	해설의 모범 답안 참조								

01 ③

회의실에서 각자 보고서 등을 펼쳐 놓고 회의를 진행하는 모습이므로 정답은 '회의실에서 업무를 하고 있어요'이다.

오답 해설

① 점원 및 메뉴판이 그림에 없으므로 알맞지 않다.

② 음식이 사진에 없으므로 그림이 배경은 식당이 아니다.

④ 배경과 그림 속 인물의 동작 모두 그림 설명과 맞지 않다.

02 ②

문맥상 어릴 때에 시작해야 한다는 의미의 조사가 들어가야 하므로 어울리는 조사는 '부터'이다.

오답 해설

① '에서'는 어떤 일이나 행동이 일어나는 장소를 말하거나, 출발점을 나타낼 때 사용한다.

③ '까지'는 어떤 일이 마무리되거나 범위나 기간의 끝일 때 사용한다.

④ '에는'은 어떤 사물이 나타나거나 무엇이 발생하는 장소, 혹은 목표지점을 나타낼 때 사용한다.

어휘

• 에서

예 공원에서 산책을 해요.

• 까지

예 집에서 학교까지 얼마나 걸려요?

• 에는

예 어릴 적에는 어떤 아이였어요?

03 ②

'많다'의 반대말은 '적다'이다.

오답 해설

① '피곤하다'는 '몸이나 마음이 지치어 고달프다.'라는 의미이다.

③ '크다'는 '사람이나 사물의 외형적 길이, 넓이, 높이, 부피 따위가 보통 정도를 넘다.'라는 의미이다.

④ '친절하다'는 '대하는 태도가 매우 정겹고 고분고분하다.'라는 의미이다.

어휘

• 피곤하다 ↔ 활기차다

예 어제 잠을 못 잤더니 너무 피곤해요.

• 크다 ↔ 작다

예 가방에 들어가기에는 우산이 너무 큰걸요.

• 친절하다 ↔ 불친절하다

예 그 카페 사장님이 친절해서 점심시간에 머일 가요.

04 ①

'좁다'의 반대말은 '넓다'이다.

오답 해설

② '캄캄하다'는 '아주 까맣게 어둡다.'라는 의미이다.

③ '따뜻하다'는 '덥지 않을 정도로 온도가 알맞게 높다.'라는 의미이다.

④ '비싸다'는 '물건값이나 사람 또는 물건을 쓰는 데 드는 비용이 보통보다 높다.'라는 의미이다.

어휘

• 캄캄하다 ↔ 환하다

예 갑자기 정전이 되어서 사무실이 캄캄해요.

• 따뜻하다 ↔ 차갑다

예 이불로 몸을 감싸면 조금 따뜻해지지 않을까?

• 비싸다 ↔ 싸다, 저렴하다

예 사과 1개에 5천 원이라니 너무 비싸잖아요.

05 ③

수업을 받는 장소는 '교실'이다.

오답 해설

① 극장은 영화를 관람하는 곳이다.
② 병원은 아플 때 진료를 받으러 가는 곳이다.
④ 사무실은 업무를 보는 곳이다.

06 ②

날짜 2일을 기간으로 묶어서 부르는 말은 '이틀'이다.

오답 해설

① '모레'는 '내일의 다음 날'을 의미한다.
③ '하루'는 '한 낮과 한 밤이 지나는 동안'을 의미하며 24시간이다.
④ '사흘'은 '세 날'을 의미한다. (하루 → 이틀 → 사흘)

07 ①

'조용하다'의 반대말은 '시끄럽다'이다.

오답 해설

② '깔끔하다'는 '생김새 따위가 매끈하고 깨끗하다.'라는 의미이다.
③ '부드럽다'는 '닿거나 스치는 느낌이 거칠거나 뻣뻣하지 아니하다.'라는 의미이다.
④ '기쁘다'는 '욕구가 충족되어 마음이 흐뭇하고 흡족하다.'라는 의미이다.

어휘

- 깔끔하다 ↔ 더럽다, 지저분하다
  예 옷차림이 깔끔해야 사람들이 좋게 평가해요.
- 부드럽다 ↔ 거칠다
  예 수건 표면은 부드러울수록 좋아요. 수건 표면이 거칠면 피부에 상처가 생길 수 있어요.
- 기쁘다 ↔ 슬프다
  예 갑자기 선물을 받아서 정말 기뻐요.

08 ④

'합격하다'의 반대말은 '탈락하다'이다.

오답 해설

① '제출하다'는 '문안이나 의견, 법안 따위를 내다.'라는 의미이다. 동의어는 '내다'이다.
② '이수하다'는 '해당 학과를 순서대로 공부하여 마치다.'라는 의미이다. 주로 학교나 학원 등에서 쓴다.
③ '관찰하다'는 '사물이나 현상을 주의하여 자세히 살펴보다.'라는 의미이다.

어휘

- 제출하다 ↔ 누락하다
  예 보고서는 다 제출했어요?
- 이수하다 ↔ 미이수하다
  예 총 40학점을 이수해야 졸업할 수 있어요.
- 관찰하다 ↔ 방치하다
  예 사람들을 관찰하고 어떤 성향인지 알아보는 일이 재미있어요.

09 ③

병원에서 환자를 진료하는 일은 '의사'가 하는 일이다.

오답 해설

① 교사는 학교 등에서 학생들을 가르치는 사람이다.
② 점원은 가게, 카페 등에 고용되어 물건을 팔거나 일을 하는 사람이다.
④ 승무원은 배, 기차, 비행기 따위의 큰 규모의 탈것 안에서 운행과 관련된 직무와 승객에 관한 사무를 맡아서 하는 사람이다.

10 ②

커피와 어울리는 동사는 '마셨어요'이다.

오답 해설

① '맡기다'는 '어떤 일에 대한 책임을 담당하게 하거나 혹은 물건을 보관하게 하다.'라는 의미이다.
③ '놀다'는 '놀이나 재미있는 일을 하며 지내다.'라는 의미이다.
④ '태우다'는 '불씨나 높은 열로 불을 붙여 번지게 하거나 불꽃을 일어나게 하다.'라는 의미로, '타다'의 사동사이다(타-+-우-+-다 → 태우다).

어휘

- 맡기다
  예 시험을 볼 때 핸드폰은 시험 감독에게 맡기면 돼요.

• 놀다

예 주말엔 동네 친구들과 어울려서 놀곤 해요.

• 태우다

예 깜빡 졸아서 불에 올려놓은 냄비를 태웠어.

11 ①

고객을 대하는 서비스 행위와 어울리는 부사는 '친절하게'이다.

오답 해설

② '사납게'는 '성질이나 행동이 모질고 억세게'의 의미이다.

③ '화려하게'는 '환하게 빛나며 곱고 아름답게'의 의미이다.

④ '저렴하게'는 '물건 따위의 값이 싸게'의 의미이다.

어휘

• 사납게

예 맹수가 사납게 으르렁거렸다.

• 화려하게

예 눈앞에 서울 야경이 화려하게 펼쳐졌다.

• 저렴하게

예 꽤 저렴하게 사서 돈을 아낄 수 있었다.

12 ②

'-지 않다'와 어울리는 부사는 '결코'이다.

오답 해설

① '어찌'는 '어떠한 이유로'의 의미이다.

③ '어째서'는 '왜, 무슨' 등으로 해석되며 주로 의문형과 연결된다.

④ '어떻게'는 '어떤 방식이나 방법으로'의 의미이다.

13 ④

'어렵다'와 비슷한 의미를 가진 형용사는 '힘들다'이다.

오답 해설

① '쓰다'는 '쓴 약'과 같이 맛을 수식하는 형용사이다.

② '지치다'는 '힘든 일을 하거나 어떤 일에 시달려서 기운이 빠지다.'라는 의미이다.

③ '조잡하다'는 '말이나 행동 따위가 거칠고 잡스러워 품위가 없다.'라는 의미이다.

어휘

• 지치다

예 쉬지도 않고 일했더니 지치네요.

• 쓰다

예 커피 원두를 태웠는지 너무 쓴 맛이 나요.

• 조잡하다

예 만 원을 주고 산 장난감인데 너무 조잡하고 허접해요.

14 ③

'귀엽다'와 비슷한 의미를 가진 형용사는 '사랑스럽다'이다.

오답 해설

① '흥미롭다'는 '흥을 느끼는 재미가 있다.'라는 의미의 형용사이다.

② '어리석다'는 '슬기롭지 못하고 둔하다.'라는 의미의 형용사이다.

④ '만족스럽다'는 '무엇인가를 흡족하게 여기다.'라는 의미로 맥락상 어울리지 않는다.

어휘

• 즐겁다

예 가고 싶었던 곳을 여행해서 무척 즐거워요.

• 만족스럽다

예 일이 순탄하게 풀려 가니 만족스럽습니다.

• 어리석다

예 처음 보는 사람을 쉽게 믿고 결국 사기를 당하다니 너무 어리석었어.

15 ③

문맥상 기차를 놓치지 않기 위해 일찍 움직여야 한다는 내용이 어울리므로 정답은 '일어나야 해요'이다.

오답 해설

① '-을걸'은 추측형 종결 어미로 문맥상 어울리지 않는다.

② '-든지'는 어느 것을 선택해도 차이가 없는 둘 이상의 일을 나열할 때 사용한다.

④ '-고 싶었다'는 과거의 희망을 표현하므로 대화문 시제와 일치하지 않는다.

16 ④

시간이 없었던 이유에 대해 설명해야 하므로, 앞의 동작이 뒤에 오는 동작의 목적이나 원인이 되는 것을 나타내는 연결 어미 '하느라고'가 적절하다.

오답 해설

① '-해야'는 앞말이 뒷말의 조건일 때 사용하는 연결 표현

으로, 이유 설명엔 어울리지 않는다.
② '-면서'는 두 가지 이상의 동작이나 상황이 동시에 이루어질 때 사용하는 연결 어미이다.
③ '-지만'은 앞말을 인정하면서 그에 반대되는 내용이나 조건을 붙여 말할 때 사용하는 연결 어미이다.

17 ①

예상했던 것보다 비용이 더 많이 나왔다는 내용의 대화이므로 '보통보다 조금 더'라는 의미의 부사 '꽤'가 정답이다.

오답 해설

② '설마'는 '그럴 리는 없겠지만'이라는 의미로, 부정적인 추측에 주로 사용된다.
③ '만약'은 '혹시 있을지도 모르는 뜻밖의 경우'를 의미한다.
④ '부디'는 '바라건대, 꼭, 아무쪼록'이라는 의미이다.

어휘

- 설마
  예 설마 날 의심하는 것은 아니지?
- 만약
  예 만약 내가 복권에 당첨된다면.
- 부디
  예 부디 내 말을 들어줄래?

18 ③

새소리와 어울리는 형용사는 '청아해서'이다. '시끄러워서'도 새소리를 수식할 수 있지만 산에 다녀와서 피로가 싹 풀렸다는 내용의 대화 흐름상 자연스럽지 않다.

오답 해설

① '시끄럽다'는 '듣기 싫게 떠들썩하다.'라는 의미이다.
② '어둡다'는 '빛이 없어 밝지 아니하다.'라는 의미로 '캄캄하다'의 유의어이다.
④ '귀찮다'는 '마음에 들지 아니하고 괴롭거나 성가시다.'라는 의미이다.

어휘

- 청아하다 ↔ 시끄럽다
  예 음악이 너무 시끄러워서 공부에 집중이 안돼요.
- 어둡다 ↔ 밝다
  예 고양이는 밝은 곳보다 어두운 곳을 더 좋아해요.
- 귀찮다 ↔ 편하다, 번거롭지 않다
  예 몸이 아프니 모든 것이 다 귀찮아요.

19 ①

놀란 상황에 대한 이유가 와야 하므로 정답은 어떠한 일이 거의 일어날 상황까지 갔음을 표현하는 '넘어질 뻔했어요'이다.

오답 해설

② '-곤 하다'는 같은 상황이나 행위가 반복됨을 나타낼 때 사용한다.
③ '-지 않다'는 부정형 어미로 어떤 행동이나 상태를 부정할 때 사용한다.
④ '-기 마련이다'는 그런 일이 있는 것을 당연함을 나타낼 때 사용한다.

20 ②

문맥상 앞의 행동을 한 다음에 제출하겠다는 내용이므로 정답은 '쓰고 나서'이다. '마저'는 '남김없이 모두'라는 의미를 가진 부사로, 주로 연결 표현 '-고 나서', '한 후에'와 함께 쓰인다.

오답 해설

① '-해야'는 앞말이 뒷말의 조건일 때 사용한다.
③ '-기 위해서'는 앞에 오는 일이 뒤에 오는 일의 목적이나 의도일 때 사용한다.
④ '-기 때문에'는 앞에 나오는 행동이 뒤에 나오는 행동의 원인이 될 때 사용한다.

21 ④

어떠한 행동을 하려던 예정이었다는 어미가 들어가야 자연스러우므로 정답은 '일어나려던 참이었어요'이다.

오답 해설

① '-곤 하다'는 같은 행위나 상황이 반복됨을 나타낼 때 사용한다.
② '-는 편이다'는 대체로 어느 쪽에 가깝다고 평가할 때 주로 사용하며 과거에서 반복되는 습관 등을 나타낼 때에도 사용한다.
③ '-고 말다'는 앞말이 뜻하는 행동이 끝내 실현됨을 나타낼 때 사용한다.

22 ①

추측성 연결 어미가 어울리므로 정답은 '늦나 봐요'이다.

오답 해설

② '-지 마세요'는 부정 명령형 어미이므로 맥락상 어울리지 않는다.

③ '-기로 하다'는 계획하거나 결정한 일을 말할 때 사용한다.

④ '-는 척하다'는 행동이나 상태를 거짓으로 그럴듯하게 꾸밀 때 사용한다.

23 ②

'드시다'는 '먹다'의 높임표현으로 '나'에게 높임표현을 쓰는 것은 적절하지 않다.

24 ④

연기가 방 안에 가득하다는 표현을 할 때 쓰는 동사는 '차다'이다.

25 ③

나의 생각, 추측 등을 표현해야 하는 상황이므로 정답은 '편한 것 같아요'이다.

26 ③

초코케이크와 잘 어울리는 형용사는 '달콤하다'이다.

오답 해설

① 짭짤한 + 된장국, 피자, 감자칩 등

② 시큼한 + 김치, 식초, 차

④ 씁쓸한 + 인삼차, 더덕, 도라지 등.

참고로 '기분이 언짢고 좋지 않다.'라는 의미로 '씁쓸하다'라는 표현을 쓰기도 한다.

27 ④

잠을 푹 잤다는 표현과 이불이 불안하다는 표현은 어울리지 않으며, '불안하다'가 이불을 수식하는 것도 어색하다.

28 ④

'-느라고'는 앞의 동작이 뒤의 동작의 원인이나 목적이 되어야 하므로 문맥상 맞지 않다. '출근을 하다가 넘어졌어요'로 고쳐야 한다.

29 ②

'깨끗하다'와 어울리는 동사는 '씻다'이다.

오답 해설

① '맞추다'는 '서로 떨어져 있는 부분을 제자리에 맞게 대어 붙이다.'라는 의미이다.

③ '녹이다'는 '얼음이나 얼음같이 매우 차가운 것을 열로 액체가 되게 하거나 추워서 굳어진 몸이나 신체 부위를 풀리게 하다.'라는 의미로 '녹다'의 사동사이다.

④ '태우다'는 '불씨나 높은 열로 불을 붙여 번지게 하거나 불꽃을 일어나게 하다.'라는 의미로, '타다'의 사동사이다.

어휘

- 맞추다
  - 예 퍼즐을 맞추다 보면 시간이 금방 흘러가요.
- 녹이다
  - 예 겨울바람에 꽁꽁 언 몸을 난로 앞에서 녹여요.
- 태우다
  - 예 집에서 쓰레기를 태우는 것은 불법이에요.

30 ②

문맥상 두 가지의 행동이 같이 이루어지는 상황이므로 두 행위나 상황을 연결하는 표현인 '축복하며'가 적절하다.

오답 해설

① '-해야'는 앞말이 뒷말의 조건일 때 사용한다.

③ '-든지'는 어느 것을 선택해도 차이가 없을 때 사용한다.

④ '-느라고'는 앞의 동작이 뒤의 동작의 목적이나 원인이 될 때 사용한다.

31 ④

글에서 직원의 친절한 행동에 기분이 좋았다는 것을 알 수 있으므로 ㉠에 들어갈 내용으로 적절한 것은 '친절하게 응대해 주어'이다. 특히 점원, 직원 등이 고객을 맞이하는 행동을 '응대하다'라고 표현한다는 것을 알아 두면 좋다.

32 ①

한국의 숙어 표현에 대해 알고 있는지 묻는 문제이다. 무엇인가를 칭찬할 때 '입이 마르도록 칭찬하다'라는 표현을 쓴다.

오답 해설

② 손에 땀을 쥐다 → 긴장된 상황에 쓰는 표현

③ 귀가 솔깃하다 → 어떤 제의 등에 혹할 때 쓰는 표현
④ 발 벗고 나서다 → 누군가를 돕거나 협동해야 하는 상황 등에서 앞장서서 나설 때 쓰는 표현

33 ①

글을 읽어보면 몸 상태가 좋지 않아 병원까지 다녀왔다는 내용이므로 정답은 '아픕니다'이다.

오답 해설

② '슬프다'는 '원통한 일을 겪거나 불쌍한 일을 보고 마음이 아프고 괴롭다.'라는 의미이다.
③ '더럽다'는 '때나 찌꺼기 따위가 있어 지저분하다.'라는 의미로 '깨끗하다'의 반의어이다.
④ '캄캄하다'는 '아주 까맣게 어둡다.'라는 의미이다.

어휘

- 슬프다
  - 예 주인공이 죽는 영화는 너무 슬퍼요.
- 더럽다
  - 예 쓰레기통을 비우지 않아 냄새 나고 더럽다.
- 캄캄하다
  - 예 가로등 없는 밤길은 캄캄하다.

34 ③

'필요한 업무는 루이 씨에게 부탁드리겠습니다'라는 내용에서 제이슨의 업무 대체자는 루이인 것을 알 수 있다.

오답 해설

① 제이슨의 상사는 과장님이다.
② 제이슨은 오늘부터 내일 모레까지 총 3일동안 병가를 신청했다.
④ 제이슨은 건강을 회복하여 다시 업무에 복귀하겠다고 하였다.

35 ④

글에서 '한국의 부동산 계약은 매우 체계적'이라고 하였다.

오답 해설

① 한국의 주택 임대 방식에는 월세와 전세가 있다.
② 몇 몇 집들을 방문해서 상태를 확인하기도 한다.
③ 대중교통 접근성과 편의 시설의 유무는 집을 구할 때 중요한 요소이다.

어휘

- 독특하다: 특별하게 다르다.
  - 예 개인의 독특함도 개성으로 받아들여지는 세상이지.
- 제시하다: 어떠한 의사를 말이나 글로 나타내어 보이게 하다.
  - 예 원하는 조건에 대해 먼저 제시하면 답을 드릴게요.
- 살펴보다: 두루두루 자세히 보다.
  - 예 처음 가보는 길일수록 주위를 살펴보고 기억해 두는 게 좋아.

36 ④

동족은 아름다운 산악 지역에 거주하며, 전통적인 농업과 수공예를 이어 가고 있다.

오답 해설

① 중국에는 55개의 소수 민족이 존재한다.
② 위구르족은 이슬람 문화를 유지하고 있다.
③ 하니족은 독특한 농업 문화를 가지고 있다.

37 ②

글에서 전화를 조용히 받고 스피커폰 사용을 지양하는 등 대중교통에서 지켜야 할 전화 예절에 대해 설명하고 있다.

오답 해설

① 대중교통의 불편함에 대해 언급하지 않았다.
③ 대중교통에서는 스피커폰 사용을 피하라고 하였다.
④ 대중교통 예절에 대해 설명하였을 뿐, 효율성이나 이점에 대해 언급한 내용은 없다.

어휘

- 배려하다: 도와주거나 보살펴 주려고 마음을 쓰다.
  - 예 임신부석은 서 있기 힘든 임신부들을 배려하기 위해 만들어진 좌석이에요.
- 쾌적하다: 기분이 상쾌하고 즐겁다.
  - 예 관광지에 놀러 왔는데 바람도 시원하고 날씨도 좋아서 무척 쾌적해요!
- 실천하다: 생각한 바를 실제로 행하다.
  - 예 공부 계획만 세우지 말고 실천해야 내 지식이 늘어납니다.

38 ③

봄꽃 축제 시기와 진행되는 행사, 찾아오는 방법 등을 설명

하고 있으므로 봄꽃 축제에 대한 안내문임을 알 수 있다.

오답 해설

① 봄꽃 축제 행사 중 꽃 전시가 있지만 전시하는 법에 대해 언급한 내용은 없다.
② 준비물에 대해 언급하지 않았으며 참가비는 무료이다.
④ 봄꽃 축제를 금지한다는 내용은 없다.

어휘

• 만개하다: 꽃이 활짝 다 피다.
예 5월에 올림픽 공원에 놀러 가면 만개한 장미들을 구경하며 축제를 즐길 수 있어요.
• 협소하다: 공간이 좁고 작다.
예 가게가 좁아서 열 명의 손님을 받기엔 너무 협소해요.

39 ④

정월 대보름에는 부럼 깨기와 오곡밥 먹기 등의 활동을 한다.

오답 해설

① 팥죽은 동지에 먹는 음식이다.
② 송편은 추석(한가위)에 먹는 음식이다.
③ 떡국은 설날에 먹는 음식이다.

40 ②

발해는 대조영이 세운 나라이다. 주몽은 고구려를 세웠다.

41 ④

무궁화는 한국을 상징하는 꽃으로 '영원히 피고 또 피어서 시들지 않는 꽃'이라는 의미를 담고 있다.

42 ④

추수 감사절은 미국의 기념일이다.

오답 해설

① 어린이날은 어린이를 소중히 여기고 존중하는 마음을 갖는 날이다.
② 어버이날은 부모님께 감사의 마음을 전하는 날이다.
③ 현충일은 나라를 위해 싸우다가 죽은 사람들을 추모하는 날이다.

43 ①

한국에서는 명절이나 조상이 돌아가신 날에 조상을 추모하는 뜻으로 제사를 지낸다.

44 ④

개인주의는 한국의 전통 가치가 아니다. 한국의 전통 가치에는 효(부모를 공경하고 기쁘게 해 드리는 것), 예절(자신의 몸과 마음을 바르게 하여 상대방을 존중하는 것), 상부상조(이웃과 서로 도우며 살아가는 것) 등이 있다.

45 ④

제헌절은 대한민국 헌법을 공포한 날이다. 한반도 역사상 최초의 국가인 고조선이 세워진 것을 기념하는 날은 개천절이다

46 ②

태풍이나 집중 호우가 자주 발생하는 계절은 여름이다.

47 ④

정부는 다문화 가족이 겪는 사회적 편견과 차별을 해소하기 위하 다양한 캠페인과 교육 프로그램을 실시하고 있다고 하였다.

오답 해설

①, ② 법무부에서 다문화 가족의 법적 권리 보호를 위해 결혼 이민자와 그 가족의 비자 발급 절차를 간소화하고, 체류 기간 연장 및 영주권 취득 등을 지원한다.
③ 다문화가족지원센터는 다문화 가족에게 언어 교육, 상담, 문화 프로그램 등 다양한 혜택을 제공한다.

어휘

• 적응하다: 일정한 조건이나 환경 따위에 맞추어 응하거나 알맞게 되다.
예 새로운 동네 지리에 적응하기까지 한 달이 걸렸어요.
• 지원하다: 지지하여 돕다.
예 수해 입은 마을을 물질적으로 지원하기 위해 다양한 구호품을 준비했어요.

48 ①

국제화 시대의 여러 가지 변화와 특징 등에 대해 설명하고 있는 글이므로 정답은 '국제화 시대의 특징'이다.

오답 해설

② 경제 변화로 인해 다국적 기업의 활동이 증가했다고 했을 뿐, 다국적 기업의 형성 과정을 설명하지는 않았다.
③ 국제화 시대 교육 분야에서 국제 교류 프로그램이 활성화되었다고 했을 뿐, 그 종류에 대한 내용은 없다.
④ 무역 분쟁은 국제화 시대의 단점 중 하나로 언급되었을 뿐이다.

어휘

• 협력하다: 힘을 합하여 서로 돕다.
  예 어려운 과제도 서로 협력하여 풀어 나가면 반드시 해결할 수 있어요.
• 증진하다: 기운이나 세력 따위를 점점 더 늘려 가고 나아가게 하다.
  예 선거에서 세력을 증진하기 위해서는 같은 편에 선 사람들과 돈독한 관계를 유지해야 해요.
• 양성하다: 실력이나 역량 따위를 길러서 발전시키다.
  예 학교는 우수한 인재를 양성하기 위한 교육기관이에요.

49 고맙겠구나

버스 시청까지 찾아가야 하는 '가'를 위해 '나'가 안내해 주겠다고 말했으므로 '가'가 할 수 있는 말은 '고맙다'이다. 이때 '가'가 '나'보다 연장자이므로 '고맙겠구나'라고 표현할 수 있다.

50 분침이 6에 있으면

시계 보는 법을 알고 있는지에 대해 묻는 문제이다. 30분을 가리키려면 분침이 6에 있어야 하므로 정답은 '분침이 6에 있으면'이다.

구술시험 [01~05번]

01

단어의 발음과 띄어쓰기에 유의하여 정확하고 큰 목소리로 읽으세요.

02

모범 답안

K-pop의 음악과 춤이 매우 높은 수준의 연습과 노력을 필요로 하기 때문에 팬들에게 감동을 줍니다. 또한 K-pop문화는 음악뿐만 아니라 패션, 뷰티, 드라마 등 다양한 분야에 영향을 미치고 있습니다. 팬들은 소셜 미디어를 통해 활발하게 소통하며, 팬미팅, 콘서트 등 다양한 이벤트를 통해 아티스트와 직접 소통하기도 합니다.

03

모범 답안

네, 저는 BTS를 좋아합니다. BTS는 일곱 명의 남자 아이돌로 이루어진 그룹인데, 특히 DNA란 곡이 유명합니다. 멜로디가 글로벌하고 특정 장르에 치우치지 않는 느낌의 노래이기 때문에 전세계 사람들이 즐기기에 좋아서 유명해진 것으로 알고 있습니다.

04

모범 답안

네, 제가 알고 있는 유용한 전화번호는 119와 112, 1345입니다. 119는 응급환자가 있거나 불이 났을 때 사용하며 소방서로 연결됩니다. 112는 경찰서 전화번호로, 도둑맞거나 혹은 폭행 등 범죄 사건이 일어났을 때 사용합니다. 마지막으로 1345는 외국인종합안내센터 전화번호이며, 신분증 관련 업무나 체류 허가 관련 업무를 볼 때 주로 사용합니다. 그 외에도 정부민원안내는 110번을 사용하면 된다고 알고 있는데 아직 전화를 해본 적은 없습니다.

05

모범 답안

한국의 헌법은 국민에게 기본적인 권리와 자유를 보장하는 중요한 법입니다. 기본권은 개인의 존엄성과 자유를 보호하며, 누구나 법의 보호를 받을 권리가 있습니다. 예를 들어, 언론의 자유, 종교의 자유, 집회 및 결사의 자유와 같은 다양한 권리가 포함되어 있습니다. 이는 시민들이 자유롭고 공정한 사회에서 살 수 있도록 보장합니다. 이러한 기본권은 법률에 의해 제한될 수 있으며, 국가의 안전과 질서, 공공의 복리를 위해 필요할 때 한정될 수 있습니다.

끝이 좋아야 시작이 빛난다.

– 마리아노 리베라(Mariano Rivera)

memo

고객의 꿈, 직원의 꿈, 지역사회의 꿈을 실현한다

펴낸곳 (주)에듀윌 **펴낸이** 양형남 **출판총괄** 김기철 **에듀윌 대표번호** 1600-6700
주소 서울시 구로구 디지털로 34길 55 코오롱싸이언스밸리 2차 3층

에듀윌 도서몰
book.eduwill.net

- 부가학습자료 및 정오표: 에듀윌 도서몰 > 도서자료실
- 교재 문의: 에듀윌 도서몰 > 문의하기 > 교재(내용, 출간) / 주문 및 배송